LE
NOUVEL OPÉRA
DE PARIS

LE NOUVEL OPÉRA DE PARIS

PAR

M. CHARLES GARNIER

ARCHITECTE
MEMBRE DE L'INSTITUT

VOLUME II

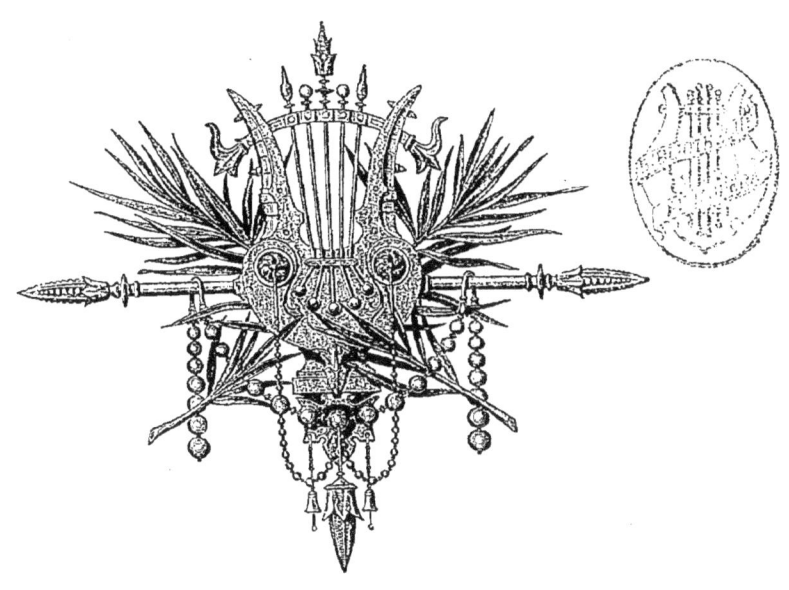

PARIS
LIBRAIRIE GÉNÉRALE DE L'ARCHITECTURE ET DES TRAVAUX PUBLICS

DUCHER ET Cie
51, RUE DES ÉCOLES, 51

LE

NOUVEL OPÉRA

DE PARIS

DE LA MACHINERIE THÉATRALE

Dans le premier volume de cet ouvrage, j'ai souvent cité un livre jadis publié par moi, et quelques-uns ont pu trouver ce procédé outrecuidant. Je fais bien pis aujourd'hui en reprenant, chers lecteurs, ces causeries abandonnées pendant de longs mois ; je détache entièrement dudit volume un chapitre complet et le remets tel quel à l'impression, sous un autre format.

Ici l'outrecuidance n'ayant plus d'excuse, je ne cherche pas à m'excuser, et, résolu à subir les affronts dus à ma vanité, je me laisse aller au doux plaisir de me recopier moi-même.

Après tout, suis-je bien coupable, et chacun de nous ne se recopie-t-il pas tous les jours dans la plupart de ses actions ? Quand on fait deux pas en commençant à marcher, tous les pas suivants sont la copie des deux premiers : jambe droite, jambe gauche; jambe droite, jambe gauche! Je voudrais bien voir comment on s'y prendrait pour courir, si chaque enjambée ne voulait pas ressembler aux précédentes. La nature ne se recopie-t-elle pas aussi en faisant succéder dans le même ordre les jours et les nuits, les aurores et les crépuscules, les mois, les saisons et les années? Puisque le bon Dieu se recopie ainsi, je ne vois pas pourquoi moi, qui ne suis qu'un simple mortel, je n'imiterais pas son exemple.

D'ailleurs je ne puis inventer des faits nouveaux dans l'espèce d'historique que contient ce chapitre, et comme il lui faut une sorte de conclusion, je ne puis logiquement arriver à cette conclusion sans mettre tout le dossier sous les yeux du lecteur.

Ne vous semble-t-il pas que je commence à expliquer mon plagiat personnel? Je suis donc bien coupable que je cherche à me défendre? Eh bien! oui, je suis coupable du gros péché de paresse; je vois avec effroi toutes les pages que j'ai encore à écrire pour faire ce second volume, et je cherche à diminuer ma besogne par un moyen peut-être un peu répréhensible, mais à coup sûr efficace.

Le péché est avoué, il est pardonné Je puis donc transcrire le chapitre.

Les systèmes de décoration et de machinerie théâtrales sont depuis bien longtemps restés à peu près stationnaires. Servandoni, puis le marquis de Sourdiac, ont jadis, sinon créé une science nouvelle, au moins rendu moins barbare et moins primitive la science d'alors. Vers 1820, M. le baron Taylor fit d'heureux essais de plantations panoramiques; mais depuis ce temps rien n'a guère été modifié, et si quelques inventions se sont produites dernièrement, elles n'ont pas encore été soumises à la pratique, qui seule peut, en résumé, affirmer le résultat définitif. Les anciens systèmes sont donc encore à peu de chose près seuls usités, et ils apportent encore chaque jour bien des entraves aux manœuvres et aux plantations. En Italie, en Allemagne, en Angleterre, ces systèmes paraissent encore plus imparfaits qu'en France, et les effets décoratifs plus sommaires. Une toile de fond, quelques coulisses parallèles et un grand nombre de rideaux d'arlequin ou de frises peintes en draperie font tous les frais de presque toutes les décorations. Cette pauvreté de moyens n'est pas toujours rachetée par le talent des peintres décorateurs qui, bien qu'ayant une certaine habileté de composition et d'exécution, sont loin d'arriver à des effets aussi complets que ceux qui sont produits par nos décorateurs français.

Il faut dire aussi qu'en France les plantations sont plus variées, les éclairages des herses plus nombreux et mieux disposés, et l'entente des plans mieux comprise; mais tous ces perfectionnements, qui aident déjà au développement de l'illusion, sont toujours obtenus par des manœuvres incommodes et des moyens incomplets qui exigent un personnel fort nombreux et une immense activité pendant les entr'actes; de plus, ces manœuvres n'ont jamais une grande précision et n'amènent pas à un résultat irréprochable. Les fermes qui montent des dessous se raccordent bien rarement avec les frises qui descendent des cintres, les châssis de décoration, attachés aux mâts ou aux portants, n'ont jamais une verticalité parfaite, et ils laissent entre eux des vides qui nuisent à l'aspect général ; puis les manœuvres des contrepoids occasionnent une grande dépense de bras d'hommes, lorsqu'il s'agit de la remonte, en même temps qu'elles occasionnent une grande dépense de temps ; enfin le plancher, avec ses sablières fixes, ne peut se prêter aux diverses évolutions de terrain, et constitue ainsi un grave empêchement aux effets décoratifs ; de sorte que, *a priori* et sans tenir compte des difficultés d'exécution, on voit qu'il y a de très-grandes améliorations à apporter dans le système de machinerie théâtrale, Pour se rendre bien compte de ce qui doit être fait, il faut étudier séparément chaque système, en commençant par le système actuel, dont j'ai déjà dit quelques mots, et qui doit servir de point de départ pour la comparaison des nouveaux projets. Mais avant d'entreprendre cette étude succincte il faut bien préciser les points qui doivent être discutés et comparés, c'est-à-dire ceux qui se rapportent aux diverses parties de la décoration du théâtre. Or. quels que soient les moyens employés pour produire les effets scéniques, ceux-ci se rapportent toujours à deux grandes divisions distinctes : les manœuvres des décors, toiles, plafonds ou châssis, et la manœuvre du plancher de la scène. Ces deux divisions se subdivisent, il est vrai, elles-mêmes, en plusieurs autres parties, plus ou moins indépendantes les unes des autres, comme par exemple la manœuvre des fermes et celle des châssis. Mais l'effet recherché se réalise toujours en un lieu unique : la scène, pour la réunion de toutes les surfaces peintes, et les dessous ou plutôt le plancher pour la formation des sols mouvementés, concurremment ou indépendamment de l'emploi des praticables. Cette division que j'adopte est au surplus commandée par les efforts distincts qui se sont portés sur les deux parties par tous les inventeurs ou les machinistes, efforts qui sont d'autant plus rationnels que l'on peut au besoin modifier la plantation et la manœuvre des toiles peintes sans rien modifier au plancher actuel des théâtres, ou modifier les évolutions de ce plancher sans toucher en rien à la manœuvre des décorations.

Prenons donc l'ensemble décoratif du système français actuellement usité. Il comprend essentiellement :

1° Les toiles de fond, grands rideaux peints, occupant toute la largeur du théâtre visible entre deux châssis latéraux. Ces toiles, qui terminent l'espace du théâtre en profondeur, descendent toutes des cintres; elles sont fixées à de longues perches, attachées elles-mêmes à des cordes ou fils, qui les retiennent à la partie supérieure de la scène au-dessous du premier *gril*. Ces fils passent sur des tambours et vont rejoindre des contre-poids disposés à cet effet; la descente de ces toiles se fait au moyen de la pesanteur même du rideau, la chute étant guidée et réglée par des cordages de retraite; la montée, l'élévation, se fait au moyen des contre-poids dont je viens de parler, et qui, par leur mouvement de haut en bas, impriment aux toiles un mouvement de bas en haut.

2° Les plafonds, frises ou bandes d'air, également suspendues au gril et qui ne sont que des espèces de toiles de fond qui ne descendent que d'une certaine quantité et qui, par cela même, tout en étant aussi larges que les rideaux, sont bien moins hautes; la manœuvre de ces plafonds ou frises se fait de la même manière que les toiles de fond.

3° Les châssis ou feuilles de décorations. Ces châssis se transportent à bras d'hommes et viennent s'attacher sur des portants ou des mâts garnis d'échelons ; les portants ne sont autres que des poteaux verticaux, introduits dans un cadre à galets, appelé chariot, et qui se meut dans le sens de la largeur du théâtre, emmenant avec lui ce portant qui se fixe à la place désignée à cet effet. Les mâts sont d'autres poteaux qui se fichent et s'ajustent dans des orifices spéciaux, pratiqués dans le plancher de la scène. Mâts et portants ont le même office quant à l'appui qu'ils offrent aux châssis, mais l'un est mobile et l'autre est fixe.

Ces châssis sont plantés parallèlement au mur de la scène ou bien obliquement, suivant les nécessités des décorations. Leur transport qui, comme je viens de le dire, se fait directement à bras d'hommes lorsqu'il s'agit de les appuyer contre les portants, ou de les remiser dans les tas, se fait au moyen de tambours et de treuils lorsqu'une fois en place ils doivent parcourir la scène, comme cela se présente parfois dans les tableaux féeriques.

4° Les fermes ; espèces de grands châssis s'élevant des dessous du théâtre, occupant ordinairement la largeur visible de la scène, et plus ou moins ajourés. Ces fermes sont montées sur des coulisses verticales qui servent à les guider dans leurs mouvements de descente et d'ascension, et ces divers mouvements s'exécutent, suivant les cas, soit au moyen de tambours, soit au moyen de contre-poids.

5° Les terrains ; châssis découpés s'élevant très-peu

au-dessus du plancher du théâtre, comme les buissons, les haies, les bancs de gazon; ces appendices se transportent le plus souvent à bras d'hommes; s'ils sortent des dessous et ont une importance un peu plus grande, ce sont alors des espèces de fermes, et ils manœuvrent comme celles-ci.

6° Et enfin les praticables; constructions plus ou moins légères, en pente ou horizontales, destinées à représenter les diverses ondulations du sol, en dehors du mouvement du plancher lui-même; ces appendices, fort usités au théâtre, se placent à bras d'hommes, et souvent même s'édifient à l'endroit qu'ils doivent occuper.

En joignant à tous ces moyens principaux les rideaux de gaze, les vols ou gloires, les plafonds d'appartement, qui tous participent comme manœuvre de celle des toiles de fond, on a l'arsenal complet des procédés décoratifs usités au théâtre; nous n'avons plus qu'à voir rapidement quels sont les avantages et les inconvénients de tous ces appareils.

J'ai déjà dit ci-dessus quelques-uns des inconvénients : difficultés de raccords entre les châssis ou fermes et les frises ou plafonds; temps employé pour la remonte des contre-poids, ce qui a lieu souvent plusieurs fois par soirée lorsque les pièces exigent beaucoup de changements à vue; ajoutons à cela un personnel de machinistes fort nombreux, et par suite fort encombrant, l'irrégularité des mouvements, la difficulté si grande de transporter les châssis sans les renverser, difficulté qui deviendrait peut-être impossibilité si ces châssis dépassaient dix ou douze mètres de hauteur, ce qui dès lors entraverait la liberté de dimension des feuilles décoratives; puis la nécessité de briser ces châssis, soit pour s'opposer aux découvertes, soit pour établir des panoramas, ce qui produit sur les surfaces diversement obliquées entre elles des raccordements souvent impossibles et des intensités de lumière inégales. Enfin, le manque d'harmonie de dessin, de perspective, de couleur et d'éclairage entre les divers plans des frises et des bandes d'air, et l'on aura par cet aperçu succinct l'énumération des principaux inconvénients attachés au système actuel de décoration et de plantation.

Quant aux avantages, ils sont réels. Le premier pourtant, peut-être le plus certain, c'est l'ancienneté du système; il est depuis si longtemps en pratique qu'il ne laisse guère place à l'imprévu. Les défauts qui lui appartiennent sont, sinon corrigés, au moins atténués par l'habitude; les décorateurs triomphent en partie des déformations, les machinistes opèrent à peu près régulièrement les manœuvres, déguisent les imperfections d'un côté ou les suppriment de l'autre, de sorte que, sachant quel est l'effet que l'on peut amener, on arrive tant bien que mal à le rendre presque parfait, et le public, habitué aux défauts qui se produisent, finit par les oublier et par n'en tenir aucun compte. Mais, outre cet avantage venant de l'habitude, il s'en présente encore quelques autres : ainsi la grande liberté et la grande facilité des plantations, qui peuvent se faire n'importe à quel plan, et sous quelque angle que ce soit, la variété des opérations nécessitées pour les changements à vue, la rapidité relative des mouvements, les diverses successions des plans des coulisses, qui permettent de puissants moyens d'exécution, l'arrivée ou le départ des décors par le bas, par le haut ou par les côtés, les édifications ingénieuses des praticables, et bien d'autres encore qui permettent, en somme, aux décorateurs de produire à peu près tous les effets qu'ils désirent, non pas, je le redis, d'une manière complète, mais au moins suffisante, et de n'avoir pour limite que les dimensions du vaisseau dans lequel ils se meuvent. Or, le plus grand inconvénient que l'on puisse reprocher à ce système, celui de la multiplicité des plans, nécessitée par l'obligation de masquer les découvertes, vient surtout, vient seulement même de l'exiguïté de ce vaisseau; de sorte qu'en supposant une scène suffisamment vaste et en laissant de côté les difficultés inhérentes à la manœuvre des toiles, la plantation actuelle pourrait être considérée comme remplissant à peu près toutes les conditions désirables, et au lieu de chercher à modifier le système actuel, il n'y aurait tout au plus qu'à chercher à l'améliorer.

Examinons maintenant les divers moyens qui ont été proposés pour remplacer ce système actuel, réserve faite toujours du plancher de la scène, qui devra être étudié à part. J'ai été mis à même de me rendre compte des projets proposés, ayant fait partie de la commission spécialement chargée de dire son avis à ce sujet, et qui fonctionne déjà depuis plus de six ans[1]. Cette circon-

---

1. Cette commission est composée ainsi qu'il suit : MM. Regnault, membre de l'Institut, président; E. Perrin, directeur du théâtre de l'Opéra; Tresca, sous-directeur au Conservatoire des arts et métiers; de Cardaillac, directeur des bâtiments civils; Martin, ancien secrétaire général de l'Opéra; Nolau, Cambon et Depleschin, artistes décorateurs; Sacré, machiniste en chef de l'Opéra; Brabant, machiniste en chef du théâtre de la Porte-Saint-Martin; Charles Garnier, architecte du nouvel Opéra; et Louvet, inspecteur principal des travaux du nouvel Opéra, secrétaire.

stance particulière donnera en outre plus de force à mes appréciations, puisque je n'exposerai pas ainsi seulement une idée personnelle, mais bien une opinion générale manifestée par une réunion d'hommes spéciaux, ayant longuement discuté toutes les questions. Je dois prévenir néanmoins que je me bornerai aux généralités, car s'il fallait entrer dans tous les détails des projets proposés, un gros volume n'y suffirait pas ; je veux seulement essayer de faire comprendre en quoi consiste chaque procédé.

Le premier projet soumis à la commission est celui de M. Barthélemy, de Nancy. Cet inventeur, dont le travail est considérable et rempli de moyens ingénieux, suspend en principe tous les châssis et feuilles de décoration à des galets roulants sur des rails supérieurs ; de cette façon, l'équilibre des décorations est parfait, les mouvements se font facilement, puisqu'on n'a plus à vaincre le ballottement des grandes pièces mobiles, et la traction des décors, au lieu de se faire directement à la main, peut s'effectuer par des fils de renvoi qui traversent le théâtre et font manœuvrer les châssis à droite ou à gauche, suivant le sens donné au mouvement de ces fils.

Cette idée primitive était séduisante sous quelques aspects ; l'administration du théâtre de l'Opéra la patronnait en partie ; elle était indiquée dans le programme donné, et moi-même, confiant dans son excellence, j'avais étudié et développé ce principe de la suspension des feuilles de décoration. J'avais pris surtout pour point de départ cette note inscrite dans le programme, et que je crois devoir reproduire, parce qu'elle indique clairement en quoi consistait le système proposé :

..... « Tout le problème consiste à faire avancer et reculer par un mouvement de va-et-vient des plus simples les châssis qui, avec le rideau de fond, constituent une décoration. Ces châssis (et nous y comprenons les fermes qui ne sont que des châssis occupant toute la largeur du théâtre), ces châssis, très-difficiles à manier dans le système actuel, seraient au contraire mus avec la plus grande facilité si, au lieu d'être transportés à bras d'hommes et par leur pied, ils étaient suspendus et glissaient sur un système de rails convenablement disposés au cintre et plongés jusque dans les remises à décors qui seraient établies sur les flancs du théâtre.

« Ainsi équipés, le moteur le plus simple, un manège, par exemple, suffirait pour leur imprimer le mouvement et les faire avancer et reculer selon le besoin, au simple signal du chef machiniste, sauf à leur faire opérer autour de l'arbre vertical auquel ils seraient suspendus, lorsqu'arrivés à leur place ils ne devraient pas être présentés de front, un mouvement giratoire fort simple et qui pourrait être exécuté à la main...

« Nous demandons que les remises à décoration aient chacune une largeur égale à la moitié de celle de la scène. Dans ce cas, on pourrait se dispenser de plusieurs étages de dessous, car les plus grandes décorations, les fermes, pourraient être réunies latéralement, au lieu d'être extraites de ces abîmes où on les introduit à grand'peine pendant le jour, pour les remonter le soir par l'action souvent dangereuse d'une force sans frein, celle des contre-poids.... »

Le principe était donc nettement indiqué ; il n'y avait

plus qu'à s'occuper des questions de détails relativement fort simples; c'est ce que je fis, et je pus bientôt présenter à la commission un projet bien défini, en même temps qu'un petit modèle qui montrait toutes les dispositions proposées; les rails du cintre, les rails des magasins de décors qui prolongeaient ceux de la scène, tout était en résumé parfaitement agencé; les manœuvres étaient faciles, les effets étaient certains; seulement, nous avions oublié d'allumer la lanterne!

C'est ce dont je m'aperçus bien vite lorsque des objections indiscutables furent présentées par les peintres décorateurs, et, si séduisante que fût l'idée, il fallut bien avouer qu'elle constituait un pas en arrière, au lieu d'en faire un en avant. En effet, ces mouvements d'avance et de recul étaient jadis produits au moyen de faux châssis qui roulaient sur des galets en parfait équilibre, et sur lesquels venaient s'appliquer les feuilles de décoration, et, bien que dans le nouveau système les feuilles de décoration pussent tourner sur un axe et se présenter obliquement, les mouvements d'arrivée et de retraite se feraient toujours comme avec les faux châssis, dans un sens rigoureusement parallèle au mur de face, ce qui engendrerait une grande monotonie dans les divers changements à vue, là surtout où il importe que tous les mouvements soient brisés irrégulièrement pour déguiser autant que possible les manœuvres de chaque changement. De plus les directions obliques des décors suspendus devant se faire à des points déterminés, risqueraient de causer des enchevêtrements avec les terrains ou praticables, qui seraient placés aux pieds des feuilles de décors. Mais ces inconvénients, pourtant réels, pourraient être palliés en partie, peut-être même supprimés et ne suffiraient sans doute pas à faire rejeter complètement le système, qui pourrait encore trouver des défenseurs, si un autre inconvénient, et celui-là considérable, ne venait à se produire. Tous les rails suspendus au-dessus du rideau de la scène formeraient aussi une espèce de plancher à claire-voie, qui limiterait dès lors la hauteur du théâtre, de sorte qu'il y aurait impossibilité absolue de profiter de l'espace placé au-dessus de ces rails, pour produire des effets perspectifs. Pour cacher ces rails à la vue, il faudrait qu'à chaque rue il y eût une bande d'air, une frise quelconque, qui descendît assez bas pour déguiser toute cette armature et, dans n'importe quelle décoration, toute la partie supérieure de la scène serait divisée par cette multitude de toiles pendantes, qui causeraient le plus déplorable effet. On se priverait ainsi de la ressource donnée par la hauteur totale du vaisseau, et cette limite d'altitude dans la vue des toiles de fond serait une entrave perpétuelle à l'art du décorateur. Quant à remonter ces rails à diverses hauteurs, suivant les cas et pour permettre le développement de la scène, cela, possible à la rigueur en théorie, serait tout à fait inadmissible en pratique, et cette manœuvre perpétuelle d'élévation et d'abaissement des rails ôterait toute rapidité à l'ensemble, et serait la cause de nombreuses déceptions.

Ce système a donc un vice radical, et si l'on peut parfois se servir du principe proposé en l'adaptant à quelques cas particuliers, il faut en repousser l'adoption complète, incompatible avec les exigences de la décoration théâtrale.

M. Raynard, sans trop modifier les plantations et les manœuvres actuelles, a proposé de les compléter par l'adjonction d'un vaste panorama circulaire terminé par une calotte ou coupole. Certes, cette idée est bonne, et depuis longtemps les décorateurs recherchent les moyens les plus convenables pour établir ainsi ce fond panoramique, qui arrêterait le regard, et compléterait admirablement l'effet de tout l'ensemble; mais si le désir est exprimé, la réalisation est bien douteuse, et ce n'est jusqu'à présent qu'à l'aide de compromis que l'on parvient, tant bien que mal et plutôt mal que bien, à installer des toiles de fond et des châssis latéraux, qui forment une surface plus ou moins polygonale, destinée à enserrer tout l'horizon. Bien de moyens ont été déjà proposés pour remplacer ces procédés incomplets, bien des essais ont été tentés, et rien n'a paru, jusqu'à ce jour, pouvoir résoudre le problème. Ce que projette M. Raynard est une variante de ce qui a déjà été projeté, et en indiquant en quoi consiste son établissement panoramique, on aura l'idée de la voie dans laquelle se meuvent les autres inventeurs.

Le panorama est construit au moyen de cerces en bois affectant la forme de la section verticale, faite sur l'ensemble, c'est-à-dire droite pour la partie inférieure, et courbe pour la partie supérieure, en forme de coupole. Ces cerces viennent se réunir en un point central, placé au milieu de la grande voûte et s'assemblent par des charnières mobiles à un arbre vertical. Elles peuvent donc tourner librement autour de ce point milieu, et se développer de manière à former une surface demi-cylindrique par le bas, et demi-sphérique par le haut. C'est sur ces cerces, cette ossature, que vient se clouer la toile qui doit recevoir la peinture du ciel.

On comprend tout de suite que cette toile ne peut affecter une forme complétement circulaire ou sphérique; mais bien une suite de pans coupés formant une surface polygonale d'un nombre de côtés plus ou moins grand.

Lorsqu'on veut développer le panorama, on étend toutes les cerces en les faisant pivoter autour de leur point de réunion; lorsqu'on veut les replier on les rapproche au moyen d'un fil qui les traverse toutes, et on les ferme à la façon d'un éventail, les cerces se touchant et la toile formant gousset; dans cette position le panorama peut être alors enlevé de la scène et transporté au lointain.

L'inventeur suppose en outre que ce panorama pourrait être mobile, c'est-à-dire qu'il pourrait s'avancer dans le sens de l'axe longitudinal, au moyen d'une vis de rappel que l'on ferait mouvoir pendant qu'on suspendrait un peu le panneau par des fils venant du cintre, cette suspension ayant pour but d'empêcher que les frottements ne s'opposent à ce mouvement d'avance ou de recul.

En écrivant toute cette description je trouve à chaque mot des objections si graves que je crois que chacun les fera de lui-même en la lisant; aussi je veux ne les indiquer que très-brièvement, et sans aucune discussion; l'énoncé même de ces objections sera suffisant pour mettre l'esprit en éveil et le faire juger avec certitude.

Cette vaste surface polygonale offrira naturellement

des angles plus ou moins obtus à la rencontre de chaque partie de plans ; au bout de peu de temps, ces lignes d'intersection changeront de couleur et diviseront le ciel en segments verticaux ou en fuseaux sphériques ; cette division sera bien plus sensible encore au milieu de chaque panneau, puisque c'est à ces points que se formeront les goussets permettant la fermeture du panorama. Actuellement au moins, la toile de fond est intacte et les châssis de raccord sont seuls visibles. Avec le nouveau système, au lieu d'avoir un ciel régulièrement peint, on n'aurait plus qu'un ciel divisé en petites tranches.

La manœuvre du repliage des toiles amènerait à donner à tout l'ensemble agencé en éventail une épaisseur minimum de quatre mètres ; comment s'arrangeraient alors les charnières centrales, comment logerait-on un appareil si encombrant?

Faire avancer ou reculer tout d'une pièce un tel engin est presque impraticable ; au surplus la nécessité d'une telle manœuvre n'est pas bien démontrée et l'on peut passer sur cette particularité.

Puis enfin, en supposant que même les divisions du ciel ne fussent pas marquées, en supposant la fermeture et l'emmagasinement possibles, quelle utilité retirer d'un panorama unique représentant éternellement le même aspect : que l'action se passe de jour ou de nuit, en Sibérie ou en Égypte, en hiver ou en été, le ciel serait donc toujours le même? Cela est inadmissible et les décorateurs repousseraient énergiquement cette uniformité, cette monotonie d'effets. Si au contraire on voulait changer de ciels, il faudrait donc avoir autant de panoramas que de pièces, et où s'arrêter alors? quel théâtre assez vaste pour loger ces appareils encombrants?

Cette rêverie des panoramas circulaires et sphériques n'est, pour l'instant du moins, qu'une utopie, et il vaut mieux encore se contenter des panoramas construits avec la toile de fond et les châssis obliques, qui suffisent dans le plus grand nombre des cas, et qui tout au moins n'entravent pas les autres services de la scène.

Au surplus, M. Raynard, se rendant lui-même compte des difficultés attachées au système du panorama à coupoles, propose de le remplacer par un panorama seulement cylindrique, qui pourrait se remiser dans les cintres; cela est complétement impraticable; une surface cylindrique ne peut se développer en surface plane lorsque cette surface plane doit affecter d'un côté une forme demi-circulaire, c'est-à-dire, pour rendre la comparaison moins mathématique, que si vous prenez par exemple un filet à papillons et que vous mettiez à plat sur une table la garniture circulaire qui en forme le haut, vous ne pourrez jamais étendre sur cette table le filet lui-même sans lui faire faire des plis innombrables, plis qu'on ne peut jamais accepter dans une grande toile peinte qui doit garder intacts son tissu et sa fraîcheur.

Le panorama circulaire ou sphérique ne peut donc être employé dans la décoration théâtrale, si ce n'est dans quelques cas particuliers où l'on peut disposer *ad hoc* quelques mètres de toiles suspendus aux frises; sauf cela, il faut s'en tenir aux panoramas actuels, quitte à en perfectionner l'établissement.

C'est pour cela que la commission n'a pas cru devoir

s'arrêter aux idées de M. Ronchi, ingénieur milanais, qui proposait aussi un panorama circulaire mobile, s'enroulant et se développant autour de tambours verticaux : si la théorie est strictement possible, la pratique ne l'est aucunement.

Enfin un dernier type des modifications à apporter au système de décoration scénique est celui qui a été présenté par M. Foucault; ce système dont l'inventeur avait fait un petit modèle fort charmant à voir, et qui, il y a sept ou huit ans, a été porté à la connaissance du public à grand renfort de réclames, est au moins fort typique et très-différent des systèmes usuels.

Il consiste en effet non plus en une succession de châssis droits ou obliques, mais toujours plans ; mais bien en une suite de surfaces cylindriques et concentriques, sur lesquelles sont peintes les diverses parties du tableau. La partie la plus éloignée de l'œil du spectateur est un immense panorama circulaire à calotte comme celui proposé par M. Raynard; et ce vaste panorama englobe toute la décoration. Les plafonds sont tous supprimés, en sorte que l'éclairage ne se fait plus au moyen de herses successives, mais bien au moyen d'un vaste foyer, adossé au mur d'avant-scène, et qui projette également ses rayons sur toutes les parties du théâtre.

Certes ce système, s'il pouvait être employé, aurait de grands avantages; la disposition circulaire du rideau de fond et des châssis des plans permet à tous les spectateurs de se trouver toujours, pour ainsi dire, en face de la partie qu'ils ont directement devant les yeux; les châssis sont tous ou peuvent être tous à la même distance de l'horizon peint, et, pour les sujets de paysage, il peut y avoir dans ce procédé des ressources assez précieuses.

Mais quand arrive l'exécution, on se sent empêché de toutes parts; on se heurte à mille impossibilités, non-seulement et d'abord dans la construction du panorama de fond, qui rentre dans les conditions exprimées ci-dessus, non-seulement dans les évolutions du personnel du théâtre qui trouvant tout le théâtre encombré par les plantations curvilignes doit se masser près des murs d'avant-scène, seules entrées qui lui soient réservées, mais encore dans la disposition des châssis circulaires, produisant les plans successifs, se détachant sur l'horizon. Et je ne parle pas de la difficulté de construire ces châssis sur forme circulaire concave, et d'y fixer une toile qui épouse rigoureusement la forme; je ne parle pas des encombrements que produirait l'emmagasinement de ces surfaces cylindriques; mais je constate seulement la grande impossibilité de tracer des lignes architecturales et rectilignes sur ces panneaux circulaires. Cela peut se faire dans les Panoramas (je parle là des édifices qui emploient ce nom), où le spectateur est toujours enfermé dans un petit cercle tracé au point de vue; mais dans un théâtre où le public est disséminé dans toutes les parties de la salle, en haut, en bas, à droite ou à gauche, près ou loin, le tracé rectiligne effectué sur ces surfaces courbes présenterait les déformations les plus monstrueuses, les plus baroques, les plus dégingandées. Ce moyen est donc complétement impraticable pour les décorations d'architecture, c'est-à-dire pour celles qui fournissent les trois quarts au moins des décorations théâtrales. Il y aurait bien encore d'autres inconvénients à signaler : l'impossibilité de faire monter des dessous des fermes circulaires, la difficulté des changements à vue ; mais il est inutile de chercher d'autres raisons au rejet de ce système, puisque celle qui se rapporte au tracé des lignes droites suffit et au delà pour le faire repousser.

C'est alors qu'après avoir examiné non-seulement les procédés que je viens de décrire sommairement, mais encore quelques autres projets qui s'y rattachaient plus ou moins, la commission a été unanimement d'avis qu'il fallait rejeter les systèmes proposés et conserver en principe le système actuel, le système français, en ce qui touche les plantations scéniques.

Ce système actuel qui, par le fait de l'élimination de tous les autres devient dès lors le seul acceptable, est au surplus le seul qui, consacré par une longue expérience et modifié chaque jour par la pratique, puisse offrir toutes les ressources possibles aux décorateurs et aux machinistes, permettre tous les effets et se prêter à toutes les compositions. Aussi les accusations de routine portées contre lui tombent d'elles-mêmes, puisque seul il atteint le but et qu'on ne trouve rien de plus avantageux à lui substituer ; on reconnaît alors que la routine n'est autre que l'expérience et que le *statu quo* n'est que la continuité du bien. Ceux donc qui, dans une intention louable sans doute, mais incertaine, cherchent non pas seulement des améliorations, mais bien des modifications qui renverseraient radicalement les moyens mis en usage, se préparent de grandes déceptions.

Ce n'est pas, comme je l'ai dit en commençant, que ce système soit parfait ; bien des inconvénients ont été signalés, quelques impuissances ont été remarquées, quelques imperfections ont été reconnues; mais il était impossible, ou tout au moins difficile jusqu'à présent, de remédier à tous ces inconvénients, qui venaient pour la plus grande partie de la difficulté de l'installation dans un espace insuffisant. En grandissant cet espace, en donnant à la scène des dimensions plus considérables, en permettant enfin au système de s'étendre et de se compléter, on peut alors le modifier, parfaire sa disposition, et lui permettre de satisfaire pleinement aux services de la scène et aux exigences de la décoration.

Occupons-nous maintenant du plancher de la scène et, comme pour les plantations, voyons en quoi consistent les procédés employés usuellement dans les théâtres de France.

Ce plancher, quelles que soient sa largeur et sa profondeur, est essentiellement composé de bandes ou tranches parallèles au mur de face; ces bandes ne sont pas toutes d'égales dimensions; les unes, les plus larges, ayant environ un mètre de travers, sont séparées par d'autres bandes plus étroites, dont la largeur ne dépasse pas trente ou quarante centimètres. Dans plusieurs théâtres, ces petites bandes sont placées deux à deux et séparent ainsi les grandes; puis entre chacune des divisions petites ou grandes, est un petit intervalle de trois ou quatre centimètres qui s'étend aussi dans toute la levée de la scène; les grandes bandes sont appelées *grandes rues*, les petites bandes, *petites rues* et les petits intervalles *costières*; la réunion d'une grande rue, d'une ou deux petites rues, et des costières intermédiaires forme ce qu'on appelle un *plan*. Les grandes rues sont formées par des panneaux en bois de diverses dimensions, qui peuvent glisser à rainure et laisser le plancher à jour ; ces panneaux ont le nom de grandes trappes. C'est par ces grandes trappes, une fois ouvertes, que descendent ou montent les praticables venant des dessous, les grands bâtis, ou les acteurs qui apparaissent sur la scène ou ceux qui en disparaissent. Ces mouvements se produisent aussi à l'aide de fausses trappes, ouvertures de formes variables, pratiquées dans la trappe même et fermées par des panneaux mobiles. Les petites rues sont formées également de panneaux naturellement plus étroits que les précédents et qui glissent à coulisse ou se relèvent à charnière ; on les nomme trappillons. C'est par les petites rues que s'élèvent ou s'abaissent les fermes ou châssis de décoration, venant des dessous. Quant aux costières, la rainure qui les indique et qui se clôt au moyen de languettes de bois, soutenues par de petites pattes en fer, sert à laisser passer l'*âme* des mâts ou portants qui peuvent traverser tout le théâtre, emportés par les chariots roulants sur le plancher du premier dessous.

C'est à cela seulement que se réduisent actuellement les manœuvres du plancher du théâtre, et cela suffit à peu près à toutes les évolutions que l'on veut produire, sauf une seule fort importante dont nous allons nous occuper bientôt.

Tout cet ensemble de plancher repose sur des pièces de bois, qui traversent tout le théâtre, et qu'on appelle *sablières*. C'est sur ces sablières que se pratiquent les rainures où s'effectue le glissement des trappes ; c'est la partie fixe de l'établissement. Mais ces sablières ne peuvent être soutenues dans le vide, et elles ont de nombreux points d'appui; ces points d'appui ne sont autres qu'une multitude de poteaux verticaux, assis sur le fond de la scène, et qui montent jusqu'au-dessous de ces sablières du plancher. Cette projection verticale ne se fait pas d'un seul jet; de distance en distance, des espèces de planchers parallèles au plancher de la scène coupent les supports, et divisent toute la hauteur des dessous en plusieurs étages superposés, qui, au contraire de ce qui se fait pour les édifices, augmentent de nombre dans le numéro qui les désigne, à mesure qu'ils descendent plus bas. Le premier dessous est situé immédiatement au-dessous du plancher du théâtre; le second dessous vient ensuite en contre-bas, puis le troisième, qui est souvent le dernier; en tout cas, ce nom de dernier dessous est acquis au sol qui se trouve le plus enfoncé. Dans le premier dessous se meuvent les chariots; quant aux autres dessous, ils servent soit à la manœuvre et à l'équipement des bâtis et des fermes, soit à l'emplacement des tambours, treuils, cordages, et autres engins, destinés à produire tous les mouvements.

On comprend que pour laisser passer en entier soit les fermes, soit les grands bâtis qui ont parfois de grandes dimensions, et qui, lorsqu'ils sont descendus sous les planchers, occupent ou peuvent occuper toute la hauteur des dessous, on comprend, dis-je, qu'il faut que toutes les rues petites ou grandes, soient complétement libres de la base au sommet. Cette condition montre tout de suite qu'il ne peut y avoir aucune liaison fixe entre les poteaux ou les sablières de plans différents, puisque ces liaisons fixes apporteraient une entrave à la liberté complète de chaque rue. Il en résulte que toute la construction des dessous est isolée dans un sens, et est sollicitée à se déverser soit en arrière, soit en avant. On s'oppose à ce déversement, d'abord au moyen des trappes du plancher de la scène, qui servent de liaison à la partie supérieure, lorsqu'elles ne sont pas ouvertes, puis de crochets en fer appelés crochets d'écartement, et qui rejoignent et rassemblent deux poteaux ou deux sablières consécutives, lorsque pour les exigences du service, les rues n'ont pas besoin d'être dégagées. Lorsque le cas contraire se présente, on en est quitte pour retirer tous les crochets d'une même travée, puis pour les remettre lorsque les mouvements se sont effectués.

On voit par cette description, un peu ardue sans doute, que tout ce qui constitue l'ensemble des dessous d'un théâtre n'a pas et ne peut avoir une rigidité et une solidité parfaites. Aussi après quelques années de service, il est souvent nécessaire de remanier quelques parties plus ou moins déformées et il est nécessaire surtout de s'opposer au déversement insensible, mais presque' continuel, qui se fait vers le mur de face, déversement sollicité surtout par le poids des fermes accrochées sur les sablières du côté qui regarde la salle. On remédie plus ou moins à ce dévers en construisant les poteaux, non pas rigoureusement verticaux, mais au contraire un peu inclinés en arrière ; de cette façon la résistance à l'entraînement est plus forte et l'inconvénient moins imminent.

Disons tout de suite, et pour ne plus revenir sur cet inconvénient, qu'il est fort possible d'y porter remède, aujourd'hui où le fer nous offre tant de ressources ; des fermes en tôle peuvent traverser le théâtre de la *cour* au *jardin,* et se sceller dans les parois latérales, ce qui sera déjà presque suffisant pour empêcher le dévers. Les poteaux de support peuvent aussi se construire en fer ou en fonte, et avoir une section combinée de telle sorte que la rigidité d'assiette soit plus grande que celle des poteaux en bois; enfin mille moyens sont offerts maintenant à l'architecte pour établir avec une solidité très-suffisante tout cet ensemble des dessous, et l'inconvénient que j'ai dû signaler peut être à peu près évité.

Occupons-nous donc seulement des effets favorables ou défavorables que l'on peut produire avec le système actuel, et cela nous dira de quel côté il faudra chercher à le perfectionner.

Les avantages sont ceux-ci : à quelque plan que ce soit, on peut faire monter ou descendre des fermes; à quelque plan que ce soit, on peut placer les portants qui soutiennent les châssis de décoration, que ces châssis soient placés parallèlement ou obliquement par rapport à la face du théâtre; à quelque plan enfin que ce soit, on peut faire monter des dessous des bâtis vides ou en charge; de plus, les chariots pouvant se mouvoir dans toute la largeur du théâtre, les portants peuvent occuper tous les points de cette largeur; puis les trappes ou trappillons pouvant s'ouvrir à droite et à gauche, et dans n'importe quel emplacement, les fermes pourront être larges ou étroites, entières ou divisées, les bâtis pourront apparaître du côté cour, ou du côté jardin, tout comme dans le milieu du théâtre, et les effondrements des acteurs pourront avoir lieu là où on le désire. Cela suffit à tous les effets et plantations qui peuvent se produire dans le plus grand nombre des cas, et enfin, au moyen de mâts dressés au milieu des rues, on peut encore installer des feuilles de décoration, non pas sur les costières seulement, mais encore partout où la décoration l'exige.

Certes, ces avantages sont réels, et jusqu'à présent ils ont paru suffisants, puisqu'on n'a guère cherché à en adjoindre d'autres; le talent des décorateurs, la grande expérience et l'habileté des chefs machinistes ont su triompher de presque toutes les difficultés qui se rencontraient encore, de sorte qu'*a priori* on est conduit à accepter le système actuel tel qu'il est installé, et tel qu'il fonctionne journellement.

Il est pourtant nécessaire de reconnaître que ce système n'est pas parfait; il est nécessaire de constater quels en sont les côtés faibles et, cette constatation faite, il devient utile de rechercher si on peut le perfectionner. Sans détailler ici une multitude de petits inconvénients manifestes, mais sans grande valeur, il suffira d'en indiquer deux, dont un surtout doit être examiné avec grand soin. Le premier est l'impossibilité qui existe, de faire monter des dessous des fermes obliques, car il faudrait pour cela que le plancher pût s'ouvrir dans n'importe quelle direction, ce qui est matériellement impossible. S'il fallait couper, comme au hasard, toutes les sablières de chaque dessous, s'il fallait éventrer les trappes dans tous les sens, il ne resterait plus rien, absolument rien qui pût se soutenir; il n'y a pas de remède possible à cet inconvénient, mais il est en partie bien affaibli, parce que si l'on ne peut *charger* et *fondre* les fermes obliques, on peut toujours soit les construire au moyen de châssis volants, soit les faire pivoter, une fois amenées en scène. L'inconvénient existe donc, mais il peut presque être supprimé comme effet, si l'on ne peut matériellement et pratiquement en vaincre la cause.

Le second inconvénient, et celui-là très-grave, c'est l'impossibilité de fondre ou d'élever une partie de plancher quelconque, qui ne soit limitée par les sablières rigides; on pourra bien défoncer quelques rues avoisinantes, en supprimant les parties de trappes qui les recouvrent, mais les sablières fixes qui, elles, ne peuvent s'abaisser, diviseront toujours l'espace béant par des traverses parallèles, qui retireront toute illusion quant au trou produit, en même temps qu'elles limiteront les effets qu'on en pourrait tirer. Si l'on voulait par exemple que la moitié du théâtre fût abaissée d'un mètre sur l'autre moitié, si l'on voulait que les derniers plans du théâtre fussent plus bas que les premiers, comme cela arriverait en supposant que ces premiers plans formassent une terrasse à laquelle on accéderait par des gradins, cela deviendrait impraticable, et il faudrait que les décorateurs renonçassent à leurs projets ou les accomplissent d'une façon irrationnelle.

C'est cette difficulté qui a depuis longtemps préoccupé tous ceux qui s'intéressent à l'art théâtral; mais comme il était impossible de modifier les scènes existantes, on se contentait plutôt d'exprimer un désir que de rechercher les moyens de le réaliser. La construction de divers théâtres a fait de nouveau agiter la question, et l'on a commencé à étudier sérieusement ce qui pourrait supprimer une entrave manifeste. On a fait des essais, des projets, des mémoires; on a bouleversé, renversé ou timidement amélioré; on a cherché enfin, et si, à l'instant où j'écris [1],

---

1. 1870.

la pratique n'est pas encore venue confirmer les théories, au moins on a pu constater que la résolution du problème n'était pas impossible et que, dût-on d'abord éprouver quelques échecs, il ne fallait pas se décourager et que la chose valait la peine d'être tentée.

Je dois dire avant tout que, dans n'importe quel système, le but était celui-ci: rendre le plancher mobile en tout ou en partie, c'est-à-dire diviser la scène en un certain nombre de compartiments qui tous, indépendamment ou simultanément, pussent ou bien s'élever d'une certaine quantité, ou bien s'abaisser d'une quantité à peu près équivalente. Peu importe, pour la démonstration du principe employé, le nombre de ces cases; elles peuvent être augmentées ou diminuées, sans rien changer au procédé admis, et ce qui aura lieu pour une seule, aura lieu pour toutes les autres.

Dans tous ces systèmes, sauf dans celui de M. Raynard, toute la surface du plancher est donc divisée en un certain nombre de compartiments; mais pour que ces compartiments puissent effectuer leurs évolutions sans laisser paraître les sablières qui les supportent, ces sablières sont elles-mêmes divisées dans leur longueur en autant de tronçons que la largeur de la scène contient de cases. Or, comme ce sont ces sablières qui supportent les trappes, on voit qu'on n'aura qu'à les élever ou à les abaisser pour que le plancher s'élève ou s'abaisse en même temps. C'est là la condition première, si l'on veut que les mouvements soient particuliers, et si l'on veut faire mouvoir à diverses hauteurs toutes les parties constituantes de la surface totale du plancher. Il ne s'agit donc que de chercher le moyen le plus pratique et le plus convenable pour agir sur ces sablières, et si ce moyen est trouvé, le problème sera résolu.

J'indique seulement pour mémoire la nécessité qu'il y aura de réunir solidement chaque tronçon de sablière, afin que lorsque les manœuvres ne doivent pas s'effectuer, le plancher ait toujours une solidité suffisante pour résister aux efforts divers qui se produisent à sa surface. Ces moyens sont nombreux et variés, mais ils ne présentent pas de difficultés : des plates-bandes boulonnées sont la donnée générale de ce qui pourra être employé pour arriver à ce résultat et, de ce côté, la réussite ne peut être douteuse.

Voyons donc quels sont les projets qui ont été présentés pour imprimer le mouvement aux sablières, et examinons les avantages ou les inconvénients qui se rattachent à chacun d'eux. Deux des inventeurs qui avaient étudié le mode de plantation ont également étudié le mode de la mobilité du plancher. Ce sont M. Raynard et M. Barthélemy de Nancy. M. Foucault avait bien supposé la même mobilité dans le plancher de son petit modèle, mais je n'ai pas eu connaissance du système spécial qu'il avait adopté.

M. Raynard a simplifié beaucoup la question en ce qu'il ne mobilise pas le plancher par compartiment, mais seulement par rue ; de cette façon les sablières ne sont pas tronçonnées ; le plancher est alors sans doute plus résistant et plus homogène, mais la solution est incomplète en ce qu'il faut élever ou défoncer toujours le terrain dans toute la largeur du théâtre. Quoi qu'il en soit, ces sablières étaient supportées par des poteaux en fer, glissant dans des cassettes, leur servant de guides. A chaque rue était installé un moteur spécial, machine ou bras d'hommes, qui faisait mouvoir des roues à pignons. Ces roues à pignons engrenaient dans des dents de crémaillères, et par leur mouvement de rotation à droite ou à gauche, faisaient mouvoir la tige dentelée, qui supportait les sablières. C'est, en somme, une application du cric adaptée à cette évolution particulière, et rien ne paraît s'opposer, en principe, à ce que cette évolution puisse se produire régulièrement. Un arbre de transmission débrayable à volonté donne le mouvement de rotation aux pignons qu'il rencontre, et suivant le nombre et la disposition de ces pignons, une partie des rues, désignées à l'avance, exécute son ascension ou sa descente. Cependant il peut y avoir d'assez grandes difficultés dans la pratique d'un tel moyen; les mouvements se feront toujours assez lentement, à moins de donner une très-grande vitesse de rotation à l'arbre de couche, ce qui peut exiger un moteur assez puissant; puis, chaque rue sera suspendue ainsi sur quatre dents seulement, deux par sablières, et si un accident arrive à l'une de ces dents, toute la levée en sera atteinte. De plus, la régularité parfaite de tout ce système d'engrenage exigerait une exécution aussi très-parfaite de tout l'appareil, sous peine de se produire avec des soubresauts. Quoi qu'il en soit, M. Raynard a, pour ainsi dire, construit le premier ce système de plancher mobile, car il vient d'exécuter ses projets pour le nouveau théâtre du Vaudeville. Néanmoins ce théâtre ayant fort peu l'occasion de se servir des mouvements ascensionnels du plancher, tout le système est resté au repos depuis son exécution, et l'on ne peut rien conclure sur son excellence. Aujourd'hui tous les engins sont plus ou moins oxydés, et il est à prévoir qu'à moins de cas exceptionnels, exigeant alors la réparation complète de tout l'ensemble, le système de M. Raynard est condamné à l'inaction; mais dût-il fonctionner et fonctionner à merveille, s'il apportait déjà une modification heureuse sur la situation actuelle, comme il ne satisfait pas encore à tout ce que l'on doit désirer, il ne suffirait pas pour être considéré comme le dernier mot de la question.

M. Barthélemy, de Nancy, a pris le taureau par les cornes et n'a pas cherché à se soustraire aux difficultés du problème. Dans son système tout se meut par partie ou par ensemble; le plancher s'élève ou s'abaisse soit horizontalement, soit obliquement; c'est un grand damier divisé dont chaque case a son mouvement propre qui peut se combiner avec le mouvement simultané de toutes les autres; malheureusement si l'intention est bonne, le résultat est moins satisfaisant et les évolutions du sol de la scène, fort bien comprises, n'en sont pas moins pratiquement impossibles.

M. Barthélemy, de Nancy, ayant divisé ses grandes rues, ses petites rues et ses sablières en cases et en tronçons, supporte chacune de ces parties au moyen de poteaux en fer articulés à leur jonction avec le plancher, et pénétrant dans des tubes creux alésés remplis d'eau forcée. Ce sont donc des espèces de pistons hydrauliques, et le mouvement de ces pistons se fait au moyen de la pression du liquide. Un robinet est ouvert; l'eau agit sur le piston et le fait s'élever; un robinet est fermé; l'eau quitte le tube et le piston redescend entraînant chaque fois avec lui dans sa montée et dans sa descente la sablière qu'il supporte et qui, à son tour, fait mouvoir la trappe qu'elle soutient.

Cela est fort bien et le mouvement n'est pas impraticable en lui-même; mais il faut songer qu'il est besoin de quatre supports de pistons par trappe; que ces trappes sont au nombre de près d'une centaine, et que s'il est possible de régler l'effet d'une presse hydraulique fonctionnant toute seule, il est complétement impossible de régler quatre cents presses devant agir isolément ou simultanément. Les unes iront plus vite ou plus lentement que les autres; le piston de celle-ci s'élèvera plus haut que le piston de celle-là, de sorte que si l'on voulait donner la vie à tous ces engins, si l'on voulait faire fonctionner tout cet ensemble, on ne pourrait aboutir qu'à des inégalités d'ascension ou de descente, et on aurait les plus grandes difficultés à obtenir un fonctionnement régulier. C'est l'avis de tous les hommes spéciaux, et tout en rendant justice à l'idée ingénieuse de l'inventeur, il n'est pas un seul constructeur qui voulût se charger de l'exécution d'un tel système, et qui, surtout, voulût répondre du succès. Or, comme il ne peut y avoir d'aléa dans les représentations théâtrales, où le temps est mesuré, où le public ne peut s'astreindre au caprice des machines motrices, il faut repousser tout de suite cette disposition compliquée qui coûterait fort cher à établir, qui exigerait un immense entretien et qui n'offrirait qu'incertitude. Quatre cents presses dans les dessous d'un théâtre! quatre cents moteurs assez dociles pour fonctionner à coup sûr, sans crainte de fuites, de coups de bélier ou de frottements! cela est tellement hors des conditions pratiques, que tout homme du métier condamnera cette invention, et la placera au rang des rêveries si fréquentes chez tant d'esprits gouvernés par une idée fixe.

Après ces projets, dérivant des inventeurs dont j'ai déjà parlé, s'en sont produits d'autres, émis par des hommes plus pratiques peut-être, mais à coup sûr déjà guidés dans leurs travaux par les discussions de la commission, discussions qui avaient transpiré au dehors, et avaient déjà indiqué certaines bases. Je ne puis passer en revue tous les nouveaux systèmes qui ont été présentés, et je me bornerai à dire quelques mots des plus typiques, laissant de côté les idées encore indécises des inventeurs et arrivant tout de suite aux derniers projets plus étudiés par ceux-ci. Ainsi un système présenté par MM. Sabattier et Quéruel, système fort ingénieux et nouveau, consistant en poutres tubulaires servant de guides aux chariots, et mues au moyen de presses hydrauliques partielles, a été écarté, et parce que ces grandes poutres offraient par leur hauteur de grands obstacles aux services des dessous, et parce que les presses étaient encore trop nombreuses, et encombraient les dessous. Cependant je dois dire que ce projet était étudié avec grand soin, qu'il a été débattu et discuté longuement, et qu'en résumé, tout en le repoussant, on a rendu justice à l'ingéniosité et au talent de ses inventeurs, inventeurs qui, du reste, ont reconnu plus tard les côtés faibles de leur projet, et se sont retirés, l'un, M. Sabattier, pour se consacrer aux études générales de tous les projets présentés à la commission; l'autre, M. Quéruel, pour dresser un nouveau projet fort intéressant, et dont je parlerai plus bas.

Cela fait, il ne restait plus en présence que trois

systèmes divers : un présenté par M. Sacré, machiniste en chef du théâtre de l'Opéra; un autre présenté par M. Brabant, machiniste de la Porte-Saint-Martin; et un troisième émanant de M. Quéruel seul; cela constituait trois types assez distincts.

Le système de M. Sacré est plutôt une modification ingénieuse du système actuel qu'un changement complet dans le principe, du moins en ce qui regarde la production et la transmission des mouvements. Cependant, comme dans le projet précédent, toute la carcasse principale est en fer, et chaque case est supportée par quatre tiges pénétrant dans des tubes ou guides, de forme spéciale. Ce qui constitue surtout la partie originale du projet de M. Sacré, c'est l'installation de contre-poids placés dans des rainures avoisinant les guides, et qui facilitent la manœuvre, en ce que les parties à soulever, étant alors équilibrées, présentent un poids bien moins considérable que si elles devaient se mouvoir sans cette adjonction. Cela permet d'employer un moteur peu puissant et, au besoin même, la force des bras d'hommes; quant au moyen employé pour faire évoluer les tiges ou potelets qui supportent les sablières du plancher de la scène, il se compose de fils passant sous le pied de ces potelets, au moyen d'une poulie à gorge, puis repassant après sur d'autres poulies placées au second dessous, et se dévoyant ensuite à droite et à gauche, pour s'enrouler sur des treuils ou tambours pouvant agir soit isolément, soit collectivement.

Ce système de mouvement est à peu près celui qui est employé actuellement pour la manœuvre des fermes et des bâtis montant des dessous, et son ancienneté ainsi que l'expérience que les machinistes ont de sa manœuvre peuvent faire prévoir qu'il fonctionnerait sans embarras.

Cependant on a craint que les fils horizontaux ne gênassent un peu la circulation des dessous, on a craint surtout la suspension partielle ou totale du plancher sur des cordes ou fils, que ces fils fussent en chanvre, en cuivre ou en acier, et l'on a craint encore que ces fils se détendissent parfois, plus ou moins irrégulièrement et ne contrariassent les effets cherchés.

Néanmoins les inconvénients signalés ne peuvent être assez graves pour faire conclure au rejet complet du système, et s'il n'a pas été adopté par la commission, il n'a pas été pour cela frappé d'indignité ; peut-être pourra-t-il être employé quelque jour, et invoquer alors en sa faveur les avantages que l'expérience pourrait lui consacrer.

Le système de M. Brabant est en principe identique à celui de M. Sacré, sauf que les contre-poids sont supprimés, ce qui, dès lors, exige un moteur plus puissant pour effectuer les évolutions ; mais comme dans un grand théâtre il est probable que les bras d'hommes seront remplacés, du moins en partie, par une force mécanique, cela ne pourrait faire conclure au rejet du système. Quant au mode de mouvement des potelets glissant dans les cassettes, il se produit aussi au moyen de fils passant sous le pied des âmes, mais le renvoi de ces fils se fait non plus horizontalement vers la hauteur du second dessous, mais bien horizontalement sous le dernier plancher inférieur ; des tambours spéciaux sont agencés sous chaque grande division de case, et la manœuvre de ces tambours se fait aussi individuellement ou simultanément. Dans ce procédé, le plancher est encore soutenu dans ses évolutions par des fils, et l'inconvénient ci-dessus signalé se produirait encore ; mais la manœuvre des tambours paraît plus simple et plus efficace. Au surplus, pour ce projet comme pour celui de M. Sacré, ce sont toujours des applications particulières des moyens actuels, et la garantie que ceux-ci offrent chaque jour se reporte sur ce qui en dérive. La commission n'a pas adopté le système de M. Brabant parce qu'elle a fixé son choix sur un autre projet ; mais avant que cet autre projet fût élaboré, celui de M. Brabant avait été pris en considération. Il se peut, au surplus, que des difficultés pratiques fassent revenir sur une décision non encore officielle et que du mélange des projets de MM. Sacré et Brabant on dégage enfin le procédé définitif.

Après ces deux systèmes, appuyés sur la pratique des manœuvres usuelles du théâtre, nous allons tout de suite vers un système qui s'en éloigne complétement et qui a été présenté par M. Quéruel.

Je parle là du dernier projet élaboré par M. Quéruel, car cet ingénieur en a dressé cinq ou six, tous repoussés plus ou moins complétement par la commission, et tous employant en grand nombre des presses hydrauliques, dont la manœuvre devenait difficile et dont la quantité était une cause d'encombrement. Tous ces projets néanmoins contenaient des idées intéressantes et témoignaient, sinon alors d'une connaissance approfondie des services du théâtre, au moins d'une aptitude mécanique qu'il serait injuste de ne pas reconnaître.

Le dernier système proposé par M. Quéruel est ainsi disposé ; de grandes poutres tubulaires de 1 mètre de hauteur sont placées au droit et au-dessous de chaque costière du plancher. Ces poutres traversent tout le théâtre et sont établies en équilibre à leur centre, sur un grand piston de presse hydraulique. Quand le piston monte, la grande poutre monte ; quand le piston descend, la grande poutre descend ; jusqu'à présent il n'y a rien de bien particulier ; mais ce qui est plus typique, c'est la manière dont cette grande poutre transversale fait manœuvrer tout ou partie des sablières placées au-dessus d'elle. A cet effet, la poutre est percée d'ouvertures circulaires par où passent toutes les tiges de support d'un même plan ; lorsque rien n'arrête ces tiges, la poutre monte ou descend sans les influencer en rien ; mais si, au contraire, on introduit dans les supports des clavettes faisant saillie, lorsque la poutre s'élève, elle rencontre la clavette et soulève par conséquent la tige ainsi clavetée ; lorsque la poutre redescend, la tige qui s'appuie sur elle au moyen de la clavette redescend aussi jusqu'à ce qu'elle se retrouve à sa place déterminée, où un autre moyen d'arrêt la fixe à son tour. On comprend dès lors qu'en clavetant une ou plusieurs tiges à des hauteurs semblables ou différentes, on produit des élévations ou des abaissements de sablières semblables ou divers, et que de cette façon la mobilité du plancher paraît résolue.

Ce système a été écarté parce qu'il nécessitait encore un nombre de presses assez considérable, soit trois ou quatre par plan, suivant le nombre des trappillons, et parce que l'équilibre de la poutre sur un seul point d'appui central n'a pas paru suffisant. On eût bien pu rendre l'équilibre stable en faisant supporter la poutre par deux presses placées à chacune des deux extrémités, mais cela eût doublé encore le nombre des appareils, déjà trop considérable; M. Quéruel avait aussi proposé un moyen ingénieux pour relier ensemble les poutres de divers plans et pour les faire manœuvrer à la fois, ce qui paraît indispensable pour arriver à un bon résultat; mais, malgré cela, le projet a été repoussé à cause des inconvénients que je viens de signaler.

Néanmoins, si ce système n'a pas réuni l'assentiment de la commission, il a apporté un élément nouveau qui a servi de base au projet qui, actuellement, paraît devoir être suivi, si toutefois les dépenses qu'il occasionne ne sont pas exagérées et si une étude plus complète n'en fait pas ressortir des inconvénients qui paraissent évités quant à présent.

Comme ce dernier projet, quel que soit son sort, a réuni les voix de tous les membres de la commission moins une, et comme il résume, pour ainsi dire, les travaux précédents, je crois pouvoir m'étendre un peu plus sur lui que sur les autres, et présenter au lecteur la transcription de la note explicative que j'ai été chargé de faire à ce sujet.

A Messieurs les Membres de la Sous-Commission de machinerie scénique.

« Messieurs,

« Le projet de machinerie théâtrale que j'ai l'honneur de soumettre aujourd'hui à votre appréciation a été indiqué en principe à l'une de nos dernières séances, par

M. Tresca ; presque simultanément avec lui et lors même que sa pensée était à peine exprimée, la même idée me vint à l'esprit et fit, pour ainsi dire, explosion en interrompant celle que M. Tresca allait développer. De sorte qu'après de nombreuses réunions, de longues discussions et des études sérieuses, il se produisit cette circonstance que deux membres de votre commission eurent, à un moment donné, la même intuition d'un système renversant à peu près toutes les données présentées jusqu'à ce jour, et paraissant devoir résoudre complétement le problème proposé.

« Cependant, bien que la question de priorité ait peu d'importance dans notre réunion et que le but que nous devions chercher à atteindre soit seulement un bon résultat, je dois constater qu'en résumé, ne me devançât-il que de quelques instants, M. Tresca a le droit de se considérer comme ayant le premier indiqué le système que je propose aujourd'hui à la sous-commission, et, tout en considérant son travail comme une partie de notre œuvre commune, c'est donc plutôt en son nom qu'au mien que je viens expliquer et défendre ce projet; mais si je n'ai pas eu l'honneur de l'avoir deviné le premier, j'ai du moins la grande satisfaction d'en être le fidèle partisan[1].

« Lorsque ce système fut indiqué, la sous-commission m'engagea à en faire un croquis qui pût fixer les idées et aider à la discussion. Ce croquis fut fait et je l'accompagnai même d'un petit modèle improvisé, et

---

1. J'ai dit plus haut quelle part doit revenir à M. Quéruel, ce dont l'on pourra se rendre compte en parcourant la suite de ce rapport.

le projet, déjà plus élucidé, parut, je n'ose dire avoir des chances complètes de réussite, au moins mériter une discussion plus étendue et des études plus approfondies. La sous-commission me chargea alors de rédiger un projet plus précis et plus détaillé, et c'est ce dernier projet que j'ai l'honneur de mettre aujourd'hui sous vos yeux....

« .... La pensée première, l'idée principale du système consiste en un plateau unique, occupant toute la superficie des dessous de la scène, et percé de trous dans lesquels passent soit les guides, soit les colonnes de construction, soit enfin les tiges métalliques qui supportent les tabliers du plancher. Ce plateau ne doit pas être plein, mais avoir de grandes ouvertures au droit des grandes et des petites rues, afin de laisser un passage libre aux fermes et aux bâtis ou trucs équipés dans les dessous. Disposé de la sorte, le plateau devient une espèce de grand gril, et c'est sur les traverses de ce gril que sont pratiqués les trous ou orifices dont je viens de parler. Tout cet ensemble est mobile et est placé normalement à environ 2 mètres au-dessus du fond du théâtre, et, par l'aide d'un moteur dont je parlerai plus loin, il peut s'élever à volonté d'une quantité qui dépend des dimensions du vaisseau qui le contient. Au nouvel Opéra, et d'après les dispositions adoptées, ce gril peut parcourir 7 mètres en hauteur ; arrivé à cette altitude, il peut redescendre de la même quantité, reprendre sa première place ou occuper pendant la descente ou pendant la montée des positions intermédiaires réglées par la marche du moteur.

« Ainsi donc ce gril peut se mouvoir verticalement ;

mais comme les traverses sont placées au-dessous des sablières de construction et que les espaces des rues sont libres, il peut opérer l'ascension ou la descente sans gêner en rien les manœuvres qui devraient se faire isolément pour les fermes ou les bâtis. Pendant cette évolution, les trous ménagés dans les traverses laissent passer à frottement doux les guides, les colonnes et les tiges de support des cases du plancher.

« Cela posé, si les tiges de support sont percées d'ouvertures convenablement disposées et si dans ces ouvertures on introduit facultativement une clavette faisant saillie sur la tige, il arrivera que le gril dans son ascension, rencontrant cette clavette, la soulèvera avec lui et soulèvera, par le même effet, la tige mobile qui retient la clavette.

« Si, au lieu d'une seule tige et d'une seule clavette, on emploie plusieurs clavettes se rapportant à un même ensemble de tiges, ces tiges seront soulevées simultanément par le gril en mouvement, de sorte que si, je suppose, on clavette les quatre tiges supportant une des cases du plancher, ces quatre tiges s'élèveront en soulevant avec elles les sablières qu'elles supportent et, par suite, la trappe de la rue.

« On comprend que si, au lieu des quatre tiges d'une case, on clavette un plus grand nombre de tiges, on soulèvera du même coup toutes les parties du plancher correspondant à ces tiges clavetées, et qu'en étendant ce moyen à toutes les tiges mobiles on soulèvera, par la seule ascension du gril, le plancher complet de la scène.

« Si maintenant, au lieu de claveter les tiges à la

même hauteur, on place les arrêts à des hauteurs différentes, il en résultera que les ascensions se feront à des hauteurs également différentes, et que chaque case du plancher pouvant s'élever séparément, on pourra, suivant la disposition du clavetage des tiges, modifier l'altitude de toutes les cases et élever tout ou partie du plancher de la scène à la hauteur que l'on voudra.

« Mais non-seulement ces ascensions partielles ou totales peuvent se faire horizontalement, c'est-à-dire parallèlement à la surface du gril mobile, mais encore on pourra élever également chaque case d'une manière oblique quelconque, pourvu que la jonction des tiges et des sablières soit faite en forme de genou à coulisse, ce qui permettra toute liberté de mouvement.

« Cette élévation oblique se fera en clavetant deux des quatre tiges de chaque case à une hauteur différente des deux autres. On aura donc ainsi, par la seule élévation du gril, et suivant le clavetage des tiges de support, soit un plancher soulevé horizontalement en tout ou en partie, soit soulevé obliquement et suivant telle inclinaison qu'on désirera. Une fois le plancher soulevé, on peut, si on le veut, le consolider en clavetant encore les tiges, non plus sur le gril cette fois, mais sur les sablières du plancher fixe du premier dessous. Chaque case étant ainsi assujettie, le gril peut, s'il en est besoin, revenir à sa première place et faire d'autres mouvements pendant que la partie soulevée est immobilisée.

« Pour redescendre la partie soulevée, il n'y aura qu'à retirer les clavettes du premier dessous et faire redescendre le gril; le plancher, sollicité par son propre poids et guidé par les tiges passant dans les traverses du gril et dans les sablières des dessous, reprendra sa place primitive.

« Si, au lieu de vouloir faire monter le plancher au-dessus de la scène, on voulait au contraire le faire descendre, il n'y aurait qu'à faire monter le gril mouvant jusqu'à une certaine hauteur, claveter les tiges sur ce gril, suivant l'effet que l'on veut avoir, et, retirant alors les supports du premier dessous, faire redescendre le gril qui, dans sa manœuvre, laissera le plancher descendre jusqu'à la hauteur désignée ; car si, indépendamment du clavetage sur le gril, on introduit dans la tige d'autres arrêts à hauteur variable, lorsque ces arrêts rencontreront les sablières du premier dessous, ils limiteront la descente de la case ainsi équipée....

« .... Il y a cependant un cas où l'évolution du gril ne pourrait suffire, c'est lorsque l'on voudrait faire simultanément monter et descendre diverses parties du plancher. On comprend que, dans ce cas et par la manœuvre seule du gril, les deux mouvements ne peuvent s'exécuter ; il faut donc trouver un procédé qui permette cette double évolution simultanée. Cela pourrait s'exécuter sans nul doute au moyen de poulies et de cordes de renvoi, car il est toujours possible de changer la direction d'un mouvement par la transformation de la force ; mais ce système a, selon moi, l'inconvénient d'encombrer et d'embarrasser les dessous ; il faudrait, en effet, que chaque tige fût munie d'un appareil de renvoi, et quelque simple qu'il fût, il compliquerait la manœuvre. Au surplus, si l'on agissait ainsi, on retomberait dans le projet de MM. Sacré et Brabant, et il serait bien inutile d'avoir d'une part un système particulier, si pour l'autre part il fallait recourir au système général.

« J'ai donc pensé à un autre mode de mouvement qui me paraît plus simple et plus certain, et qui n'est en résumé que la doublure du système proposé : ce serait d'installer un second gril mobile; celui-là aurait sa place normale en contre-bas du second dessous et serait mû par un moteur indépendant de celui qui fait mouvoir le premier gril; la forme étant, du reste, identique à celle de ce gril et les ouvertures étant placées à plomb avec celles déjà pratiquées, il n'encombrerait en rien et ne ferait, pour ainsi dire, que doubler les épaisseurs des sablières du deuxième dessous.

« On comprend dès lors, sans plus amples explications, que ce deuxième gril, fonctionnant comme le premier, peut faire faire au plancher toutes les évolutions d'élévation et d'abaissement désirables, et que, lorsque les deux grils fonctionnent simultanément, mais d'une manière inverse, on peut faire produire à l'un un mouvement de descente, tandis que l'autre produira un mouvement élévatoire.

« Ainsi donc, par l'adoption de deux grils similaires, on peut facilement, sans encombrement, sans difficulté, avec certitude et sécurité, produire les mouvements ci-après désignés :

« 1° Élévation horizontale d'une partie du plancher;

« 2° Descente horizontale d'une partie du plancher;

« 3° Élévation horizontale de tout le plancher;

« 4° Descente horizontale de tout le plancher;

« 5° Élévation oblique d'une partie du plancher;

« 6° Descente oblique d'une partie du plancher;

« 7° Élévation oblique de tout le plancher;

« 8° Descente oblique de tout le plancher;

« 9° Élévation et descente simultanées de deux parties horizontales du plancher;

« 10° Élévation et descente simultanées de deux parties obliques du plancher;

« 11° Élévation et descente simultanées d'une partie oblique et d'une partie horizontale.

« Il me reste à parler maintenant du moteur qui devra être employé. D'après la fonction de ce moteur, la sous-commission jugera tout de suite qu'il doit être puissant et docile; or, d'après les études qui ont été faites sur ce point, il paraîtrait qu'un seul moteur pourrait réunir ces conditions et que la force hydraulique pourrait être seule employée pour produire les effets nécessaires au jeu du gril. C'est donc ce moyen qui doit compléter le système proposé; compléter n'est peut-être pas le mot exact, car il indiquerait que le système peut au besoin fonctionner sans lui, tandis que sans ce moteur il serait sans doute impraticable. Cependant cette observation ne se rapporte qu'à l'installation d'un gril unique, car avec l'adoption de deux grils, la force hydraulique, toujours désirable, n'est plus tout à fait indispensable; on peut, en effet, équilibrer facilement les deux grils de telle sorte qu'ils se servent mutuellement de contre-poids. On n'aurait donc plus à vaincre la pesanteur de chacun de ces grils, mais seulement celle de la partie du plancher que l'on veut soulever. Dans ces conditions il suffirait alors d'une force moins grande et les évolutions ordinaires pourraient même au besoin être accomplies à bras d'hommes ; cela n'est pas sans quelque importance, car au théâtre, où il ne peut y avoir d'entraves permanentes, il est toujours utile qu'une force motrice quelconque puisse, à un instant donné, être remplacée par une autre moins puissante peut-être, mais au moins plus disciplinable.

« Cependant il faut supposer que les presses hydrauliques feront partie du système d'ensemble et, dans ce cas, l'agencement serait des plus simples : quatre pompes seraient installées à chaque angle des deux grils, soit en tout seulement huit pompes; mais les quatre pompes de chaque gril seraient réunies en une seule qui donnerait le mouvement initial, de sorte qu'avec deux maîtresses pompes et deux robinets on pourrait produire tous les effets.

« C'est à la discussion qu'appartient de fixer la place à donner à ces robinets, mais il sera toujours facile, au moyen de chaînes de renvoi, de placer le point de départ du robinet à l'endroit qui conviendra le mieux, soit dans le premier, soit dans le second dessous. Une roue à aiguille, comme celles qui servent à manœuvrer les gouvernails des bateaux à vapeur, pourrait être employée, de sorte que le machiniste chargé du mouvement du robinet saurait, par la seule impulsion de cette aiguille, la force dont il dispose. Mais c'est là une question de détail sur laquelle il est inutile d'insister plus longtemps.

« Voilà donc le système complet, quant à ce qui regarde la mobilisation du plancher de la scène. M. Tresca pense, avec raison je crois, qu'étant possesseur de cette force motrice on pourrait s'en servir pour effectuer toutes les autres manœuvres de théâtre.

Certes cela se peut facilement au moyen de palans, moufles ou crochets adaptés aux traverses des grils mouvants, mais cette idée contient un projet spécial que son auteur seul peut convenablement développer.

« Dans tous les cas, comme l'établissement des grils mobiles devrait toujours précéder l'établissement des engins secondaires du théâtre, cette question peut être réservée jusqu'après cet établissement des grils, qui ont le grand avantage de laisser intactes toutes les dispositions actuelles et qui, si la pratique les condamnait un jour, pourraient rester inoccupés, mais ne nuiraient en rien aux autres manœuvres que l'on voudrait opérer sur la scène. Je pense donc que l'on doit faire une étude complète et approfondie de ce système qui, en résumé, représente une main qui saisit ce qu'elle veut saisir et qui laisse passer entre ses doigts ce qu'elle veut abandonner. »

La commission a adopté en principe le projet que je viens de décrire, et j'ai été chargé de lui donner un plus grand développement, de faire un modèle et des dessins plus complets : tout cela a été exécuté et la commission a de nouveau été appelée à statuer sur cet ensemble.

Sa décision dernière a été à l'unanimité, moins une voix, qui a fait quelques réserves, que le projet proposé paraissait offrir les garanties désirables et que, sauf les difficultés imprévues qui pourraient se présenter lors de l'exécution, le système de mobilisation du plancher du théâtre au moyen de grils mouvants devait être adopté.

D'après ces conclusions on pourrait espérer que le nouvel Opéra inaugurera ce système, mais il faudra peut-être compter avec la question d'argent. Les prévisions du devis, ayant eu pour point de départ la machinerie actuelle, sont manifestement insuffisantes pour la machinerie nouvelle, et si des économies ne peuvent être apportées dans diverses parties de la construction, il faudra sans doute renoncer à l'établissement des grils moteurs. Cette question sera vraisemblablement résolue dans quelques mois, mais pour l'instant on ne peut encore préjuger de l'avenir.

Dans tous les cas, quelle que soit l'issue des travaux de la commission, ils auront servi à élucider bien des points importants ; si le projet n'est pas exécuté au nouvel Opéra, il pourra peut-être être essayé dans un autre théâtre ; si, au contraire, comme je le désire vivement, l'essai se fait à l'Opéra, les constructeurs scéniques pourront bientôt étudier *de visu* un moyen nouveau et typique, qui leur ouvrirait une voie inconnue jusqu'alors.

Eh bien, l'on n'étudiera guère ce moyen nouveau et typique ; l'argent d'un côté, le temps de l'autre, ne m'ont pas permis de mettre à exécution le projet dont je viens de parler et, comme la plupart des commissions, la commission théâtrale n'a pas servi à grand'chose.

Néanmoins, je n'ai pas tout abandonné, et, si le grand gril n'a pas été exécuté, j'ai préparé tous les dessous de l'Opéra de façon à ce que, si quelque jour un directeur voulait faire l'épreuve du plancher mouvant, il pût procéder à cette opération encore assez facilement et sans dépenses exagérées.

Je n'ai pu faire le gril, il est vrai; mais j'ai construit toutes les poutres, les cassettes, les glissières, les guides, les tiges; tout enfin ce qui constitue l'ossature du dessous, de telle sorte qu'avec quelques appareils supplémentaires on pût faire manœuvrer tout ou partie du plancher.

Il ne manque plus, pour compléter l'installation des dessous de l'Opéra, que les poutres de chevalement et les moteurs. Au lieu du gril général manœuvrant d'une seule volée, les poutres manœuvreront seulement par rues; mais on peut les relier les unes aux autres et le système, pour ne pas être largement établi, n'en est pas moins conservé. Les mouvements du plancher de la scène de l'Opéra pourront donc se faire un jour ou l'autre, si toutefois l'abandon de ce qui est exécuté aujourd'hui n'est pas cause d'une oxydation étendue sur toutes les pièces faites pour ne pas rester en repos et qui, depuis cinq ans, sont toujours à attendre leur première évolution.

Je sais bien que le directeur de l'Opéra a eu à remonter plus d'opéras anciens qu'à en créer de nouveaux, et que les traditions ont été suivies dans cette restitution d'anciennes mises en scène; n'importe! j'aurais été directeur de l'Opéra, ou même simplement décorateur, que j'aurais cherché à compléter une partie de ce qui manque encore aux dessous de la scène, afin de trouver un effet nouveau dans les plantations et l'évolution des praticables et des châssis.

Voilà, en résumé, une assez grosse somme d'argent dépensée jusqu'à présent en pure perte. Si l'on avait voulu suivre les errements en usage, on eût peut-être économisé 300,000 francs, et j'enrage alors de voir cette grosse dépense sans but, sans utilité présente et même, je le crains, sans utilité pour l'avenir. Les membres de la commission de jadis, qui s'étaient passionnés pour les mouvements du plancher de la scène, semblent bien s'en être désintéressés maintenant, et ce qui eût certainement été discuté, apprécié ou critiqué avec chaleur au moment de l'ouverture de l'Opéra, risque fort de ne rencontrer que des indifférents, à présent que les effets de mise en scène commencent à être trouvés, sinon nuisibles, au moins inutiles pour le succès d'une œuvre lyrique.

Je ne puis pourtant pas donner tout à fait tort au directeur de l'Opéra et aux décorateurs de ce qu'ils hésitent à se servir d'un système encore incomplet; car, après tout, l'Académie nationale de musique n'est pas un théâtre de féerie et l'on peut s'y passer de mécaniques plus facilement que de ténors; mais alors, pourquoi autrefois cette espèce de rage qui avait saisi tout le monde et qui poussait les inventeurs à croire que rien ne pouvait se faire si un plancher de théâtre était immobile? Pourquoi alors cette commission, qui a travaillé si longtemps et qui semblait devoir renouveler toute la machinerie scénique? Pourquoi enfin toutes ces plaintes des décorateurs, qui prétendaient ne pouvoir plus rien composer si le plancher n'avait à leur demande un flux et un reflux alternatifs? Hélas! c'est qu'il en est ainsi de bien des choses. On appelle souvent la tradition routine, tandis qu'elle veut dire sagesse, et la nouveauté progrès, tandis qu'elle signifie inconséquence.

Je ne dis pas que la machinerie rêvée par la commission fût une de ces inconséquences, puisqu'on ne l'essaye pas; mais, tout au moins, j'ai grand'peur que cette commission n'ait pris pour but de ses *desiderata* que quelques bâtons flottants jetés dans l'eau par de soi-disant novateurs, et que l'utilité absolue d'un plancher mobile dans un théâtre ne constitue qu'un séduisant mirage se dissipant lorsqu'on s'en approche.

Faut-il donc maintenant renoncer à tout jamais à l'évolution du plancher scénique? Faut-il se contenter pour toujours des procédés existant actuellement? Je le crains fort; mais pourtant, je voudrais bien que l'on ne prît cette suprême décision qu'après avoir complété au moins une des rues de la scène de l'Opéra et l'avoir fait fonctionner pendant quelque temps. Si cette expérience n'est pas faite, la question restera encore irrésolue, des regrets se formuleront, et, chaque fois qu'un nouveau théâtre se construira, les inventeurs se présenteront, apportant chacun leur système, que l'on ne pourra accepter ou repousser en connaissance de cause. Je dois donc faire des vœux pour qu'un jour ou l'autre quelques subsides soient encore votés, qui me permettent d'achever une partie des dessous de l'Opéra. L'expérience des mouvements scéniques pourrait alors se faire, et économiser ainsi à l'avenir des études théoriques sans point de départ pratique, et sans doute une grosse somme d'argent jetée à l'aventure dans des opérations aléatoires, en remplaçant les *alea*, les rêves et les essais par la constatation de faits déjà imposés et pratiquement reconnus.

DU FUMOIR, DE LA BIBLIOTHÈQUE
ET DU SERVICE DU CHEF DE L'ÉTAT

Ces divers services n'étant pas encore aménagés au moment où j'écrivais le premier volume de cet ouvrage, j'avais ajourné jusqu'après leur achèvement ce que je pouvais vous en dire. Si cet achèvement n'est pas complet aujourd'hui, au moins quelques questions préliminaires sont résolues, et je puis partir de ce qui a été décidé pour vous parler un peu de ce qui s'est fait et de ce qui se fera.

Ce qui s'est fait, c'est un vote d'un crédit de 200,000 francs attaché à ces travaux, et la résistance continue, mais inefficace que j'ai opposée à cette allocation. Ce qui se fera et qui même est déjà à moitié exécuté, c'est le changement d'attribution des pièces autrefois destinées au fumoir et au service du chef de l'État et leur transformation en salles d'archives, de bibliothèque, de musée, etc., qui, paraît-il, étaient vivement réclamées par le public.

Vous pensez bien que je suis très-médiocrement satisfait de cette détermination et que ce n'est pas ma faute si elle a été prise. J'ai lutté plus de deux ans, à ma façon, pour qu'on ne transformât pas l'Opéra en magasin à bouquins et en boutique de bric-à-brac. Je n'ai pu triompher de la puissance, de la persévérance et de l'idée fixe de mon cher ami Charles Nuitter.

On saura peut-être un jour qu'en résumé l'administration des Bâtiments civils pensait m'être agréable en faisant une chose qui lui semblait utile ; mais on ne saura jamais combien Nuitter a déployé d'énergie, de diplomatie et de sollicitude pour faire croire que l'Opéra sans archives était un crâne sans cervelle, et pour mettre en même temps la main sur tous les locaux non encore livrés dans le monument. Il a outrageusement abusé de sa situation particulière de fonctionnaire accompli qui, non-seulement ne reçoit aucun traitement, mais qui encore paye largement de ses deniers les curiosités qu'il empile à l'Opéra. Comment voulez-vous que l'on résiste à un homme aussi poli que M. de Coylin, et qui a créé à lui tout seul un dépôt de vieux papiers et de vieilles images, que vingt employés ordinaires mettraient cent ans à trouver? Nuitter est l'idéal de la patience, de la complaisance, du dévouement, de l'amabilité, et c'est aussi l'idéal, le *comble*, pour employer ce mot parisien, de la volonté calme et continue, qui arrive à petits pas et sans faire de bruit. Nuitter ne monte pas à cheval sur une trompette ; il prend simplement l'omnibus et, sans se presser, mais sûrement, arrive au but qu'il s'est choisi.

Il s'était dit : « Je créerai des archives à l'Opéra », et il en a fait sortir de sa bourse et d'une cave humide, qui recevait jadis les détritus des partitions. Il s'était dit : « Il y aura une belle bibliothèque au nouvel Opéra », et il a eu sa belle, très-belle bibliothèque, qui satisferait plus d'un conservateur ! Il s'était dit : « Bien que cette bibliothèque soit fort grande et soit encore maintenant aux trois quarts vide, ce n'est pas encore assez ; il faut que l'on attribue aux archives toutes les pièces du bâtiment qui sont encore libres. » Et vous voyez qu'on a fini par l'écouter, et il ne s'arrêtera pas là ! il demandera quelque jour que le monument tout entier soit mis à sa disposition et il aura tout entier le monument et l'on ira faire de la musique dans un café-concert à Batignolles! *Omnia veteribus libris dentur*.

Ah ! ce n'est pas l'envie qui me manque de revenir encore sur ce sujet, de montrer les inconséquences de ces changements de destination et de prouver que, sauf Nuitter tout seul, personne ne mettra les pieds dans ces catacombes théâtrales ! Mais à quoi cela servirait-il ? Les travaux s'exécutent actuellement ; j'ai fait comme le fier Sicambre, mais en me mettant un pain de savon dans la main ; et sinon content, du moins battu, j'ai accepté les présents d'Artaxerxès. Laissez-moi pourtant vous dire entre nous que, tout en suivant alors de mon mieux le nouveau programme donné, j'ai pu le faire modifier quelque peu et m'arranger de façon à servir deux maîtres à la fois : d'abord mon ministre, puis aussi mes espérances !

Si, un jour ou l'autre, quelque président trouvait peu commode d'entrer dans sa loge en passant dans un laminoir par une porte dérobée, sur un simple mot de lui, on pourrait remonter tout de suite les paperasses du grand salon dans la grande galerie du haut, et remplacer par quelques sofas et quelques girandoles les tables à dessus de serge et les lampes à abat-jour verts, qui forment comme le sol et le soleil de la patrie des bouquinistes. J'ai également arrangé le fumoir avec ses lustres et une décoration fort modeste, allant aussi bien au tabac qu'aux images d'Épinal, et si, à l'avenir, les fumeurs, qui rapportent tant d'argent à la régie, venaient à dire tout haut ce qu'ils me disent à l'oreille depuis cinq ans, eh bien! en deux heures on transporterait les petits passe-partout qui doivent renfermer les vieilles affiches de théâtres et les costumes Pompadour de danseurs de l'autre siècle, toujours dans cette longue et grande galerie supérieure qui a été faite spécialement pour cet usage... Avec quel plaisir je ferais ce déménagement!

Laissez-moi au moins penser cela; il me semble que j'ai tellement raison que je crois qu'on laissera un jour de côté ces interpellations politiques qui font qu'on a cherché à débaptiser l'ancien pavillon de l'empereur, surtout parce qu'il était destiné à un souverain qui, aujourd'hui, n'est plus guère à la mode. J'ai eu beau dire qu'en somme ce pavillon n'était pas plus destiné à celui-ci qu'à celui-là, et que pendant les deux mille ans que durera, j'espère, l'Opéra, il y aura plus d'un genre de gouvernement en France, et par suite plus d'un habitant du pavillon, de sorte qu'avec un peu de patience chacun en aura suivant son goût! J'ai eu beau dire que les rois ont bien demeuré à Versailles et Napoléon III à l'Élysée, ce qui n'a pas empêché les Chambres et nos présidents d'y séjourner aussi, et qu'on n'a pas démoli le Louvre, bien que ce ne soit pas la République qui l'ait édifié; j'ai eu beau dire qu'enfin je ne comprenais pas ce sentiment d'effacement des hauts dignitaires de notre temps, qui semblaient se trouver indignes d'être aussi bien logés qu'un empereur, lorsqu'ils vont au théâtre, — et si j'étais un jour président, je vous jure bien que je ne trouverais rien de trop beau pour recevoir dignement celui qui a la mission de représenter la France ; je ne sais plus trop ce que j'ai dit, mais j'ai fait sonner tous les petits grelots dont je pouvais saisir les ficelles. Ça n'a servi de rien ! l'Opéra était condamné, bien que, commencé sous un régime déchu, il ait été achevé par un régime triomphant. Il y avait dans ce pavillon, qui n'était pourtant qu'une succursale de l'Élysée ou du Palais-Bourbon, comme une odeur de réprouvé qu'il fallait à toute force détruire......

C'est alors que Nuitter, désirant me venir en aide et me faire terminer ces locaux mis à l'index, alla trouver ses amis de tous bords et obtint qu'on ne laissât plus en suspens les travaux nécessaires à l'achèvement des parties ajournées. Seulement, le traître, au lieu de plaider pour la gloire et le tabac, a plaidé pour ses livres et si bien, à ce qu'il paraît, que grâce à cette odieuse machination, il a détrôné le chef de l'État et l'administration de la régie ! Voyez où mène l'amour des collections et du rangement ! un ami de vingt ans n'a pas eu pitié de mes angoisses et il m'a sacrifié à son ardeur d'étiquetage et à sa passion de cataloguage !

Je compte bien que l'administration des Bâtiments civils ne lira pas ces quelques pages ! elle pourrait m'accuser d'avoir mauvais caractère et de ne pas me taire sans murmurer. Elle aurait tort ; la preuve d'un bon caractère est justement de faire à contre-cœur ce que l'on vous impose ! c'est là qu'est le mérite ! car si j'installais avec entrain les livres de Nuitter, je serais bien mal venu à me plaindre. Après tout, c'est peut-être moi qui me trompe : en leur faisant de belles reliures les livres sont assez décoratifs, et si la commission du colportage n'est pas trop chicanière sur le choix, on pourra trouver peut-être là un agréable passe-temps pendant les entr'actes. Tenez, il y a dans la collection un petit opéra comique de Grétry, *la Rosine républicaine ou le Curé sans-culotte,* que je recommande aux amis de la douce gaieté...

DES DEVIS ET DES DÉPENSES

Jusqu'à ce jour l'Opéra a coûté environ trente-cinq millions et demi; lorsque j'aurai terminé les quelques travaux qui restent encore à faire : salle circulaire du restaurant avec son entrée, bibliothèque nouvelle et aménagement de diverses pièces jadis destinées au service du chef de l'État, la dépense totale, en nombre rond, sera de TRENTE-SIX MILLIONS.

Trente-six millions! Voilà une grosse somme, n'est-ce pas? Mais j'espère que vous verrez tout à l'heure qu'elle aurait pu être bien plus forte sans que, pour cela, je méritasse d'être accusé de gaspillage. De fait, dans le public, ce n'est pas cette somme que l'on donne habituellement comme prix de revient : c'est toujours au moins cinquante ou soixante millions que l'on se plaît à annoncer, et de temps en temps on va jusqu'au double! Il y a dans cette exagération d'appréciation comme une sorte de compliment tacite qui m'est adressé; car l'espèce de blâme que l'on semble m'infliger équivaut à un éloge, le monument paraissant ainsi représenter une valeur pécuniaire bien plus grande que celle qu'il a réellement.

Je sais bien que si l'on suivait le raisonnement de quelques critiques se croyant experts en A+B, on arriverait à une somme bien plus forte encore que celle qui se promène dans le monde, en comptant, ainsi que ces calculateurs étonnants, les intérêts accumulés depuis le commencement des travaux ; mais, avec ces ystème-là, tous les monuments construits depuis un siècle seulement représenteraient une bien jolie somme ! Une simple borne, qui aurait coûté vingt sous au temps des Pharaons, reviendrait maintenant à quelques millions de milliards, et l'on ne trouverait pas au fond des mers assez de grains de sable pour égaler l'accumulation des intérêts du premier caillou que notre premier père a dû payer au premier vendeur de son premier pantalon ! C'est égal, c'était là une jolie idée ; et dire qu'un *brave* journal a fait ce calcul-là, pendant un mois de suite !

On a encore ajouté aux dépenses du nouvel Opéra toutes celles qui se rapportaient aux travaux des abords ; on a supputé tout ce que coûtait le nouveau quartier et l'on a mis cette somme à mon passif ; l'avenue de l'Opéra même a été enveloppée dans ce calcul fantaisiste, et je ne vois pas pourquoi, pendant qu'on était en train de si bien faire les choses, on ne pensait pas à me faire payer Paris tout entier, ce à quoi du reste je n'aurais eu garde de m'opposer ; mais en laissant de côté ces petites joyeusetés assez perfides, il est positif que les neuf dixièmes des gens veulent à toute force ajouter au prix de la construction le prix du terrain sur lequel elle est bâtie. A première vue cela paraît assez raisonnable, et pourtant ce n'est que spécieux : le terrain du nouvel Opéra n'a en somme rien coûté du tout à l'État et les onze millions dont on l'a chargé ne sont en réalité que fictifs. Le domaine n'a pas, à proprement parler, acheté et payé ce terrain ; il l'a échangé avec la ville contre d'autres terrains : Trocadéro, Luxembourg, etc., sans compter la revente des terrains de l'ancien Opéra. L'État a changé ses valeurs de titre ; mais il n'a rien déboursé pour cela ; au lieu d'être propriétaire d'un côté, il l'est devenu d'un autre ; au lieu d'avoir du 3 o/o il a des actions de la Banque et je ne trouve pas qu'il ait fait une si mauvaise affaire.

Il me semble vraiment puéril de discuter une telle question et je ne comprends guère comment les soi-disants économistes ou même les gens simplement raisonnables se sont laissés aller à partager cette grosse erreur qu'un changement d'emplacement devenait une charge pour l'État. Parce qu'on change ses gros sous en louis d'or, ce n'est pas une raison pour que cette opération vous appauvrisse, et c'est la base de tout commerce que de vendre ou de céder une valeur pour en acquérir une autre : l'échange est la loi fondamentale de toute transaction et, quand elle est équitable, personne n'a à s'en plaindre.

Oh ! je sais bien que vous allez me dire que l'État aurait bien pu vendre les terrains qui ne lui servaient plus et garder ensuite l'argent dans sa caisse. Parfaitement, et je ne sais ce qui s'oppose à ce que la ville de Paris ne vende pas toutes ses places, toutes ses rues et tous ses jardins, et à ce que l'État fasse monnaie avec ses monuments. Après tout il ne faut pas trop rire de cette idée, puisqu'au conseil municipal un de nos édiles s'est déjà avisé de demander que l'on mît en vente toutes les églises parisiennes ou tout au moins qu'on les mît en location, afin de les affermer contre bon argent comptant à quelque maraîcher ou à quelque entrepreneur de skating-ring !

Mais pourquoi s'arrêter là pendant que l'on y est? Je vendrais tout, et musée et bibliothèque, et forêts et rivières et même tous les habitants par-dessus le marché ! Quelle belle rentrée on ferait là !

En tout cas, je demande qu'on ne me fasse pas un crime de la valeur du terrain sur lequel j'ai construit, sinon j'aurais demandé que le monument fût bâti dans les steppes de l'Amérique, là où, je suppose, le terrain est moins cher qu'au boulevard des Capucines.

Si je n'ai encore convaincu personne, ce qui est possible, car mes raisonnements ne portent pas de cravate blanche, au moins laissez-moi vous affirmer que l'échange du terrain s'est fait en dehors de moi et que je n'en ai pas mis l'argent dans ma poche.

Maintenant, comme, après tout, les trafics de terrains se sont faits entre le domaine de l'État et la ville, si vous trouvez que l'échange a été mal fait, prenez-vous-en au Ministre, au Préfet et à la Chambre, qui a ratifié les opérations ; mais, pour l'amour de Dieu ! ne grossissez pas les dépenses de l'Opéra avec ces onze millions qui n'ont pas été payés et qui vaudraient déjà le double à présent, si l'on démolissait l'Opéra pour en faire des cafés et des hôtels garnis ! Ne dites donc plus que l'Opéra a coûté soixante millions, ni même quarante-sept, puisque cela est faux, et dites seulement qu'il n'en a coûté que trente-six, c'est-à-dire vingt sous par chaque habitant, soit à peu près un gros sou par an et par personne. Oui, monsieur, un gros sou, ni plus ni moins, par année, et il n'y a vraiment pas tant de quoi se récrier si votre contingent atteint à peine la valeur du pourboire que vous donnez si souvent au garçon de café.

Néanmoins, si petite que soit la somme, je ne vous conteste pas le droit de me demander compte de la façon dont j'ai dépensé votre argent, et je pressens déjà que vous allez me poser deux questions importantes. Pourquoi a-t-on déclaré à la Chambre que l'Opéra ne devait coûter que quinze millions, et n'aurait-on pas pu faire l'Opéra en dépensant moitié moins? Ces petites questions-là, je vous assure, ne sont pas toutes nouvelles, et quant à ce qui touche la seconde, elle m'a bien été posée une vingtaine de fois par l'administration, à laquelle j'ai dû répondre presque continuellement pendant tout le temps de l'exécution de l'Opéra. Si je vous montre que je ne suis pour rien dans la déclaration de la première somme, et si je vous prouve que l'Opéra a été construit avec une économie continue, il me semble que j'aurai répondu à vos deux questions, et qu'enfin la légende qui s'est faite sur ma prodigalité devra prendre fin : mais de cela je ne suis pas sûr, pourtant! J'aurai beau démontrer que l'Opéra ne coûte pas trop cher, au contraire; je sens que je lutterai en vain contre la tradition qui s'est déjà formée d'une façon si injuste et pourtant si persistante ! Du reste, cela n'a plus grande importance maintenant, et j'ai même dans l'idée qu'à l'avenir on augmentera encore le chiffre de la dépense, non pas cette fois en marque de blâme, mais au contraire par amour-propre. Songez donc! s'il venait à se construire n'importe où un autre théâtre qui coûterait cinquante millions ! quelle humiliation pour la France ! Le nouveau théâtre revenant plus cher que l'Opéra, ne serait-ce pas à dire qu'il est bien supérieur?

Pour les trois quarts des gens on n'estime guère que ce qui coûte cher, et si les pommes de terre étaient cotées à plus haut prix que les truffes, celles-ci seraient abandonnées à leurs chasseurs naturels. Donc, dans cent ans, on cachera le chiffre de trente-six millions comme on cache de son mieux un habit râpé et l'on renchérira sur la dépense de l'Opéra, afin de faire croire aux étrangers que c'est un chef-d'œuvre. Puissent-ils le croire, sans cela! mais, pour l'instant, je suis devant mes juges, jurant de dire la vérité, toute la vérité, rien que la vérité, et il faut me pardonner si je démontre, si je prouve que, loin d'avoir gaspillé l'argent, j'ai toujours tenu fort serrés les cordons de la bourse de l'État. Ne m'en veuillez donc pas si je découvre quelques misères, et gardez-vous bien de dire à tous que je ne dépasse pas mes devis ; je perdrais à cela la plus grande partie de ma réputation.

Il est bien délicat de toucher à la première question, maintenant que ceux-là sont tous morts qui ont engagé l'affaire devant les Chambres ; ce serait comme une petite lâcheté que je commettrais en laissant à ces hommes, qui m'ont toujours aidé et soutenu, la responsabilité totale de l'engagement. Ils se sont trompés de bonne foi et n'ont rien affirmé dont ils ne se crussent certains.

Je puis dire néanmoins que le concours de l'Opéra (le second concours, j'entends) a été fait sans demande de devis, l'administration sachant fort bien que, dans un monument de cette importance, un devis sérieux ne peut se faire en quelques semaines. De plus, comme le programme était le même pour tous les concurrents, que le terrain était aussi naturellement le même, et que le prix du mètre superficiel de l'un des projets devait sensiblement égaler le prix du mètre superficiel des autres, ce n'est pas sur le devis que l'on aurait pu juger, puisque ces devis auraient été quasi fictifs, et il devenait plus loyal et plus pratique de se préoccuper pour le jugement de la seule valeur relative des projets du concours. Je n'ai pas à dire le bonheur que j'éprouvai d'être choisi à l'unanimité parmi mes concurrents! Cela va de soi, et je serais bien sot de le cacher; mais je puis dire seulement que mon projet était celui qui occupait le moins de surface, et que dès lors il était à présumer qu'il serait le moins cher à construire. Je ne pense pas pourtant que ce soit cette condition qui ait influé sur le jugement, et je préfère croire que le jury avait reconnu au projet d'autres qualités que celle d'une surface relativement restreinte.

Le jugement était donc terminé; on voulait faire commencer rapidement les travaux et demander aux Chambres les crédits nécessaires; mais, pour cela, il fallait un devis; cela ne pouvait se rédiger du jour au lendemain. On prit donc comme base un projet dressé jadis par mon prédécesseur à l'Opéra, M. Rohaut de Fleury, et on s'empara des chiffres de son ancien devis comme point de départ pour celui de l'Opéra nouveau; mais il n'y avait pourtant aucune parité entre les deux projets, je parle comme dimensions; la surface de celui-ci était double de celle de celui-là, le cube était presque quadruple. Pourtant il fallait arriver à la Chambre. On (je dis *on* et non pas *je*), on fit un devis sommaire s'élevant à 15 millions, et le lendemain il fut présenté aux bureaux comme pouvant servir de base aux nouvelles opérations.

Ce chiffre fut donc déclaré aux Chambres; celles-ci

le trouvèrent déjà élevé ; les rares opposants de l'époque l'attaquèrent en insinuant qu'il ne suffirait pas ; de sorte que, pour rassurer l'assemblée, et entraîné lui-même dans son discours, le haut personnage qui représentait le gouvernement déclara formellement que la dépense ne dépasserait pas les 15 millions demandés. La Chambre vota, et je restai avec ce chiffre illusoire, contre lequel il a fallu me débattre pendant quinze ans !

Je répète encore que l'administration des bâtiments civils croyait, à peu de chose près, à l'exactitude de la somme demandée par elle, et que, lorsque le devis réel fut rédigé, elle fut aussi effrayée que moi de la différence de la somme déclarée avec celle qu'il faudrait avouer plus tard. Quoi qu'il en soit, les 15 millions restèrent paroles d'Évangile, et on ne se fit pas faute de me les rappeler souvent !

Lorsque tout cela fut entamé, lorsque les projets furent assez étudiés pour permettre l'établissement d'un devis réel et exact, je me mis à l'œuvre, et, avec le concours de deux vérificateurs expérimentés, dont l'un faisait partie de l'Administration et remplissait ainsi quasi l'office de contrôleur, je rédigeai ce devis. Il fallut près de trois mois pour mener ce travail à bonne fin ; mais au moins on pouvait être certain que la besogne avait été faite en conscience, et que l'on ne serait pas trompé sur les prévisions. Or le chiffre de ce devis s'élevait à 29 millions, non compris l'ameublement et la machinerie théâtrale, que l'on pouvait estimer alors à environ 4 millions, et qui, de fait, en ont atteint 5. Cela mettait donc la somme totale à 33 millions. 33 millions ! Voilà donc le chiffre exact de mes prévisions, le chiffre réel qu'il aurait fallu accepter et qui, en résumé, a été celui de la somme dépensée. Je dis : celui de la somme dépensée, parce que, depuis la rédaction du devis, de nouvelles demandes ont été formulées et de nouveaux incidents sont survenus, qui, à eux seuls, ont exigé plus de 4 millions. D'abord, la lenteur première des travaux, qui a augmenté les frais généraux ; puis, après l'incendie de l'ancien Opéra, la rapidité excessive de ces mêmes travaux, qui, se faisant jour et nuit, ont amené des plus-values importantes ; puis l'agrandissement du terrain primitivement donné du côté du boulevard Haussmann et qui a augmenté de 200 mètres la surface à construire ; puis la rampe douce devant servir à l'empereur et qui a été réclamée par la suite, de même que l'exhaussement de l'attique, ainsi que je l'ai dit en parlant de la façade ; puis l'occupation du monument pendant la guerre et la Commune, ce qui n'a pas été une cause minime de dégradation ; puis l'établissement de la balustrade extérieure ; puis enfin mille autres modifications ou augmentations de diverses natures, demandées par les uns ou par les autres, sans compter les suppléments imprévus qui se sont manifestés par suite de la difficulté d'asseoir les fondations sur un sol baigné par les eaux, et qui ont exigé sept mois consécutifs d'épuisement de jour et de nuit. Tout cela ne pouvait faire partie du devis, puisque ce n'est venu qu'après coup ; de sorte que le chiffre présenté de 33 millions était parfaitement exact et qu'il s'élevait naturellement à 37 millions, en y comprenant les nouveaux travaux que je viens d'énumérer. Il est donc arrivé ceci : c'est que, quoi qu'on en dise, quoi qu'on en pense, je suis resté *au-dessous* de mes premières prévisions, puisque je n'ai dépensé que 36 millions, là où il devait en être dépensé 37 !

Je n'ai donc pas dépassé mes devis, au contraire, et je tenais assez à faire cette petite déclaration; mais, hélas! ce devis présenté a jeté l'épouvante dans les bureaux du ministère, et, au milieu de cet effarement, j'ai été sommé de modifier mes prévisions et de ramener les dépenses à un chiffre moins élevé.

On n'avait guère d'autres bonnes raisons à me donner que celle-ci : « La Chambre n'approuvera pas une telle dépense » (elle en a pourtant approuvé bien d'autres!) et chacun se mit la tête sous l'aile afin de ne pas voir l'épouvantail, et de ci comme de là ce fut à qui prendrait les ciseaux pour tailler dans ce malheureux devis, si honnête pourtant, si véridique, mais si effrayant!

Épouvanté moi-même de ma sincérité, je fis comme tout le monde, et, espérant que je me trompais, je prêtai les mains au sacrifice et tranchai dans les millions, sinon avec entrain, au moins avec résignation. Je coupai, le conseil des bâtiments civils coupa, le directeur, les chefs de bureau, les vérificateurs coupèrent; mais cela ne satisfit pas l'administration; je proposai de faire un nouveau projet, plus petit, plus modeste; cela fut rejeté avec horreur; je n'avais pas le droit, non plus que le ministre, de rien modifier au projet adopté par le jury; il fallait ce projet tel quel; mais il fallait seulement qu'il coûtât moins cher, et nous voilà de nouveau rognant à droite, rognant à gauche, et arrivant à un devis de 25 millions, tout compris, qui n'avait plus guère le sens commun, mais que l'on s'évertuait pourtant encore à diminuer. Dame! je refusai, on se fâcha; je refis des chiffres;

DES DEVIS ET DES DÉPENSES. 69

augmentant un jour, diminuant le lendemain et me lamentant sur tous les tons de l'impossibilité dans laquelle on me mettait; je fis ainsi sept devis différents! mais les demandes augmentaient peu à peu, et, par toutes les bonnes raisons possibles (elles ne manquaient pas), je montrais qu'il fallait bien en revenir au premier chiffre. On m'écouta davantage; on vit qu'en somme je ne pouvais pas faire que deux et deux fissent trois; la Chambre adopta graduellement les devis successifs, et, tant bien que mal, après une lutte de douze ans, je suis arrivé à mes fins, c'est-à-dire à revenir au devis primitif, le seul juste, loyal et sincère.

Ce n'est pas qu'en secret je n'aie souvent espéré de diminuer les dépenses. J'ai tellement eu ce point de mire devant les yeux, que je me figurais parfois que je triompherais des difficultés. Par des prodiges d'économie, par des conférences, des rapports, des mémoires, j'arrivais par moments à diminuer de beaucoup les dépenses prévues; mais les travaux supplémentaires dont j'ai parlé ci-dessus venaient me prendre à la gorge, et une seule de ces opérations imposées suffisait pour mettre à néant ces économies si rudement gagnées!

Je n'étais pas seul à plaindre cependant; le ministre et le directeur des Bâtiments civils, responsables de mes opérations devant les Chambres, étaient encore plus préoccupés que moi; il leur semblait que je les menais avec moi aux abîmes; ce n'était qu'avec des peines infinies que je pouvais arracher mes autorisations. Chaque trimestre, chaque mois, chaque jour même, il me fallait indiquer la situation pécuniaire, revoir les devis et me défendre de mille façons. J'ai fait passer de bien cruels moments à mon cher ami de Cardaillac, mon directeur, qui, bien au courant de toutes les choses du bâtiment, savait fort bien que je me débattais contre l'impossible, par suite d'une entrée en matière mal emmanchée. Il ne pouvait pourtant faire autrement que de me demander des réductions; mais il était fort heureux, quand, résistant à ces demandes officielles, je pouvais montrer, non pas à lui, qui savait la situation, mais aux autres, que je ne cherchais pas seulement à faire de l'art, mais bien encore que ma préoccupation était d'arriver à construire un monument dans les meilleures conditions de bon marché possible.

Ce fut, il faut le reconnaître, une dure besogne que ce combat de chaque jour dans lequel je devais gagner pied à pied quelques billets de mille francs! ce fut aussi pour l'administration une immense préoccupation que de faire arriver le travail à maturité sans erreur, sans gaspillage et avec la conviction que chacun faisait son devoir. La déclaration première faite à la Chambre et que quelques-uns n'avaient garde d'oublier venait à tout instant se dresser devant nos yeux en disant : Tu n'iras pas plus loin! comme s'il était possible en somme de nourrir les gens sans leur donner à manger !

Ce qui est vrai, c'est que, tandis que quelques clabaudeurs supputaient les millions dépensés en les quadruplant, l'administration, qui avait sur moi son contrôle quotidien, s'est rendue à toutes mes raisons, et, après avoir fait vis-à-vis de moi son devoir officiel en me demandant compte de toutes mes opérations, se constituait ensuite mon défenseur dévoué pour faire valoir à la Chambre ou à la commission du budget les motifs qui m'absolvaient;

je dirai plus, qui témoignaient de mes préoccupations constantes à ménager les ressources que j'avais entre les mains.

Tenez, bien que ce soit un peu long et un peu fastidieux à lire, je veux vous donner connaissance de l'un de ces grands rapports que je faisais si souvent au ministre sur cette question d'économie ! Ce rapport n'est pas nouveau, il est de juin 1866 ; je le choisis à cette date afin de montrer que dix ans avant l'achèvement des travaux, j'étais déjà dans cette énervante situation qui a duré si longtemps, mais qui, je le jure, ne se renouvellera plus pour moi ; car je suis absolument résolu à ne plus faire de concessions sur les chiffres de mes devis actuels, quitte à rester les bras croisés si l'on trouve mes évaluations trop exagérées. L'administration et moi avons payé de quinze années d'ennuis et même de souffrances le mauvais début d'une affaire, non pas seulement parce que l'argent faisait défaut, mais encore parce que la construction du monument a pris un certain caractère politique et que la presse en a beaucoup trop parlé, sinon pour mon amour-propre, au moins pour ma tranquillité.

Quoi qu'il en soit, je transcris ce long rapport : lisez et jugez.

A S. EXC. MONSIEUR LE MARÉCHAL DE FRANCE

MINISTRE DE LA MAISON DE L'EMPEREUR ET DES BEAUX-ARTS

« Monsieur le Ministre,

« Votre Excellence a de nouveau appelé mon attention sur les dépenses du nouvel Opéra; elle m'a en outre demandé de lui faire connaître la répartition, par nature d'ouvrages, des crédits votés pour cette année, et l'époque de l'achèvement probable des travaux.

« J'ai l'honneur, Monsieur le Ministre, de répondre à ces diverses communications.

I

DEVIS ET DÉPENSES

« Cette importante question des dépenses s'est déjà souvent présentée, et souvent aussi j'ai dû informer Votre Excellence des efforts constants que je faisais pour me conformer à ses instructions. Depuis quatre ans, je cherche à prouver par des faits et par des chiffres que, si j'ai le désir de faire bien, j'ai le désir non moins grand de faire économiquement. Il me paraîtrait donc inutile de revenir encore sur cette question, qui doit forcément amener des redites, si je ne croyais devoir dissiper tous les doutes que l'on peut émettre à ce sujet. J'espère arriver facilement à ce résultat; il me suffit pour cela d'être sincère et véridique.

« Les causes principales qui influent sur les dépenses affectées à la construction des édifices sont : 1° la grandeur et la masse du monument; 2° le choix et l'emploi des matériaux, et 3° le plus ou moins de richesse décorative apportée à l'ornementation. Je vais examiner chacune de ces causes, et indiquer la part qui peut incomber à chacune d'elles dans les dépenses du nouvel Opéra.

1° Dimensions des édifices.

« Si un monument occupe par ses constructions une surface de 10,000 mètres, et qu'un autre monument de même nature et de construction analogue n'occupe qu'une superficie de 1,000 mètres, à coup sûr, le premier coûtera plus cher que le second.

« Si, de deux monuments de même surface, l'un atteint une hauteur double ou triple de l'autre, ce dernier coûtera plus cher que le premier.

« Voilà une vérité assez naïve, mais certainement indiscutable et qui mène à ce principe, si simple qu'on hésite à l'exprimer : *Les dépenses occasionnées par la construction d'un édifice sont en raison directe du cube total enveloppé par la construction.*

« Si donc un terrain est déterminé, si les grandes dimensions sont imposées, et si un architecte est parvenu à rendre le prix de revient du mètre superficiel ou du mètre cube moins élevé que les prix de revient de constructions identiques ou analogues, cet architecte a fait tout ce qui était en son pouvoir pour diminuer les dépenses. Si cependant dans ce cas ces dépenses présentent encore un chiffre important, on ne peut en accuser que les exigences du programme, les dimensions de l'édifice, mais non pas l'imprévoyance de l'architecte.

« Qu'est-il arrivé pour l'Opéra? Un terrain a été donné, puis on a rédigé un programme officiel qui fixait le nombre et la dimension des pièces ; la contenance de la salle a été indiquée ; puis une commission spéciale, nommée par Votre Excellence, a adopté et contrôlé les dimensions du vaisseau de la scène.

« Il fallait donc tenir compte d'un programme rédigé, et agencer tous les services en leur donnant à chacun l'espace requis. C'est ce qui a été fait ; pas un seul des articles du programme n'a été évincé et ses mille et une prescriptions ont été rigoureusement suivies. Mais ce n'était pas tout cependant que de disposer tout cet ensemble d'une manière convenable ; il fallait surtout le faire sans perdre de place et en employant utilement tout le terrain ; or je puis affirmer que sur les 60,000 mètres environ occupés par tous les étages de l'édifice, c'est à peine si l'on trouverait 100 mètres de surface inutile. Tout a un but, une destination ; tout sert, soit aux pièces soit aux communications soit à la construction soit à la décoration. — C'est cette condensation des services, c'est cette utilisation complète de l'espace, qui m'a permis de ne pas employer tout le terrain mis à ma disposition. Au lieu de 15,200 mètres dont il m'était loisible de disposer, je n'ai employé qu'environ 11,000 mètres. Cette grande économie de terrain a amené une grande économie de dépenses. Si le terrain avait servi en entier, le cube des constructions aurait été augmenté de près de moitié et les dépenses eussent naturellement été bien plus élevées qu'elles ne le seront réellement.

« Cette économie considérable que l'on ne soupçonne pas, qui passe inaperçue, que l'on n'a jamais signalée, n'en est pas moins réelle. Elle atteste que dès l'origine du concours, et pour faciliter la réalisation de l'œuvre projetée, je cherchais déjà les moyens de réduire les dépenses. Quant au prix de revient du mètre de construction, il résulte, d'après les documents qu'il y a deux ans environ j'ai soumis à Votre Excellence et que l'on peut encore consulter, que de tous les monuments construits à Paris depuis le commencement du siècle, l'Opéra est celui dont le mètre cube coûte le moins cher[1].

« De cela il découle que le nouvel Opéra emploie le moins de surface possible; que, malgré la condensation des services et les exigences d'art qui se rencontrent dans un tel monument, il coûtera moins cher proportionnellement que tous les édifices dignes de ce nom, élevés à Paris ; et que si, malgré ces réductions d'espace

---

[1]. Je donne seulement ici le résultat de ce tableau en supprimant les monuments construits en même temps, à peu près, que l'Opéra ; on comprendra cette réserve.

Les prix des monuments sont ceux qu'il aurait fallu payer en 1866; la plus-value est exactement comptée sur les diverses séries de prix.

Le mètre cube du nouvel Opéra, *tout compris*, revient à...	83 fr.	60
— du Palais du Conseil d'État..........	84	10
— la Madeleine................	150	»
— la Bourse................	83	80
— le Panthéon................	115	60
— l'Hôtel de Ville (agrandissement)......	111	20

Dans les prix de revient de ces monuments le mobilier n'est pas compris; il est compris à l'Opéra.

et de prix, il faut encore dépenser une grosse somme pour le terminer, cela tient seulement à ses dimensions énormes en profondeur, en hauteur et en surface. C'est la conséquence du principe cité plus haut; et si, comme j'en suis convaincu, je démontre par des faits que l'emploi des matériaux et la richesse décorative ne dépassent pas la limite des convenances architecturales, il ne restera comme cause unique et indiscutable que la grandeur du monument, grandeur qui découle du programme et de la destination, qui ne peut être diminuée et qui dégage complétement, sur ce point, la responsabilité de l'architecte.

2° *Emploi des matériaux.*

« Cette seconde question est tout à fait du ressort de l'architecte; c'est lui qui choisit et dispose les matériaux et qui, par ce choix et cet emploi, peut modifier beaucoup les dépenses affectées aux constructions. Il importe, quant à ce qui regarde l'Opéra, que Votre Excellence soit complétement renseignée à ce sujet. Quelques allégations pouvant laisser supposer que j'ai cédé à un certain entraînement dans la mise en œuvre des matériaux, il est de mon devoir, tout autant que de mon droit, de donner à l'administration non-seulement des explications précises, mais encore de lui donner les moyens, si elle le juge à propos, de réfuter, par des faits indiscutables, toutes les opinions erronées qui pourraient s'égarer sur ce point.

« Les matériaux principaux employés dans la construction sont : les pierres, les moellons et les briques, le fer, le bois, le zinc, le plomb, puis les marbres, les bronzes et autres matières de choix.

« Avant d'examiner chacune de ces parties et de montrer l'emploi qui en a été fait au Nouvel Opéra, je dois inscrire ce principe, qu'il est inutile de prouver :

« *Tous les matériaux de construction proprement dits doivent avoir les qualités nécessaires pour leur emploi : c'est-à-dire la solidité et la durée.*

« (La beauté des matériaux est une condition artistique que j'examinerai plus tard.) Ainsi, il faut qu'un mur puisse se porter lui-même, et puisse porter aussi les planchers, les voûtes ou les combles qu'il soutient. Il faut que les planchers ou les combles soient assez forts pour se supporter eux-mêmes et pour supporter le poids des habitants, des meubles ou de la couverture. Supporter et résister, c'est le but des points d'appui et des surfaces de liaison. Quant à la durée, toutes les fois qu'un édifice est élevé de manière à n'être pas provisoire, il ne doit pas être permis de lui assigner une durée limitée, il faut le construire comme s'il ne devait jamais être détruit.

Emploi de la pierre et des matériaux de petit appareil.

« J'ai employé à l'Opéra des moellons, de la brique, de la meulière, de la pierre tendre et de la pierre dure. La meulière, la brique ou le moellon ont été employés toutes les fois que les voûtes ou les murs ne devaient pas rester apparents ; comme ces matériaux sont ceux qui coûtent le moins cher, il n'y a pas à en défendre l'emploi, car il est évident que là où ils sont, là est aussi l'économie la plus grande.

« La pierre a été employée toutes les fois que les murs ou voûtes devaient rester apparents. Lorsque, dans ce cas, c'est la pierre tendre de Vergelé qui a servi, il est également évident que cette pierre étant la moins coûteuse de toutes, la plus grande économie a dû résulter de son emploi, à moins toutefois que, tout en n'abusant pas de la qualité des matériaux, il n'y eût abus sur la quantité.

« Mais il n'en a pas été ainsi. Je n'ai donné aux murs et aux points d'appui que les dimensions strictement nécessaires pour leur office, et chacun d'eux a été rigoureusement calculé d'après la charge qu'il avait à supporter, sauf, bien entendu, une partie d'imprévu qui selon les cas pouvait varier d'un tiers à un dixième.

« Au surplus, Votre Excellence se rappelle sans doute qu'il y a deux ans, je lui ai adressé un tableau comparatif des épaisseurs des murs du nouvel Opéra, et des épaisseurs des murs d'un grand nombre de théâtres d'Europe. Elle a pu voir dans ce tableau que l'épaisseur moyenne donnée aux murs de l'Opéra était environ *la moitié* de celle donnée aux autres théâtres. Ce résultat est assez concluant pour qu'il soit inutile d'insister de nouveau sur ce point[1]. Je me borne donc à affirmer encore

[1]. Je donne ici ce tableau dressé en 1864.

TABLEAU A
TABLEAU COMPARATIF DES ÉPAISSEURS DES MURS DE DIVERS THÉÂTRES EXÉCUTÉS

NOTA. — Le rapport des murs avec les cubes de construction est surtout celui qu'il est important de considérer. En effet, on conçoit que la hauteur d'un édifice influe sur l'épaisseur des murs, et que la comparaison des surfaces, bien qu'intéressante, n'est pas concluante comme celle des cubes.

ÉDIFICES	ÉPAISSEUR des murs des façades	ÉPAISSEUR des murs des façades latérales	SURFACE TOTALE des constructions	CUBES TOTAUX des constructions	SURFACE de la section des murs	RAPPORT des surfaces des murs avec les surfaces totales des constructions	RAPPORT des surfaces des murs avec son surfaces cubes de construction	RAPPORT des diverses proportions avec les cubes de construction, le nouvel Opéra étant 1
Nouvel Opéra	2ᵐ		0ᵐ,975	11.937ᵐ,70	488.605ᵐᶜ	1.665ᵐᶜ	0ᵐ,148	0ᵐ,139	1ᵐ
Théâtre de l'Odéon	1,4		0 970	1.986 »	39.100	261 80	0 139	0 286	2 09
Théâtre de Marseille	1,9		»	1.921 40	57.703	320 64	0 169	0 555	1 44
Théâtre de la Scala (Milan)	1,8 30		1 05	2.516 »	»	475 50	0 151	»	»
Grand-Théâtre de Bordeaux	1,8 50		1 08	2.776 50	105.742	501 54	0 131	0 468	1 20
Grand-Théâtre de Munich	id.		1 15	4.132 »	129.400	899 18	0 183	0 640	1 64
Théâtre Carlo-Felice (Gênes)	id.		1 30	3.988 »	109.130	617 80	0 155	0 616	1 59
Grand-Théâtre de Saint-Pétersbourg	id.		1 35	4.559 »	114.508	786 40	0 173	0 684	1 76
Grand-Théâtre de Parme	id.		1 40	3.064 »	»	469 85	0 144	»	»
Théâtre Alexandra (Saint-Pétersbourg)	2,3 »		1 50	4.028 »	150.576	545 08	0 135	0 435	1 09
Théâtre de Versailles	2,0 »		1 70	4.219 »	65.787 80	169 91	0 174	0 376	1 48
Théâtre d'Oriente (Madrid)	id.		1 80	5.080 »	»	1.139 90	0 237	»	»
Nouveau Théâtre de Berlin	1,5 »		1 80	3.317 »	86.014 50	676 92	0 209	0 784	2 02
Grand-Théâtre de Turin	1,3 »		1 90	3.696 50	100.940 »	818 80	0 209	0 796	2 05
Théâtre Saint-Charles (Naples)	1,5 »		2 »	3.334 »	»	630 50	0 204	»	»
Opéra de Vienne	1,6 »		2 05	1.983 40	26.534 »	240 58	0 187	0 907	2 33
Opéra de Berlin	1,5 »		2 50	1.891 85	35.000 »	460 85	0 248	1 316	3 19

La moyenne des rapports des murs avec les cubes de construction est de 1,857, en supposant 1,00 pour le nouvel Opéra, c'est-à-dire que les murs du nouvel Opéra peuvent être considérés comme étant de moitié moins épais que ceux des autres théâtres.

que, sauf quelques parties décoratives, tous les murs de l'Opéra n'ont que l'épaisseur indispensable.

« Si donc les matériaux employés sont les moins chers, si leur cube est aussi restreint que possible, on doit sans hésiter reconnaître que, quant à ce qui se rapporte à la brique, au moellon ou à la pierre tendre, l'économie la plus grande a été apportée. Ce premier point admis, voyons ce qui regarde la pierre dure. Sauf la partie du soubassement en pierre de Saint-Ylie, sauf l'emploi de quelques mètres de Reffroy, de Brauvilliers et de Goussainville, toute la pierre dure de l'Opéra vient de la Bourgogne ou de la Lorraine. La pierre de Bourgogne comprend le liais de Larry, le liais de Ravière et la roche d'Anstrude. Le liais de Larry et le liais de Ravière coûtent plus cher que la roche d'Anstrude ; mais à part le mur de la façade, comme ces deux premières pierres, par suite des concessions qu'a faites l'entrepreneur, ont été *partout* assimilées comme prix à la pierre d'Anstrude, c'est ce dernier prix et cette dernière pierre qu'il faut seulement considérer, d'autant plus que dans l'emploi total de la pierre de Bourgogne, l'Anstrude entre au moins pour les trois quarts.

« La roche de Lorraine que j'ai ensuite employée en grande quantité est la roche d'Euville et celle de Lérouville. Ainsi, comme je viens de le dire, sauf quelques pierres de diverses provenances, la roche d'Anstrude et la roche d'Euville sont à peu près les seules pierres dures employées dans la construction de l'Opéra. D'après le principe de solidité exposé plus haut, la première considération qui doit amener au choix d'une pierre est d'abord sa résistance ; la question de prix vient immédiatement après; mais ces deux conditions se complètent et doivent toutes deux intervenir dans le choix. Dans tous les cas, il est utile d'avoir à sa disposition des pierres de diverses résistances. Avec des résistances de 5, 10, 20, 30 et 40 kilogrammes environ par centimètre carré, on peut, sauf les cas particuliers, disposer les matériaux de manière à leur faire produire l'effet le plus utile.

« Au-dessous de 10 à 11 kilogrammes par centimètre carré, on ne trouve que les pierres tendres; les pierres dures, dont je m'occupe maintenant, doivent donc porter les unes de 20 à 30, les autres de 30 à 40.

« Or, l'Euville est dans la première condition, l'Anstrude est dans la seconde; du côté de la résistance et de la solidité, le choix de ces deux pierres peut être approuvé. Ce ne sont pas, il est vrai, les seules pierres de même résistance, et si d'autres avaient les mêmes qualités et coûtaient un prix inférieur, nul doute qu'il ne fallût les employer de préférence. Il est facile de faire cette constatation; il n'y a pour cela qu'à consulter la série de prix de l'année 1861, série de prix qui a été soumissionnée par l'entrepreneur de maçonnerie et dont les prix sont imposés.

« Parmi les pierres dont la résistance est de 35 à 40 kilogrammes par centimètre carré, l'on trouve *seulement* celles-ci :

	Prix du mètre cube en œuvre.
Pierre de Château-Landon	153 fr.
— Saint-Ylie	154
— Vallangoujard	140
— Venderesse	140
Liais de Grimaud	163

	Prix du mètre cube en œuvre.
Roche de Vaulganne	139 fr.
Liais de Ravière	162
Roche de Laversine	134
— d'Anstrude	132

« Ainsi, de toutes les pierres résistant à 40 kilogrammes, la roche d'Anstrude est celle qui coûte *le moins cher;* le choix était donc indiqué et j'ai fait certes de grandes économies en employant cette pierre au lieu des autres.

« Maintenant, pour les pierres qui ne portent que de 20 à 25 kilogr., quelles sont les pierres que je trouve dans la série et quels sont leurs prix ?

	le mètre cube en œuvre.
Liais de Bagneux	110 à 140 fr.
— d'Arcueil	122
Roche d'Antilly	120
— de Bagneux	120
— de Villers-la-Fosse	126
— de Châtillon	116
— de Crouy	110
— de Goussainville (ne porte que 15)	122
— de Trouville	110
— de Viviers	116
Liais de Conflans	110
— de Conflans-Sainte-Honorine	132
Roche d'Abbaye-du-Val	106

« Les autres pierres portent moins ou ne se trouvent pas en quantité suffisante.

Roche d'Euville	106 fr.
— de Lérouville	100

« Ainsi les roches d'Euville et de Lérouville sont les seules pierres de la résistance demandée qui coûtent 100 et 106 francs.

« J'ai donc choisi ces pierres qui coûtent *moins cher* que les autres et là encore j'ai fait des économies. Je dois dire en outre que les pierres de Bourgogne ou de Lorraine se trouvent en très-grandes masses, sont saines, n'ont ni fils ni moies, et ont en délit une résistance égale à celle qu'elles ont sur leur lit, avantage considérable, qui évite bien des discussions pour la pose et bien des erreurs.

« Donc les beaux matériaux que j'ai employés sont beaux; mais ce sont ceux qui coûtent le moins. C'est une constatation nette et précise qu'il est important de faire connaître à Votre Excellence.

« Mais ce n'est pas tout que d'employer les pierres dures qui coûtent relativement le moins; il faut surtout ne les employer que quand cela est nécessaire. C'est ce que j'ai fait. Toutes les fois que les pierres tendres suffisaient, en ne donnant au mur que l'épaisseur voulue par sa stabilité, j'ai employé des pierres tendres; mais toutes les fois que ces murs, par suite de l'emploi de la pierre tendre, arrivaient à une épaisseur plus grande que celle exigée par la stabilité, j'ai rejeté la pierre tendre et employé la pierre d'Euville, que j'ai délaissée à son tour pour prendre la pierre d'Anstrude, lorsque le mur devenait encore trop épais.

« Certes, il y a dans l'Opéra un grand emploi de pierre dure ; les fondations, les rez-de-chaussée, des murs entiers même sont construits en Euville et en Anstrude. Eh bien, c'est par l'emploi raisonné de ces pierres dures que je suis parvenu cependant à réduire les dépenses qui auraient été bien plus fortes si j'avais employé des pierres tendres à leur place.

« En mettant en œuvre des matériaux durs qui coûtent 106 et 132 fr., au lieu de matériaux coûtant seulement 68 fr., j'ai économisé des sommes considérables.

« Cela peut paraître un paradoxe; mais il est facile de démontrer que *lorsque les murs d'un édifice s'élèvent très-haut ou ont à supporter une lourde charge, il y a toujours une grande économie à employer les matériaux les plus chers au lieu des matériaux le meilleur marché.* Ce principe devient évident si l'on compare la résistance des matériaux et leur prix de revient, si l'on voit, par exemple, qu'une pierre qui coûte le double d'une autre peut supporter huit fois la charge qui écraserait celle-ci et qu'en somme on peut économiser par ce moyen un cube considérable.

« Au lieu de défendre une thèse si rationnelle, il suffit simplement de montrer, par un exemple pris à l'Opéra, combien les reproches que l'on pourrait me faire sur l'emploi de la pierre dure sont peu fondés.

« Si je m'inquiète fort peu des opinions erronées que le public accueille légèrement, je désire tout au contraire que Votre Excellence soit convaincue de mes efforts, et je suis certain que cet exemple pris sur un mur construit tout en roche, et qui donne prise facile à la critique ignorante, sera la meilleure démonstration du principe que j'ai posé.

« Le mur dont il s'agit est le mur du fond de la

scène. En voici ci-contre la façade sans les baies et le plan à mi-hauteur :

« La partie SAA est construite en banc royal de Conflans.

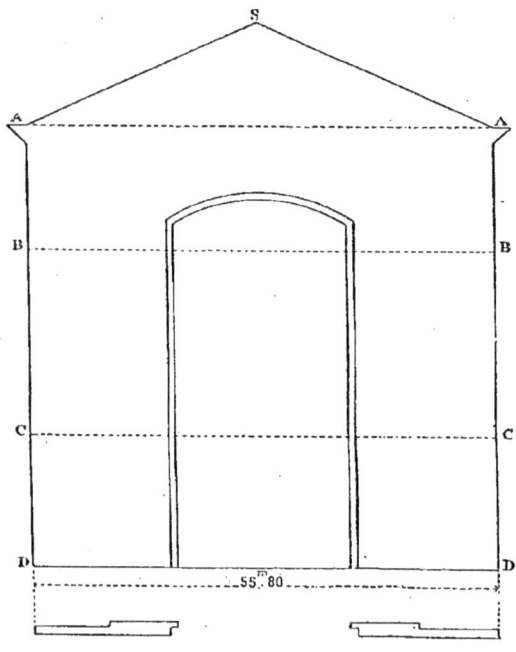

« La partie AA-BB est construite en roche d'Euville.

« La partie BB-CC est construite aussi en roche d'Euville.

« La partie CC-DD est construite en roche d'Anstrude.

« Voici le détail des poids à supporter par les différentes parties de ce mur :

Poids à supporter en AA.

Comble	Poutres.	215.000^k	
	Glissières.	9.500	
	Pannes	11.575	
3e gril	Poutres.	10.000	
	Solivage	3.000	
2e gril	Poutres.	24.250	382.925^l
	Solivage	6.175	
1er gril	Poutres.	77.260	
	Solivage	13.650	
Poutres du chéneau		6.850	
Solivage		665	
Suspension		5.000	
Couverture 1,020 mètres à 300 kilogrammes.			306.000

Poids à supporter par les grils.

3e gril	246^m,50	à 250^k	61.625^k	
2e gril	464 »	à 500	232.000	893.625
1er gril	768 50	à 800	600.000	

Poids des planchers des couloirs.

1er plancher	42^m,50	à 500^k	21.250^k	
2e —	90 »	à 500	45.000	147.250
3e —	135 »	à 600	81.000	

Cheminées, paratonnerres, chéneaux, chemins, etc., estimés : 125.000

         Total. . . . . 1.854.800^l

Imprévu 1/10 . . . . 185.200

         Total. . . . . 2.040.000^k

Réservoirs, charge d'eau et construction. 90.000

Poids du cube de pierre.

380 mètres cubes à 1,900 kilogrammes . . 722.000^k
Imprévu 1/10 . . . . 72.200 } 792.200

               2.942.200^l.

  Poids total supporté en AA . . . . 2.942.200^k

Poids supporté en BB.

Poids de AA................		2.942.200^k
Planchers 150 mètres à 500 kilogr...	75.000^k	
— 125 — à 600 — ..	75.000	
	150.000^k ⎫	
Imprévu 1/10................	15.000 ⎭	165.000
Cube pierre 640^m,50 à 2.380 kilogr...	1.524.390 ⎫	
Imprévu 1/10..............	152.610 ⎭	1.677.000
		4.766.200^k
Poids total supporté en BB.......		4.766.200^k

Poids supporté en CC.

Poids de AA et de BB.............		4.766.200
Planchers 300^m à 600^k......	180.000^k	
— 85 à 600......	51.000	
	231.000^k ⎫	
Imprévu 1/10.............	23.000 ⎭	254.100
Cube pierre 756^m à 2.380^k......	1.800.000 ⎫	
Imprévu 1/10..............	100.000 ⎭	1.980.000
		7.000.300^k
Poids total supporté en CC........		7.000.300^k

Poids supporté en DD.

Poids de AA + BB + CC = ...		7.000.300^k
Planchers 200^m à 600^k......	120.000^k	
Voûte cube 120 à 2.000	240.000	
Planchers 180 à 600	108.000	
	468.000^k ⎫	
Imprévu 1/10..............	46.800 ⎭	514.800
Pierre cube 688 mèt. cubes à 2.400 =	2.051.200 ⎫	
Imprévu 1/10..............	205.120 ⎭	2.256.300
Locomobiles, chauffage, machines, tuyaux, etc...		300.000
		10.071.400^k
Poids total supporté en DD.......		10.071.400^k

« D'après les cotes des plans les surfaces portantes sont de :

en AA . . . . . . 47ᵐ. ʾ
en BB 28   10
en CC 31   »
en DD 32   05.

Et en divisant les poids à supporter par les surfaces portantes on obtient les résultats suivants :

en AA 6ᵏ. 22
en BB 16   25
en CC 22   58
en DD 30   28.

« Le Vergelé ne portant avec sécurité que 5ᵏ,3, il a fallu prendre une pierre plus résistante, le Conflans, qui porte environ 8 kilogrammes.

« La roche de la Plaine qui porte 18 à 20 kilogrammes par centimètre carré aurait pu suffire en BB; mais cette roche est remplie de fils, de moies, et, de plus, devient assez difficile à trouver en grande quantité; la hauteur du banc n'étant aussi que de 40 ou 50, il y aurait eu une trop grande quantité de lits, et, par suite, des tassements inégaux; enfin, la différence de prix de cette roche (91 fr.) avec celle d'Euville (106 fr.) n'était pas assez grande pour faire passer sur les inconvénients signalés. J'ai dû choisir la pierre d'Euville qui porte 25 et qui a une hauteur d'assise de 80 centimètres à 1ᵐ,20.

« En CC cette même roche a été employée.

« En DD j'ai pris de l'Anstrude qui porte environ 35 à 40; il en est résulté ce tableau comparatif :

	Poids à supporter.	Résistance de la pierre.	Nature.
en AA	6ᵏ·22	8ᵏ·	Conflans.
en BB	16 25	25	Euville.
en CC	22 58	25	Euville.
en DD	30 28	35 à 40ᵏ·	Anstrude.

« En somme, Votre Excellence voit que les matériaux employés pour ce mur n'ont que la résistance nécessaire pour assurer sa solidité et que, loin d'avoir fait abus de la pierre dure et des épaisseurs de mur, j'ai combiné au contraire l'un et l'autre de manière à réduire le cube des matériaux à ses plus petites dimensions possibles.

« Tous les murs en pierre dure de l'Opéra ont été édifiés d'après la méthode que je viens d'exposer pour ce mur de la scène; et partout, je le redis encore, cette pierre dure n'a dépassé le cube rigoureusement exigé que de la quantité nécessaire pour conserver une garantie sur l'imprévu.

« Mais ce mot de pierre dure, de pierre de choix est pour quelques personnes une espèce de synonyme du mot dépense. Pourquoi, m'a-t-il été dit parfois, ne pas employer la pierre tendre, quitte à donner aux murs une épaisseur un peu plus forte? Je ne l'ai pas fait pour deux raisons importantes : l'économie de l'argent et l'économie du terrain, économies immenses qui surpassent de beaucoup les petites prévisions qu'on peut faire à ce sujet!

« Pour le montrer clairement, je vais supposer que le mur dont il vient d'être question doive être bâti en Vergelé, pierre tendre du prix le plus bas. Voyons le résultat : J'ai dit plus haut que le Vergelé porte $5^k,3$ par centimètre carré; il faut laisser une petite partie pour l'imprévu, et, en prenant 5 kilogrammes pour la résistance du Vergelé, on arrive à la limite de sécurité de la pierre tendre.

« Or, la surface AA devant supporter $6^k,22$, avec l'épaisseur actuelle du mur qui est de $1^m,20$, il faudrait pour réduire la charge proportionnelle augmenter l'épaisseur de ce mur dans le rapport de $6^k,22$ à 5 kilogrammes; il y aura donc pour ce nouveau mur une épaisseur totale de $1^m,50$ en AA.

« Cette nouvelle épaisseur augmentant nécessairement le cube total et par suite son poids, le cube de la pierre en AA, au lieu d'être de 380 mètres, sera, toujours d'après le même rapport, de 473 mètres, et le poids total de cette nouvelle masse sera, avec le 1/10 d'imprévu, de 870,100 kilogrammes, soit un excédant de 22,100 kilogr. qui devront se répartir sur la surface BB et augmenter d'autant la résistance qu'elle doit avoir. Cette augmentation serait d'environ 1 kilogramme par centimètre carré, ce qui porte la résistance utile en BB à $17^k,25$. En continuant ce raisonnement, on arrive à des chiffres qui grandissent de plus en plus, il est inutile de le poursuivre ici; je vais seulement mettre sous les yeux de Votre Excellence le tableau qui résume les calculs faits et qui mérite une grande attention par ses résultats inattendus.

TABLEAU COMPARATIF

DES ÉLÉMENTS D'UN MUR EN PIERRE DURE ET DU MÊME MUR EN PIERRE TENDRE

(Tous les chiffres comprennent le 1/10 d'imprévu).

	MUR EN PIERRE DURE.					MUR EN PIERRE TENDRE.				
	Partie AA.	Partie BB.	Partie CC.	Partie DD.	Ensemble des murs.	Partie AA.	Partie BB.	Partie CC.	Partie DD.	Ensemble des murs.
Cube de pierre employée...	418mc	705mc	830mc	750mc	2,703mc	413mc	2,209mc	4,536mc	7,661mc	14,619mc
Poids du cube de pierre empl.	794,200k	1,677,000k	1,980,000k	2,256,300k	2,256,330k	870,100k	3,976,200k	8,164,800k	13,681,800k	13,681,800k
Poids total à supporter...	2,924,000k	4,766,200k	7,000,300k	10,071,400k	10,071,400k	2,946,300k	7,067,000k	9,301,120k	21,496,900k	21,496,900k
Surf. portantes	47m	28m,10	31m	32m,05	»	54m,92	96m,95	186m	433m,50	»
Poids à supporter par c. carré	6k,22	16k,25	22k,58	30k,28	»	6k,22	17k,25	30k	50k,70	»
Résistance de la pierre empl., par cent. carré.	8k	25k	25k	35 à 40k	»	5k	5k	5k	5k	»
Épaiss. moyenne du mur...	1m,20	1m,20	1m,25	1m,30	»	1m,50	4m,14	7m,50	13m,18	»
Prix du mètre c. de pierre...	96f	106f	106f	132f	»	68f	68f	68f	68f	»
Prix de revient du mur...	40,128f	74,730f	87,980f	99,000f	301,838f	32,164f	150,212f	308,448f	516,868f	1,007,692f

« Ces chiffres indiquent ceux qui seraient exacts si l'on construisait le mur de pierre tendre en gradin, ainsi que l'indique cette figure.

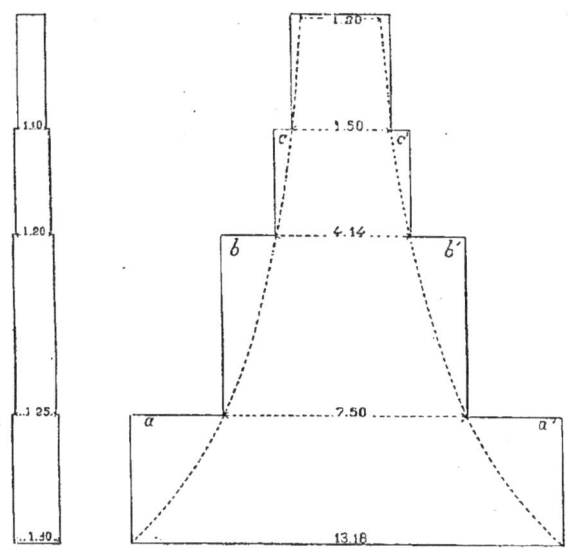

« Mais, comme en construisant ce mur, on pourrait faire des économies de poids et d'argent, en abattant les angles saillants de la construction de manière à lui donner la forme d'une pyramide, comme l'indique la ligne ponctuée, on trouverait, en diminuant les prismes $aa'\ bb'\ cc'$, un cube de pierre de 4,200 mètres environ que l'on pourrait supprimer, ce qui réduirait le cube total de 14,619 mètres à environ 10,420 mètres, qui, diminué lui-même par la suppression du poids des 4,200 mètres cubes, amènerait, comme chiffre total des mètres cubes employés, environ 10,000 mètres, et réduirait les épaisseurs des murs à la hauteur des bases A A, B B, C C, D D à 1ᵐ,50, 4 mètres, 7ᵐ,20 et 12ᵐ,80. Le prix de la dépense serait alors de 680,000 fr. Pour compléter le rapport exact des deux murs, il conviendrait de tenir compte de la différence du prix de taille; mais si la taille de la pierre dure est plus chère que celle de la pierre tendre, comme la surface de celle-ci est beaucoup plus grande que celle de l'autre, la dépense des tailles peut être considérée comme équilibrée. Il n'y a plus, pour compléter le calcul, qu'à ajouter le prix du montage et du bardage au mètre cube (pierres dures et pierres tendres), c'est-à-dire 10 fr. 50 pour l'un et 7 fr. 50 pour l'autre, soit 18 francs qui, multipliés par la différence des deux cubes, donneraient 131,346 francs. Il resterait donc comme résultat définitif ces chiffres qui portent avec eux un utile enseignement :

Largeur du mur en pierre dure au bas de ce mur. 1ᵐ,30
Largeur du mur en pierre tendre au même point 12 80
  Prix de revient du mur en pierre dure . . . . . 301.838 fr.
  Prix de revient du mur en pierre tendre . . . 811.346
    Soit une différence de . . . . . 509.508 fr.

« Ainsi se confirme le principe ci-dessus énoncé; il y a donc, dans certaines conditions, économie à employer les matériaux les plus chers. Mais non-seulement il faut voir cette économie, il faut voir aussi celle apportée au terrain; dans ce dernier cas, avec l'emploi de la pierre tendre, toute la place serait encombrée et les pleins seraient plus grands que les vides. Ainsi, il y a cinq murs à peu près pareils à celui que j'ai pris pour exemple et qui entourent la scène et le couloir de dégagement; si tous ces murs avaient en bas une largeur de plus de 12 mètres, ils occuperaient à eux seuls une surface de 60 mètres de large; et la scène qui n'en a que 32 !

« Je me suis appesanti longuement sur la question que je viens de traiter, mais je devais le faire pour l'élucider complétement. Il y a des erreurs qu'il est fâcheux de laisser s'accréditer parce que leur persistance finit par leur donner une apparence de vérité.

« Puisqu'une nouvelle occasion se présentait pour moi de préciser les faits, je devais me défendre d'une accusation importune qui, de l'architecte, tendait à remonter à l'administration de qui il dépend.

2° *Emploi du fer et de la fonte.*

« Si l'architecte peut faire un choix parmi plusieurs natures de pierres à bâtir, il n'en est plus de même lorsqu'il s'agit du fer ou de la fonte. Il n'y a pas là de résistances diverses; il n'y a pas là de prix différents; la résistance est toujours la même, le prix ne varie que sur la façon, mais non sur la matière première. L'architecte ne peut même profiter des rabais que donneraient soit le cours du jour, soit la concurrence; les prix de fourniture de fonte et de fer sont fixés dans la série soumissionnée et ces prix sont dès lors immuables.

« De cela il résulte que les économies que l'on peut faire dans l'emploi de ces matériaux sont forcément restreintes à celles qui dérivent de leur combinaison, de leur agencement et de leur poids; mais que les économies qui résulteraient d'une diminution des prix de base échappent complétement au pouvoir de l'architecte.

« Je n'aurais donc à m'occuper ici que de la mise en

œuvre des matières premières et à montrer que le fer et la fonte employés dans la construction de l'Opéra l'ont été d'une manière rationnelle et économique.

« Mais cette constatation, facile à faire si je pouvais soumettre à l'examen et à la discussion tous les systèmes que j'ai employés, devient à peu près impossible à être présentée dans ce rapport. Je ne pourrais en effet justifier tous ces systèmes sans donner la figure de chacun, sans discuter toutes leurs parties et sans présenter une liste interminable de formules. Au surplus, dans l'emploi du fer et de la fonte, il y a une partie scientifique et une partie purement artistique, qui consiste dans les diverses combinaisons. La partie scientifique donne des résultats à peu près certains et que l'on peut facilement contrôler; la partie artistique laisse moins de prise au contrôle et, comme toutes les questions d'art, se résout difficilement par la discussion.

« La partie scientifique repose surtout sur la connaissance de la résistance de la fonte à l'écrasement, et sur celle du fer à la traction et à la flexion, et, bien que les auteurs des expériences relatives à ces propriétés diffèrent souvent entre eux de manière de voir, il est cependant facile, avec les données moyennes, de calculer la force des points d'appui et des colonnes en fonte. Il est aussi facile de se rendre compte de la section des poutres ou des solives en fer; l'on peut arriver également à modifier la forme des points d'appui et des solives, et leur donner leur maximum de puissance, l'expérience ayant constaté l'excès de résistance d'une forme sur une autre. La question des joints, des encastrements, des assemblages, peut aussi être à peu près résolue avec certitude; mais là se bornent les données positives; la statique vient bien aussi quelquefois en aide et les formules adoptées peuvent également être consultées ; mais toutes ces formules empiriques, qui constituent la plus grande partie de la science des ingénieurs, doivent être souvent employées avec circonspection. Les formules sont bonnes lorsqu'elles sont consacrées par une longue expérience ; mais lorsqu'elles s'appliquent à des combinaisons nouvelles, il ne faut pas toujours s'y rapporter complétement. Ainsi, à l'Opéra, où toute la construction en fer diffère des constructions usuelles, je n'ai dû accepter ces formules qu'avec défiance, à titre de renseignements, et lorsque le doute me venait, j'ai préféré, soit faire quelques expériences moi-même, soit m'en rapporter à ce sentiment de raison que l'architecte acquiert par l'habitude de construire ; mais là je rentrais forcément dans la question artistique et je ne puis dès lors prouver que ce que j'ai fait soit le meilleur. Il va cependant sans dire que je le crois, puisque je l'ai fait ainsi. Je crois donc que j'ai toujours cherché la solidité et l'économie; je crois même que j'ai trouvé tout cela; mais il m'est impossible de le démontrer. Il faut donc que sur cette question Votre Excellence accepte simplement les faits. Je puis prouver l'emploi raisonné et économique du fer et de la fonte dans les parties où j'ai des bases certaines de comparaison. Je ne puis que témoigner de mes efforts et de ma bonne volonté pour les parties qui reposent sur des combinaisons nouvelles. Il me paraît donc inutile d'apporter des preuves pour la première de ces parties si ma seule affirmation doit suffire pour l'autre. Si Votre Excellence me croit pour une moitié, elle me croira bien pour le tout. C'est dans cette espérance que je lui dis tout simplement : Les constructions en fer du nouvel Opéra ont été faites avec toute l'économie compatible avec leur solidité.

3° Emploi du bois.

« L'emploi du bois se rapporte à la charpente et à la menuiserie. Le bois, employé en charpente pour les travaux de cintres et d'échafauds, est toujours le bois de sapin, c'est-à-dire le bois le moins cher, et ses prix étant fixés à la série, je n'ai sur la fourniture ni excédant à faire, ni économies à réaliser. Il reste toujours, cependant, en dehors de cette question du prix de base, la question du cube employé; mais comme la résistance du bois est parfaitement connue, il n'y a pas d'indécision dans son emploi; les ouvrages de charpente qui ont été faits à l'Opéra l'ont été avec toute l'économie que pouvaient permettre leur destination et l'étude de leur mise en œuvre. Quant à la menuiserie, peu de travaux sont encore exécutés; je puis dire seulement que, dans ceux-ci comme dans tous, j'ai cherché les moyens de réduire la dépense. Ainsi, je n'ai employé le chêne que pour les bâtis, les huisseries, les poteaux et les châssis; mais les moulures, plinthes, cymaises, les panneaux des portes, les remplissages des cloisons, tout cela est en sapin; les épaisseurs des portes ne sont que de 34 millimètres; celles des croisées de 54, c'est-à-dire qu'elles n'ont que les dimensions usitées dans les maisons de location. Il est certain cependant que, dans la partie du monument qui intéresse plus particulièrement le public et dans laquelle les ouvertures ont le plus souvent 7 mètres de haut, il sera impossible de conserver ces mêmes épaisseurs ; mais enfin je tâcherai de les réduire autant que faire se pourra et de suivre le système d'économie qui me guide depuis le commencement des travaux. Peut-être même, pour arriver à diminuer la dépense, serai-je forcé de faire une grande partie des parquets en sapin ; je le regretterai beaucoup, mais si l'argent manque, je ne pourrai être responsable de la pauvreté du travail et de sa courte durée. Je suis placé dans cette alternative, ou de dépasser les crédits, ou de faire un travail incomplet ou insuffisant, et je préfère encore, s'il faut faire un sacrifice, sacrifier les parties qui peuvent se modifier plus tard, sans porter préjudice au monument.

« En résumé, pour la question du bois, Votre Excellence voit que j'emploie autant que possible le bois le moins coûteux et que j'en diminue les cubes, dès que cela peut se faire sans inconvénients. J'espère donc que là encore elle reconnaîtra mes préoccupations économiques.

4° Matériaux de couverture.

« Les matériaux employés pour la couverture de l'Opéra sont : e cuivre, le plomb et le zinc. Dans le devis soumis à Votre Excellence et qui a passé au conseil des Bâtiments civils, le mètre superficiel du cuivre était estimé à 70 francs, le plomb à 40 francs et le zinc à 10 francs. Depuis cette époque, en discutant avec divers entrepreneurs, en changeant un peu les épaisseurs du cuivre, je suis parvenu à faire accepter le cuivre au prix de 4 francs le kilogramme, ce qui, pour une feuille de 0,0125, donne le prix de 40 francs le mètre superficiel, prix égal dès lors à celui du plomb. Il y avait déjà une économie sur les prévisions ; mais j'ai cherché à en faire une autre encore plus considérable. J'ai cherché dans maints endroits à remplacer le cuivre ou le plomb par le zinc. En faisant subir à ce dernier une préparation qui lui retire son ton brillant si désagréable, j'ai pu parvenir à lui donner à distance à peu près l'aspect du plomb ; l'action de l'air modifiera sans doute un peu cette égalité d'aspect; mais, dans tous les cas, comme la pellicule brillante est supprimée, le zinc aura toujours un ton plus foncé que le zinc ordinaire, et, surtout, n'aura jamais ces reflets aigres et froids qui suffisent à eux seuls pour discréditer cette couverture, tant ils nuisent à l'effet d'ensemble du monument.

« La question d'effet me préoccupant moins alors, la question de durée devenait à peu près la seule qui pouvait influencer sur le choix du métal. Et certes, si j'avais eu des ressources suffisantes je n'eusse pas hésité à rejeter le zinc, qui coûte moins que le plomb, il est vrai, mais qui dure bien moins, qui exige des réparations beaucoup plus fréquentes, et qui, lorsqu'il est hors d'usage, n'a plus qu'une valeur insignifiante. Mais cette éternelle question d'argent avec laquelle il me faut compter chaque jour ne me permettait pas d'exaucer mes désirs, et j'ai donc choisi le zinc. Je l'ai placé partout où la vue n'était pas directement attirée par la forme et la décoration des combles, partout où le comble était une couverture bien plus qu'un motif architectural. Si, dans l'avenir, on voulait remplacer ce zinc par du plomb ou du cuivre, cela pourrait au surplus se faire facilement, la charpente ayant été faite pour se prêter à ce changement.

Emploi du bronze.

« Le bronze, destiné à reproduire des statues, des aigles et candélabres ornés, etc., se rapporte partout à la décoration artistique et sera compris dans cette partie. Le bronze, considéré seulement comme construction, est celui qui peut être employé pour des colonnes, meneaux, chéneaux, etc. Dans le premier devis présenté jadis et qui s'élevait à environ 30 millions de francs, j'avais supposé que les meneaux et fenêtres de tous les étages et les chéneaux de tout le monument seraient faits en bronze ; mais, les crédits se restreignant, je dus également restreindre mes désirs et changer la matière de ces fournitures. Voici les modifications successives que je fis :

« 1° D'abord les meneaux en bronze, puis en fonte cuivrée, puis les meneaux des fenêtres supérieures supprimés, puis enfin suppression de cuivrage sur les fenêtres du premier étage. Pour les chéneaux d'abord en bronze, puis chéneaux en fonte cuivrée, puis enfin chéneaux en fonte peinte. Ainsi du bronze primitif il ne reste plus rien. Fonte cuivrée pour les rez-de-chaussée et fonte peinte pour les autres et pour les chéneaux, l'économie est arrivée à sa limite et il n'y a pas là seulement emploi limité de matériaux de choix, il y en a absence complète.

Emploi du marbre.

« Les marbres sont pour l'architecture une des ressources les plus précieuses. Ils donnent la vie et l'éclat ;

ils complètent la décoration et créent pour ainsi dire un nouveau monument. Les architectes italiens du moyen âge et de la Renaissance, artistes pleins de foi, d'audace et de vigueur, n'ont eu garde de délaisser un moyen d'effet aussi puissant. Leurs édifices, parfois sublimes, parfois médiocres, ont tous, grâce à l'emploi du marbre, un mouvement, une légèreté que la pierre serait impuissante à donner. La pierre produit une impression plus grave, plus énergique; c'est l'élément masculin de l'art; le marbre donne une impression plus douce et plus gracieuse; c'est l'élément féminin avec sa vivacité, sa coquetterie et sa parfaite élégance.

« Que de monuments ne doivent leur brillant aspect qu'à l'emploi du marbre et aux mille combinaisons de la couleur! Que serait sans cela l'église Sainte-Marie-des-Fleurs à Florence? Que serait le campanile de Giotto, si pur, si fin, si complet? L'un serait une lourde bâtisse, l'autre une tour vulgaire. Et qui donnerait à Saint-Marc de Venise cet aspect unique, miroitant et fantastique qui va droit au cœur de l'artiste? qui lui donnerait cette couleur chaude et merveilleuse, si ce n'étaient ses mosaïques et ses marbres? Toutes ces nuances qui s'harmonisent si bien, tous ces reflets qui éclairent la vieille basilique, tout cela vient de la couleur, de la matière, du marbre enfin, qui vivifie tout, qui égaye et accentue, qui donne à l'œuvre et richesse et splendeur. Cependant depuis l'exécution du palais de Versailles, le marbre est à peu près délaissé en France. On s'est contenté de faire de beaux édifices, de percer de larges voies; on a donné à tout cela parfois de belles lignes et de grands aspects; mais on lui a donné bien rarement un peu de gaieté et de couleur. Si certaines constructions, comme les casernes, les prisons, les tribunaux, etc., doivent surtout s'annoncer par une conception grande et simple, il n'en est plus de même pour d'autres. Que les églises, les palais, les musées ou les théâtres qui s'adressent à la foi, à la force et à la beauté, ne nous représentent pas ces trois grandes puissances sous un aspect trop terrible ; qu'ils indiquent plutôt la confiance et la sérénité et que leurs compositions soient gracieuses et sympathiques! Ne laissons pas le caractère gaulois disparaître même de nos monuments et qu'un peu de couleur et d'éclat réveille notre ciel gris!

« Parmi ces monuments qui appellent le marbre, l'Opéra est un de ceux qui le réclament le plus. C'est le monument dédié à l'art, au luxe, au plaisir, et que protègent les plus aimables dieux. Je devais donc, et par devoir et par conviction, y employer les plus précieux matériaux ; mais mon désir devait se heurter contre les moyens de l'accomplir. Les marbres coûtent cher, du moins je le croyais ainsi jadis, et l'argent est mesuré ; force me fut donc de restreindre mes propositions et de n'employer le marbre qu'avec parcimonie. 600,000 francs environ furent seulement consacrés à cet emploi, et c'est avec cette faible somme qu'il faut que je donne au monument l'aspect coloré et vivace qui lui convient!

« Ne voulant pas éparpiller mes ressources, je les ai surtout concentrées en deux parties seulement : les escaliers et la façade principale ; les escaliers qui seront, je l'espère, le grand effet du nouvel édifice, la façade qui sera, j'en suis certain, l'invention et le caractère. C'est donc dans ces conditions que je me préparais à la lutte que je devais soutenir contre l'argent. Je voulais ne pas dépasser les crédits, mais je ne voulais pas non plus céder à la nécessité. Je ne voulais pas être accusé de prodigalité, mais je ne voulais cependant rien retrancher de mes prévisions que je cherchais au contraire à augmenter. Cette lutte de l'art contre l'argent m'a bien souvent et vivement préoccupé, elle m'a fait un peu courir le monde et sortir beaucoup de la routine des marchés. J'ai dû bien des fois chercher à l'étranger des facilités que je ne trouvais pas en France ; j'ai dû provoquer de nombreuses concurrences sur des marbres nouveaux que l'on cherchait à produire. Alors des noms de marbres inconnus ou exotiques ont frappé les oreilles du public, qui a cru tout d'abord que tout l'Opéra serait construit en marbre et en pierres précieuses et qui, par suite, a supputé tous les millions que coûterait cette splendeur ! Je ne gagerais même pas que l'administration n'eût été quelque temps de l'avis de tous et n'eût craint de me voir entraîner ; ce qu'elle n'a plus à craindre maintenant. De cela il résultera sans doute que la foule qui ignore la modicité des ressources dira peut-être : Tant d'argent pour si peu de marbre ; et que l'administration au contraire, qui connaît les crédits, dira : Tant de marbre pour si peu d'argent. Ce serait allonger ce rapport déjà si long que de dire à Votre Excellence tous les moyens que j'ai pris pour arriver à un tel résultat : discussions, recherches, concurrence, tout a été mis en œuvre. Je dois cependant citer comme m'ayant été d'un grand secours la bonne volonté et le désintéressement de M. Henraux, propriétaire de nombreuses carrières en Italie. M. Henraux, qui a aidé de tout son pouvoir à l'emploi des marbres et qui se contentait souvent d'un gain minime, a souvent aussi fait des sacrifices considérables pour avoir l'honneur et le plaisir de coopérer à l'édification du nouvel Opéra ; c'est un homme qu'un long séjour en Italie a converti à l'emploi du marbre et qui n'épargne ni ses soins ni ses peines pour propager ses excellentes convictions.

« Il est nécessaire de diviser les marbres en deux classes : ceux qui sont purement décoratifs, et ceux qui, indépendamment de cette qualité, servent aussi à la construction. De ce nombre sont aussi les colonnes qui remplacent alors soit des piles soit des murs en pierre. Or, comme la résistance du marbre est de beaucoup supérieure à celle de la pierre, il se produit là une économie de cube qui amène une économie d'argent qu'il faut soustraire du prix total des marbres. C'est ainsi que les colonnes du grand escalier, qui supportent chacune plus de 200,000 kilogr., et qui coûtent 4,800 fr., ne représentent qu'un excédant de 2,000 fr. environ sur le prix de la pierre qui les remplacerait. Cette différence, cet excédant serait moins grand encore pour les colonnes des escaliers secondaires qui, étant en certains cas en granit, résistent au moins quatre fois plus que la pierre dure et plus de trente fois autant que la pierre tendre ; il faudrait dans ce cas que les colonnes en pierre tendre, qui ont environ $2^m,50$ de haut, eussent un diamètre de plus de 2 mètres. Ces énormes pylones encombreraient toute la place et laisseraient au plus 50 centimètres pour l'emmarchement des escaliers. Il faut donc d'abord se rendre compte de la fonction du marbre et ne pas lui appliquer sur le prix de la pierre une plus-value qui est bien diminuée par les exigences de la construction.

« Ceci dit, monsieur le Ministre, je vais présenter à Votre Excellence le prix de revient des marbres de l'Opéra, en les comparant soit avec les prix des marbres tels que la série les donne, soit avec les prix de la pierre. Ces chiffres sont assez concluants pour me dispenser de tous autres commentaires.

Tableau comparatif des prix de revient des fournitures de marbre faites au nouvel Opéra, avec les prix de la série.

DÉSIGNATION des fournitures.	PRIX de revient de l'unité.	PRIX TOTAL des fournitures.	PRIX D'UNITÉ selon la série.	PRIX TOTAL selon la série.	DIFFÉRENCE entre les deux prix.	OBSERVATIONS.
18 colonnes brèche violette, à riches astragales.	4,772ᶠ	85,000ᶠ	5,600ᶠ	100,800ᶠ	15,800	Le prix de la brèche violette n'est pas dans la série; on peut le comparer à celui du Portor et du Campan, d'après le cube des blocs et le détail des tailles. On arrive au prix moyen de 5,600 francs.
30 colonnes base et astragale, moulurées en Sarancolin.	4,933,33	148,000	6,000	180,000	32,000	La grandeur des blocs de Sarancolin motive une plus-value qui ne peut être fixée que par analogie. On peut obtenir le prix de l'unité des colonnes sur la série à 6,000 f.
30 colonnes en granit des Vosges et du Morvan, avec entailles et bases.	1,075	34,400	1,230	39,160	4,760	»
A reporter....		267,400ᶠ	»	319,960ᶠ	52,560ᶠ	

DÉSIGNATION des fournitures.	PRIX de revient de l'unité.	PRIX TOTAL des fournitures.	PRIX D'UNITÉ selon la série.	PRIX TOTAL selon la série.	DIFFÉRENCE entre les deux prix.	OBSERVATIONS.
	Report.	267,400 f	»	319,960 f	52,560 f	
12 colonnes en granit d'Écosse, avec bases et entailles.	735	8,820	1,230	14,760	5,940	Même observation que ci-dessus, d'après la grandeur des blocs et le prix des tailles.
8 colonnes en marbre Campan.	3,875	31,000	6,000	48,000	17,000	On peut estimer ces colonnes à 6,000 fr., prix débattu selon la série.
12 colonnes en jaspe du Mt-Blanc.	1,312,50	15,750	2,000	24,000	8,250	Matières non encore classées, valant 2,000 fr. le m. c. et 40 fr. de taille au moins, peuvent être portées, d'après détails et renseignements, à 2,000 fr.
6 m. cubes d'onyx d'Algérie.	2,100	12,600	3,700	22,200	9,600	Vendu par la Société générale, de 3,500 à 4,000 fr. le m., soit 3,700 f. en moyenne.
30 m. cubes de vert de Suède.	450	13,500	1,155	34,650	21,150	»
36 pilastres brèche violette, à riche base et riche astragale.	526	18,835	1,300	46,800	27,965	»
2 pilastres massifs d'angle, brèche violette, à riche base et astragale.	526	1,052	2,400	4,800	3,748	»
A reporter....		368,957 f	»	515,170 f	146,213 f	

DÉSIGNATION des fournitures.	PRIX de revient de l'unité.	PRIX TOTAL des fournitures.	PRIX D'UNITÉ selon la série.	PRIX TOTAL selon la série.	DIFFÉRENCE entre les deux prix.	OBSERVATIONS.
	Report.	368,957 f	»	515,170 f	146,213 f	
30 chapiteaux-pilastres, marbre sculpté et mouluré.	350	10,500	600	18,000	7,500	»
30 bases ornées en marbre blanc.	250	7,500	380	11,400	3,900 f	»
30 blocs chapiteaux des colonnes.	325	9,750	450	13,500	3,750	»
TOTAUX...		396,707 f	»	558,070 f	162,163 f	»

« Ainsi, sur une fourniture de 396,707 fr. de marbre, j'ai pu réaliser une économie de 162,363 fr., c'est-à-dire 30 0/0 sur les prix de la série. Cette économie considérable me permettra de nouvelles fournitures qui, je l'espère, seront aussi avantageuses.

« Mais ce n'est pas tout, et c'est là précisément que j'appelle l'attention de Votre Excellence : j'ai réalisé ou je réaliserai bien d'autres économies sur cette matière. Ce n'est plus avec du marbre que je veux comparer le marbre, mais bien avec la pierre, et non pas avec des pierres de choix comme l'Échaillon et le Jura rouge, mais avec le Saint-Ylie ordinaire, le grimaud ou même le liais.

« Partout où, dans le devis, j'avais prévu ces pierres, soit comme dallage, soit comme emmarchement, j'ai changé mes prévisions; j'ai repoussé la pierre et j'ai choisi le marbre, en mettant pour condition à ce nouveau choix que non seulement le marbre ne dépasserait pas la valeur de la pierre, mais que même il ne l'atteindrait pas, et je suis arrivé à mon but. Que Votre Excellence veuille bien jeter un coup d'œil sur le tableau suivant, qui comprend des fournitures faites et des fournitures à faire. Pour ces dernières, j'ai les engagements pris par les fournisseurs et ils seront soumis à l'approbation ministérielle dès que j'aurai le temps de faire préparer les soumissions :

DÉSIGNATION des fournitures.	PRIX d'unité.	PRIX TOTAL du marbre.	PRIX d'unité.	PRIX de la pierre de Saint-Ylie.	DIFFÉRENCE.
146 marches, marbre blanc d'Italie, de 5 mètres, à double courbure, moulurées d'un seul bloc.	»	70,000^f	»	87,000^f	-17,000^f
1,200 mètres de dallages en marbre blanc d'Italie, de 5 à 6 d'épaisseur, suivant la place.	39^f	46,800	38^f,25	45,900	+900
300 marches moulurées sur 3 faces et contre-marche en marbre blanc d'Italie.	50	15,000	59,80	17,940	-2,940
50 marches moulurées en marbre vert de Suède, de 5 m. de longueur, d'un seul morceau, moulurées et adoucies.	45	11,250	43	10,750	+400
TOTAUX.....	»	143,050^f	»	161,590	18,440

« Voilà donc une nouvelle fourniture qui coûterait en marbre au prix de la série environ 330,000 fr. Voilà une fourniture de pierre qui coûterait plus de 160,000 fr. et cela en pierre de grimaud ou de liais, les pierres les moins chères qui puissent faire un bon dallage ou de bons emmarchements. Eh bien! j'ai fait tous ces travaux *en marbre* avec une économie *sur la pierre* de plus de 18,000 fr.! Ainsi donc, sans parler des chapiteaux sculptés, que je fais faire en Italie, et sans compter d'autres fournitures moins importantes, mais qui procurent les mêmes avantages, je peux dire que le marbre que j'emploie à l'Opéra coûte le tiers ou la moitié du marbre tarifé, et je puis dire aussi : *Le marbre que j'emploie coûte moins cher que la pierre*. Que pourrais-je ajouter à cette conclusion? Les faits que j'ai cités démontrent clairement, je pense, que la mise en œuvre de tous les matériaux employés à l'Opéra a été faite avec la plus grande économie, que ce n'est pas à cet emploi qu'il faut attribuer la dépense totale, mais bien seulement aux dimensions immenses de l'édifice.

III

DÉCORATION ARTISTIQUE.

« J'éprouve sur ce sujet une assez grande difficulté; car je ne puis prouver que la décoration artistique du nouvel Opéra soit aussi restreinte que possible. C'est une question purement artistique, qui n'intéresse pas la construction et qu'on ne peut démontrer par des faits.

Je pourrais sans doute comparer les dépenses analogues faites dans d'autres monuments ; je pourrais prouver que, proportionnellement à la dépense totale, la dépense affectée à la décoration de l'Opéra est bien moins grande que celle affectée à la Madeleine, au Louvre, à l'Hôtel de Ville et à bien d'autres édifices ; cela montrerait sans doute que j'ai été plus réservé qu'on ne l'a été dans ces monuments ; mais cela ne prouverait pas que ce que j'ai fait ne soit pas exagéré. Je ne puis cependant pas discuter point à point chacune des commandes et démontrer son utilité ; ce qui me paraît à moi indispensable peut paraître inutile à un autre ; où serait la vérité ? Il n'y a pas de règles positives pour juger le goût et l'art ; on peut faire bien ou mal de mille façons différentes ; chacun juge suivant son tempérament et ses convictions, et bien imprudent serait celui qui voudrait plaire à tous ! Cependant, s'il y a divergence d'opinions sur l'appréciation des œuvres artistiques, il est, en ce qui concerne l'Opéra, un point sur lequel tous les esprits devront se rencontrer : c'est le rôle que joue la décoration picturale et sculpturale dans un monument ; c'est le but que ces productions doivent atteindre. Chacun, je crois, reconnaîtra qu'il ne faut pas dans ce cas considérer les peintures et les sculptures comme des œuvres spéciales et personnelles qui peuvent s'isoler et former un tout complet. Prises individuellement, ces œuvres ont bien toute leur valeur et leur force, mais lorsqu'elles occupent la place qui leur est assignée dans l'édifice, elles perdent en partie leur caractère individuel, pour constituer seulement une vraie décoration ; c'est de la décoration plus élevée sans doute que celle qui dérive de l'ornementation pure et simple; mais ce n'en est pas moins de la décoration; elle contribue à l'harmonie de l'ensemble, elle complète l'édifice, dont elle fait dès lors partie intégrante, et n'est enfin qu'une des manifestations de l'architecture.

« Si donc la décoration peinte ou sculptée dérive et dépend de la composition architecturale, il ne faut pas la considérer comme un caprice de l'architecte, mais bien comme un moyen employé par lui pour compléter son œuvre, et dès lors lui seul peut être juge de l'opportunité de son emploi. Cette décoration devient au surplus aussi nécessaire en certains points que les autres éléments artistiques et décoratifs et on ne peut la supprimer ni même la modifier sans changer la pensée première et l'effet définitif. Aussi l'architecte, pour conserver l'harmonie générale et pour donner à chacune de ses productions sa signification et sa juste importance, doit-il imposer aux artistes, non-seulement les dimensions exactes, mais encore les sujets, les silhouettes, les tons généraux, les effets et le style de la composition. La peinture et la sculpture, je le répète, ne complètent donc dans un monument que l'art de la décoration architecturale, et il ne faut pas croire qu'il puisse être permis à l'architecte de la modifier suivant son bon plaisir sans troubler l'harmonie et sans nuire à l'effet général. Que résulte-t-il de cela ? C'est que si je puis supprimer ou ajourner quelques-unes des œuvres d'art, il en est d'autres que je dois conserver. Toutes les créations de la nature ne sont belles que parce qu'elles sont complètes; toutes les créations de l'art doivent partir du même principe si elles veulent prétendre au même résultat. Je ne puis donc supprimer de mes demandes plus que je n'ai supprimé et je redemanderai encore à Votre Excellence de les accueillir un jour. »

(Ici suit un assez long passage relatif à un dissentiment entre le conseil général des Bâtiments civils et moi au sujet des crédits à affecter aux œuvres d'art, à l'ameublement et à la machinerie. Je crois convenable de le supprimer.)

« Cette question des œuvres d'art m'a entraîné plus loin que je ne le pensais ; mais il était utile que Votre Excellence fût édifiée sur tout ce qui se rapporte à l'Opéra, et j'espère qu'elle me pardonnera la longueur de ce rapport qui doit servir de pièce justificative. Il ne faut plus qu'à l'avenir j'aie à me préoccuper de ces sujets, importants sans doute, mais qui, par les nombreux incidents qu'ils soulèvent, viennent inopinément me surprendre dans mes travaux ; il faut que je sois certain et bien certain que l'administration a confiance en moi ; il faut qu'elle soit persuadée que non-seulement je cherche des économies, mais encore que j'en ai réalisé de considérables. J'espère bien que les faits et les appréciations que j'ai donnés dans ce rapport seront assez concluants pour qu'il n'y ait plus le moindre doute à cet égard. S'il en était autrement, je prie Votre Excellence de me faire connaître ses observations, afin que je puisse, si cela est utile et par des faits nouveaux, prouver cette conclusion : *Le nouvel Opéra est le monument dans lequel les plus grandes économies ont été réalisées; c'est celui qui, comparé aux édifices analogues, donne pour le prix de revient du mètre cube de construction le chiffre le moins élevé.* »

Voilà donc ce long rapport! si vous l'avez lu, vous avez dû voir que ce n'est pas vous qui avez inventé de me parler économie ; j'ai écrit bien d'autres pages à ce sujet encore, et sur tous les points détaillés de l'édifice, particulièrement sur la sculpture d'ornement où j'ai montré clairement par des faits que j'avais obtenu des prix de bon marché inusités jusqu'à présent; sur la dorure dont je vous ai parlé jadis; sur l'ameublement, sur l'éclairage, la ventilation, le chauffage, sur tout enfin ; et je crois bien qu'avec tous ces rapports on ferait plus de cent volumes. N'ayez crainte ; je ne vous les donnerai pas à lire ; mais vous jugerez d'après celui que je viens de mettre sous vos yeux que le métier d'architecte n'est pas toujours des plus aimables et qu'il faut que l'imagination soit solidement fixée dans la cervelle pour résister à toutes ces discussions, explications et expéditions.

Il me semble maintenant que si vous n'avez pas un parti pris dans la question, vous accorderez que j'ai fait en somme de mon mieux et que je ne mérite guère les reproches qui m'ont été adressés. L'Opéra a les murs moins épais que les autres théâtres ; l'Opéra coûte moins cher que les autres édifices et je suis resté dans les limites du vrai devis que j'avais loyalement dressé. Il y a donc là, je le pense, assez de résultats pour fixer les idées, et si vous me jetez encore quelque peu la pierre, c'est que vous aurez bien mauvaise volonté.

Laissez-moi vous dire encore ceci : ne croyez pas en somme que j'aie écrit cet article pour ma défense personnelle. Je n'aurais pas eu besoin d'en dire si long. Il me suffisait d'inscrire cet axiome : que c'est l'administration seule, *toute seule,* qui serait responsable des sommes dépensées et même gaspillées, pour que je sois tout à fait couvert. En effet je n'ai jamais dépensé un sou sans que l'administration en eût connaissance, soit par mes demandes, soit par mes rapports. Tous les marchés ont été passés, non-seulement sous le contrôle, mais encore avec l'approbation du ministre ; tous les mémoires ont été révisés par l'administration dans ses bureaux, constitués à ce sujet; les rabais ont été acceptés par elle ; les plus-values également; tous les prix ont été discutés par son entremise et, dans tous les cas, admis par elle comme consécration définitive. C'est le ministre qui demande les crédits ; c'est la commission du budget qui les étudie ; c'est la Chambre qui les approuve. Eh bien, que voulez-vous de plus? quand contrôleur, conseil général des Bâtiments civils, directeur des travaux, ministre, commission du budget, Chambre des députés et Sénat ont approuvé une dépense, il faut bien croire que celle-ci était utile, raisonnée et raisonnable. Eussé-je donc fait des dépenses qui parussent exagérées, que je ne saurais en recevoir aucun reproche, du moment que ces dépenses ont été contrôlées par cette filière administrative et finalement acceptées et votées.

J'aurais donc, quant à moi, le droit formel de me mettre tout à fait à part vis-à-vis du public, n'étant responsable que vis-à-vis de l'administration, qui me couvre de fait en approuvant mes opérations ; mais si j'ai tenté cependant d'éclairer ce public inquiet, c'est que je voulais qu'il sût bien que l'administration, elle aussi, a été soucieuse des deniers de l'État et n'a rien négligé pour les économiser, tout en suivant le programme qui lui était imposé : faire un monument *digne de la France.* C'est maintenant à la France de juger si, de ce côté, le résultat est satisfaisant; s'il y a plus de boules blanches que de boules rouges, tout est pour le mieux. Si, au contraire, les boules rouges l'emportent, je reprends toute ma responsabilité pour m'avouer bien maladroit et bien coupable; mais si vous voulez, nous en causerons plus tard ; je suis assez opportuniste pour attendre encore une centaine d'années une décision que je craindrais de demander maintenant.

Mon Dieu ! que je connais de monuments qui ont coûté bien plus cher que l'Opéra, ce dont personne ne se doute ! Il est vrai qu'il en est pas mal d'autres qui ont coûté meilleur marché, le Guignol du Jardin des Tuileries, par exemple !

DU CHAUFFAGE ET DE LA VENTILATION

Il y aurait un gros volume à faire sur cette importante question du chauffage et de la ventilation appliqués aux salles de réunion, et, de fait, bien des livres ont déjà été écrits sur ce sujet ; mais comme chaque auteur a toujours une préférence pour un système, il en résulte que tous ces écrits sont souvent un peu partiaux, et que celui qui n'en lirait qu'un seul risquerait fort de ne pas être tout à fait éclairé. Moi, qui n'ai pas de parti pris à ce sujet, je trouve tous les systèmes aussi bons ou aussi mauvais les uns que les autres, et je pense que le choix peut en être à peu près indifférent, pourvu que le projet soit complétement étudié, et pourvu, surtout, qu'en exécution, les appareils soient rigoureusement surveillés. Supposez un système idéal en théorie et répondant à toutes les exigences ; si vous ouvrez des registres là où il faudrait les fermer, toutes vos théories ne serviront de rien et même, plus le procédé sera sensible et parfait, plus la moindre infraction à la manœuvre raisonnée amènera de perturbations dans les effets. Cela reviendrait à dire que plus le système est simple et quasi rudimentaire, moins ces perturbations sont à craindre. Cet axiome paraît un peu paradoxal, néanmoins il comporte beaucoup de vérité, tellement même que peu à peu, dans la plupart des salles de spectacle ou de grande réunion, on en arrive à supprimer un grand nombre des engins et à aveugler la plus grande partie des bouches d'air ; je parle surtout de ce qui se rapporte principalement à la ventilation.

Songez, en effet! Si l'air vicié s'échappe trop vite et si l'air pur arrive trop précipitamment, il se produira de nombreux courants d'air. Si cet air d'arrivée est trop chaud, on étouffera ; s'il est trop froid, on gèlera ; de sorte que l'on préfère encore souffrir de ces mouvements aériformes, surtout pendant les entr'actes, là où les portes s'ouvrent en grande partie, que de craindre des courants d'air, peut-être moins violents, mais continus, pendant toute la durée du spectacle. On s'habitue peu à peu à l'atmosphère dans laquelle on se trouve et aux variations de température qui n'ont lieu que graduellement, surtout lorsque la salle est vaste. Je me souviens qu'à l'ancien Opéra mon prédécesseur avait fait boucher presque tous les orifices donnant passage à l'air nouveau, et que j'ai fait ensuite boucher ce qui en restait, au grand contentement des spectateurs; l'appel du lustre suffisant en somme à épurer assez le milieu ambiant pour que l'on n'en ressentît aucun malaise.

Cependant on ne peut, de prime abord, se décider à agir ainsi, et il est du devoir de l'architecte qui construit une nouvelle salle de rechercher les meilleurs moyens de chauffer et de ventiler cette salle, quitte, à l'avenir, à apporter les modifications qui seront jugées convenables. J'ai donc dû, dès le principe, me préoccuper de cette question, en laissant un peu de côté, sinon mon scepticisme sur le résultat, du moins mes craintes et mes défiances. Seulement, comme en commençant l'Opéra, j'étais plus jeune qu'actuellement, j'avais encore quelque confiance dans les commissions. Je demandai donc qu'une commission fût nommée pour étudier le système de chauffage et de ventilation, pensant ainsi, non pas échapper tout à fait à la responsabilité qui atteint toujours l'architecte (surtout lorsque les choses sont mal réussies); mais bien trouver dans cette commission un guide plus sûr que mes propres lumières, dans une question un peu spéciale. Cette commission fut choisie; M. le général Morin en fut nommé président et, après une sorte de concours restreint entre divers ingénieurs civils, le projet de M. d'Hamelincourt fut adopté en principe.

Il faut dire que ce projet n'était autre que celui déjà employé aux théâtres du Châtelet sous la direction de M. le général Morin, ce qui naturellement avait combattu en faveur de l'adoption du système d'Hamelincourt. Au surplus la commission, composée de diverses personnes dont je ne voudrais pas nier le mérite, puisque j'avais l'honneur d'en faire partie, n'était en résumé composée que du président tout seul, à qui les études qu'il avait faites sur ce point et sa haute position dans la science donnaient une influence qu'il savait bien faire valoir.

Cependant un jour, à la suite d'une discussion survenue entre nous et dans laquelle je me permis de ne pas partager l'avis de notre président, celui-ci se sentit froissé de ma résistance, fulmina contre les architectes, et, finalement, donna sa démission. Je la regrettais d'autant plus que, bien que l'avenir m'ait donné raison, je semblais pour le moment avoir tort de ne pas croire l'air aussi docile qu'on voulait me le prouver, et disposé à faire quelques vingtaines de mètres pour s'échapper par un petit trou, alors qu'il n'avait que deux ou trois mètres à parcourir pour se sauver par une grande ouverture toute béante!...

Enfin on se fait à tout, même aux démissions des autres, et la commission continua de fonctionner tant bien que mal. Il est vrai que notre vice-président, M. Tresca, qui voulut bien rester avec nous, partageait les mêmes idées que son chef au Conservatoire des arts et métiers, de sorte que si les théories de M. le général Morin étaient défendues avec moins de vivacité, elles n'étaient pas encore abandonnées. D'ailleurs, M. d'Hamelincourt, ayant conçu son projet avec le patronage de M. le général Morin, tenait naturellement à le soutenir; de sorte que je me trouvais à peu près seul à faire des objections sur le principe choisi et sur ses diverses applications. Je n'ose dire que ce que je pensais était bon; mais enfin je devais toujours être responsable du résultat, et c'était bien le moins que j'eusse voix délibérative. Mais le temps se passa; la guerre de 1870 arriva; les travaux s'interrompirent, et, à leur reprise, il ne fut plus guère question de la commission. Au surplus, l'incendie de l'ancien Opéra vint faire activer les travaux; il ne s'agissait plus de discuter, il fallait agir. Je demandai et obtins du ministère de reprendre tous mes droits; cela me fut accordé sans que personne réclamât, et je restai enfin seul avec le constructeur, trouvant que j'aurais bien dû commencer par là. Ce n'est pas que je méconnaisse la haute valeur et le dévouement des hommes qui avaient été choisis et qui, en somme, m'ont souvent servi de guides; mais ceux-ci ne voyaient guère que le système, sans se préoccuper du monument; tandis que, moi, j'étais bien forcé de ne pas agir comme eux.

M. d'Hamelincourt, comme tous ses confrères, était bien aussi de l'avis que le système de chauffage et de ventilation devait tout primer, et que l'Opéra ne devait être qu'un long tuyau d'air et de fumée dans lequel les spectateurs n'étaient rien, mais où le générateur devait être tout; aussi, chaque fois que je lui retirais un centimètre carré de section, il semblait que je lui arrachais l'âme. Néanmoins, peu à peu, il s'habitua à ces opérations successives et si bien même, qu'il en était arrivé à trouver bien meilleur ce que je lui abandonnais que ce qu'il réclamait dès l'abord. Je vis par cette facilité à me faire des concessions non-seulement que M. d'Hamelincourt était disposé à m'être agréable, mais encore que les théories du chauffage et de la ventilation n'étaient pas absolument inflexibles, et qu'un architecte pouvait s'immiscer dans ce genre de travaux sans y mettre trop d'outrecuidance. Mais il fallait pourtant que je ne me laissasse pas trop oublier; car, le dos tourné, le sacerdoce du constructeur reprenait vite, et si je restais un jour sans m'occuper de l'aménagement de tous les appareils, j'étais bien certain qu'une modification allait être apportée aux décisions de la veille. Je fis donc, sans intermittence, jusqu'à la fin des travaux, le métier d'ingénieur civil, concurremment avec celui d'architecte, et je suis loin de le regretter; car j'ai fini par y apprendre quelque chose ; d'abord que les arcanes du poêle et des chaudières ne sont pas impénétrables; puis ensuite, qu'il y a mille moyens divers de produire des courants d'air désagréables; heureusement qu'il y en a aussi pour les supprimer! La lutte fut longue, mais courtoise; car nous poursuivions le même but, et comme, en résumé, j'avais le droit d'avoir le dernier mot, je pus, sans me sentir humilié, faire quelques concessions à mon entrepreneur, qui lui, de son côté, fit toutes celles que je ne voulais pas faire. Finalement on s'entendit au mieux, nous mettant d'accord sur tous les points; mais moi, regrettant parfois la pose de quelques appareils un peu encombrants, tandis que M. d'Hamelincourt devait regretter aussi de n'avoir pas assez démoli le bâtiment.

Quoi qu'il en soit, il est indéniable que le projet de chauffage et de ventilation du nouvel Opéra a été étudié avec un soin extrême, et que, tel qu'il est, il peut être considéré comme donnant un bon résultat. Si même je n'avais eu dans son installation une assez grande part de collaboration, je dirais qu'il est parfait; oui, parfait, en ce qu'il est possible de ne pas chauffer du tout, ou de chauffer à cinquante degrés tous les locaux, en passant par toutes les températures; oui, parfait, en ce sens que la ventilation peut ne produire que des mouvements d'air nuls ou insensibles, ou bien aussi violents qu'une bourrasque. Cela revient donc à dire, qu'avec cet instrument on peut jouer toutes les symphonies; mais il faut savoir s'en servir! J'ai fourni le clavier; mais non le virtuose, et c'est là que gît la difficulté; c'est là que le système dont je viens de vanter la perfection peut, s'il est mal conduit, devenir absolument défectueux. Comme dans un jeu d'orgue, le jeu des registres de ce grand appareil, s'il est mal réglé, peut amener à toutes les dissonnances; mais il ne serait pas tout à fait juste d'en rendre responsable le constructeur.

Je sais bien qu'il est assez difficile de bien jouer de ce clavier calorique et aériforme; il y a tant de circonstances qui influent sur sa sensibilité : la température extérieure ; la direction et la force des vents; la puissance d'éclairage de la salle ou de la scène; le nombre et le caractère particulier des spectateurs qui sont loin de s'accorder sur ce qu'ils désirent! Pour satisfaire celui-ci, il faut déplaire à celui-là; les gens maigres ont toujours trop froid; les gens gras ont toujours trop chaud; et pendant que les hommes relèvent le collet de leur habit, les dames jouent de l'éventail avec acharnement; puis le machiniste du cintre qui ouvre un châssis pour regarder la lune; puis le monsieur qui cause, en tenant ouverte la porte de sa loge; puis les retardataires qui font passer des vents coulis successifs... Comment voulez-vous qu'un pauvre ingénieur, chargé de régulariser chaque soir le fonctionnement de cet appareil, soit à la fois partout et n'oublie pas de faire tirer une ficelle?

D'ailleurs, remarquez que l'établissement du chauffage et de la ventilation n'a pu être terminé que la veille du jour de l'ouverture, et qu'il a été livré sans aucune expérience préparatoire; de sorte que les modifications qui ont été tout de suite reconnues nécessaires ont dû se faire quasi au milieu du public; puis qu'ensuite, une fois l'Opéra remis aux mains de M. Halanzier, je perdais tout droit de contrôle, et que je ne pouvais qu'officieusement combiner avec M. d'Hamelincourt les petites corrections à apporter au grand aménagement. Cela pourtant s'est fait graduellement, et aujourd'hui je ne pense pas qu'il y ait un seul théâtre où l'on respire plus à son aise, et où les courants d'air soient moins fréquents. Je ne parle pas, bien entendu, de ceux qui se produisent lorsque l'on ouvre une porte de loge; cela est inévitable en pratique, à moins de surchauffer le corridor à vingt ou vingt-cinq degrés, ce qui serait intolérable. Dans toute salle de théâtre, la température s'élève pendant le cours de la soirée d'une façon assez notable, quels que soient les moyens employés pour combattre cette augmentation de chaleur; il n'en est pas de même des espaces qui l'entourent, qui ont un volume, un cube plus grand que le sien, qui sont moins éclairés, et par suite moins échauffés, et dans lesquels enfin le public ne séjourne guère, ce qui n'ajoute pas encore à la chaleur initiale. Il est donc naturel que, lorsqu'une ou plusieurs portes des loges viennent à s'ouvrir, l'air du corridor pénètre dans la salle avec d'autant plus de violence qu'est grande la différence des deux températures. On peut pallier un peu à cet inconvénient; mais on ne saurait l'éviter entièrement qu'en chauffant outre mesure les locaux qui environnent la salle. Demandez cela aux directeurs! vous verrez ce qu'ils vous répondront, et si même ils paraissent être de votre avis, vous verrez ce qu'ils feront!...

Ce phénomène d'entrée de l'air relativement froid dans la salle pendant les entr'actes, là où les portes s'ouvrent, me remet en mémoire cette critique qui a fait naturellement le tour de la presse, que ce qui était contraire à l'acoustique de l'Opéra était que le courant établi dans la salle, au lieu d'aller de la scène aux loges, allait, au contraire, des loges vers le théâtre, et l'on donnait pour preuve de cette assertion que, pendant les entr'actes, le rideau se gonflait en forme de cuvette, de façon à présenter à la salle sa surface concave. « Vous voyez bien, disait-on, que le courant est le contraire de ce qu'il devrait être, puisqu'il est assez fort pour repousser le rideau là où il devrait l'attirer. » Ce que j'ai dit, et que tout le monde sait du reste, de l'entrée de l'air dans les salles par les portes des loges, suffit, je pense, pour faire sourire de l'explication donnée. Mais si ces grands physiciens avaient fait leur expérience pendant que tout est encore fermé dans la salle, ils auraient bien vu que la cuvette ne se produisait plus, sinon souvent du côté opposé à celui qu'ils avaient remarqué; la salle étant en général plus chaude que la scène ; c'est de cette scène vers la salle que de légers courants se produisent, en attendant que l'équilibre soit accompli.

De tout cela il résulte qu'à proprement parler, il n'y a pas de bons ou de mauvais systèmes dans la ventilation et le chauffage, lorsque ceux qui sont établis permettent de graduer les effets depuis la nullité jusqu'à l'excès, et que c'est principalement dans la mise en œuvre des appareils que gît la difficulté. C'est pour cela, qu'ainsi que je le disais en commençant, le point capital est de ne point compliquer trop le jeu des registres, et que le moyen le plus simple est souvent d'en condamner sinon tout, au moins une notable partie. Je m'arrête ; car je vois les ingénieurs civils, experts en ces sortes de construction, qui vont me traiter d'ignorant, tandis que plusieurs vont me jeter à la tête leurs systèmes perfectionnés, dont je ne dis certes pas de mal, mais que je me permets pourtant de ne pas trouver tout à fait infaillibles, en ce qui touche spécialement à la ventilation, c'est-à-dire à l'entrée de l'air pur et à la sortie de l'air vicié.

Je commence à être de l'avis de presque tous les

médecins qui, en fait de ventilation, trouvent que ce qu'il y a de mieux, c'est de ne rien faire du tout et d'avoir seulement de temps en temps les fenêtres toutes grandes ouvertes.

Maintenant est-il bien nécessaire d'expliquer en détail le système de chauffage et de ventilation de l'Opéra? Je ne le crois pas; les planches annexées à ce texte indiquent suffisamment l'emplacement des calorifères, la sortie des bouches et les conduits de diverses natures. Je dirai seulement que le chauffage est de deux sortes : à l'air chaud pour les foyers, galeries, escaliers, etc., et à l'eau chaude pour la salle et la scène. Ce dernier moyen, qui a l'inconvénient d'être plus long à mettre en action que le premier, a l'avantage de donner une chaleur moins sèche, ce qui est fort important, surtout pour la scène, où il faut bien ménager la gorge du chanteur. Quant à la ventilation, l'air pur arrive par les planchers des balcons et part un peu de tous les côtés. Dans le principe, et d'après le projet, cet air vicié devait s'en aller par le fond des loges et par des orifices placés sous chaque siége de l'orchestre. C'était là la plus belle réunion de courants d'air qui ait existé; j'ai bouché, avant l'ouverture, tous les trous du plancher bas, et depuis l'ouverture j'ai laissé fermés les orifices du fond des loges. C'est, en somme, par la cheminée du lustre que s'échappe la plus grande partie de l'air, ce qui est plus logique et plus facile. Les grandes conduites qui passent dans les murs de la salle et vont se réunir au bas de la cheminée du lustre sont donc presque inutiles. Je m'en doutais bien en les laissant exécuter; cependant, comme il faut bien avoir l'air d'avoir fait une chose qui serve, je m'empresse de montrer aux visiteurs ces grands tubes en tôle, d'un aspect menaçant, en leur disant qu'ils sont destinés à la ventilation. Il y a bien peu de gens qui, en voyant ces engins singuliers, ne se disent qu'une chose si développée doit avoir un puissant effet, et ils s'en vont convaincus que la ventilation est excellente. Je suis de leur avis ; je l'ai déjà indiqué, et je trouve aussi excellente cette ventilation ; mais ce n'est pas tout à fait à cause de ces gros tuyaux qui ne servent guère que pour les orifices des voussures de la salle, et qui m'ont donné bien du tracas à établir et à suspendre.

Mais remarquez bien que je ne veux pas en dire de mal! ils sont combinés de façon à être d'accord avec la théorie qui a conduit les premières études du projet ; ils avaient donc pour eux le patronage des gens compétents, et il faut croire que c'est de ma faute si l'air, qui y est renfermé, a plutôt une tendance à entrer qu'à sortir. Que les promoteurs des systèmes par insufflation ne s'arment pas trop de ces paroles pour combattre le système par appel de M. d'Hamelincourt et de M. le général Morin ; ils auraient sans doute fait autrement ; mais ils n'auraient pas fait mieux. M. d'Hamelincourt était, en résumé, fort expert en son art, et s'il a construit divers appareils selon moi inutiles, je me plais à constater qu'il en a construit bien d'autres très-savamment et très-économiquement combinés et pour lesquels il n'y a que des éloges à donner.

C'est sur ces mots que je veux rester, afin que les ingénieurs civils sachent bien que nul plus que moi ne reconnaît leur grand mérite ; j'envie bien souvent leur savoir et leur expérience, et crois que ces praticiens habiles et savants tiennent une des meilleures places dans la pléiade des gens de valeur dont s'honorent la science et l'industrie. Mais, que voulez-vous? l'air est un peu parent de ce chien de Jean de Nivelle!

DE L'ÉCLAIRAGE

L'éclairage d'un théâtre, j'entends surtout l'éclairage de la salle et celui de la scène, occupe une place très-importante dans ce genre d'édifices et doit préoccuper vivement l'architecte qui le construit. Il est à peine besoin d'expliquer ce fait; il suffit de rappeler qu'au théâtre tout est illusion et artifice. Pour rendre cette illusion aussi complète que possible, il faut que le drame représenté soit accompagné logiquement de tous les effets physiques qu'amènent le dialogue et l'action. Suivant les phases du drame, les yeux doivent ou peuvent subir successivement l'impression de la nuit, du grand jour, d'un coucher de soleil, d'un clair de lune, d'un incendie, etc.

La production de ces effets alternatifs ne pouvant s'obtenir par la seule lumière du soleil, qui fait toujours défaut aux heures choisies maintenant pour les spectacles, doit être entièrement due à un mode d'éclairage artificiel et aux moyens de manœuvrer les engins qui lui sont propres. Ces moyens ont exigé de longues études, des recherches continuelles, et, bien que l'on ne soit pas encore arrivé à la perfection, il faut reconnaître que déjà la science, unie à une longue expérience des effets scéniques, a produit des appareils ingénieux et des dispositions multiples qui fournissent des résultats excellents, surtout si on les compare aux anciens errements.

Nous sommes loin aujourd'hui des chandelles que, du temps de Molière, on venait moucher sur la scène pendant la représentation, et loin encore du godet rempli d'huile dans lequel trempait une mèche infecte et fumeuse. Les progrès réalisés par Quinquet, puis par Carcel, ont été bien dépassés par l'emploi du gaz de houille, et si l'on voulait maintenant remplacer les milliers de becs qui s'allument en quelques minutes dans n'importe quel théâtre, même de second ordre, par un nombre égal de lampes les plus perfectionnées, on arriverait à une impossibilité pratique, qui remettrait la question de l'éclairage scénique presque à son point de départ.

Il se peut qu'à l'avenir cet éclairage par le gaz soit encore modifié, et remplacé par la lumière électrique, la chose n'est peut-être pas loin ; mais, au moment où j'écris, il faut constater seulement la puissance de cette nouvelle lumière, étudier les moyens qui peuvent lui permettre d'être employée dans les rampes, les herses et les portants, et surtout ne pas s'empresser de rejeter, pour courir un peu à l'aventure, les procédés d'éclairage au gaz qui ont contribué, pour leur grande part, aux progrès réalisés dans la mise en scène du théâtre.

Je poursuis plus que personne l'étude de cet éclairage électrique; je crois à sa réussite future; mais en l'état actuel, ce système doit encore s'effacer devant l'éclairage au gaz. D'ailleurs, je dois laisser un peu l'avenir de côté, puisque c'est du présent ou plutôt du passé que je m'occupe en parlant de l'éclairage de l'Opéra, et c'est donc de la disposition que j'ai adoptée que je veux avant tout vous entretenir.

Il est vrai que l'éclairage au gaz se réduit dans son principe d'exploitation à peu de chose : production du combustible, tuyaux d'arrivée et brûleurs. Je n'aurais donc rien à dire sur ce sujet si, pour un théâtre, il n'y avait là quelques particularités intéressantes, et qui peuvent donner lieu à quelques utiles indications. Comme, en résumé, avec le concours de MM. Lecoq frères, j'ai étudié avec un soin extrême toute cette grave question de canalisation, et que l'Opéra, par ses dimensions, a permis d'installer les appareils avec ampleur, en décrivant de mon mieux les engins mis en œuvre, j'indiquerai ainsi à peu près de quoi se compose pratiquement l'ensemble d'un système d'éclairage adapté à un grand théâtre. Je crois alors que quelques-uns de mes lecteurs, non encore initiés à cette branche de la construction, seront peut-être fort aises d'apprendre à quelles combinaisons multiples il faut se livrer, et quelle quantité de besoins il faut prévoir, pour installer et faire manœuvrer sans danger plus de dix mille becs de gaz, et pour réaliser instantanément les effets de lumière les plus compliqués, sans qu'on aperçoive jamais la main qui les produit.

Il est inutile de parler de l'éclairage extérieur, sinon pour dire qu'il n'est pas tout à fait suffisant et qu'il serait bon de compléter les appareils, dont une partie a été ajournée faute d'argent. Cela se fera-t-il plus tard? j'en doute un peu maintenant, puisque mes demandes à ce sujet n'ont pas abouti.

C'est donc seulement de l'éclairage intérieur que je

voudrais m'occuper; mais, pour bien indiquer de quelle façon tout l'ensemble de ce service est installé, il faudra sans doute que j'entre dans quelques détails un peu techniques. Je ferai pourtant de mon mieux pour être compris, même par les personnes peu familiarisées avec ce genre d'opérations.

Ce qu'il faut avant tout ménager, c'est, on le comprend, l'arrivée facile du gaz. A cet effet une grosse conduite souterraine entoure tout l'Opéra, placée sous les trottoirs qui longent la balustrade extérieure, et en contournant tout le périmètre. Cette conduite, qui par sa dimension fait office de réservoir et de régulateur, est alimentée par tous les gros branchements de la Compagnie du gaz, installés dans le quartier, de sorte qu'en cas d'interruption momentanée de l'un de ces gros branchements, les autres puissent servir amplement à assurer la distribution régulière du gaz.

Sur cette conduite de ceinture extérieure, sont pris dix branchements souterrains de $0^m,162$ de diamètre, qui vont rejoindre, par le plus court chemin possible, les dix compteurs placés dans les caves de l'édifice. Avant la traversée des murs périmétriques, les branchements sont munis chacun d'un robinet de même dimension, placé dans un regard en maçonnerie, recouvert d'un tampon en fonte. Ces regards, accessibles en tout temps, sont de dimensions calculées pour qu'un homme y descende facilement sans l'aide d'une échelle, de sorte que, dans le cas où, pour une cause quelconque (un incendie par exemple) on voudrait supprimer l'arrivée du gaz, on pût en quelques instants fermer les robinets sans pénétrer dans l'intérieur du monument.

Ces robinets méritent une mention spéciale. Dus à l'invention de M. Lerévérent, inspecteur de la Compagnie parisienne, ils présentent, au point de vue de la manœuvre, une facilité et une sécurité incontestables. Le graissage des gros robinets nécessite en effet l'enlèvement de la clef. On conçoit que, malgré le peu de durée de cette opération, il s'échappe par l'ouverture momentanément béante, une quantité considérable de gaz, qui, non-seulement se traduit en perte d'argent, mais surtout présente de graves dangers d'asphyxie pour l'ouvrier chargé de ce travail; sans compter les chances d'inflammation qui peuvent se présenter.

Pour obvier à ces inconvénients, ces robinets sont munis à chacune de leurs extrémités d'une petite boîte en tôle à rainures, qui permet, avant l'enlèvement de la grosse clef, d'introduire de chaque côté une petite vanne ou glissière, qui interrompt provisoirement l'écoulement du gaz et laisse, à l'abri de tout danger, nettoyer complétement toutes les parties du robinet. Seulement, comme il pouvait y avoir encore un inconvénient à ce que le gaz ne pût arriver à un instant donné par la conduite à inspecter, nous avons employé un système qui, tout en ne laissant passer qu'une petite quantité de gaz, en laisse encore entrer assez pour assurer le service permanent des veilleuses branchées sur le compteur recevant la conduite que l'on surveille. Il se compose simplement de deux petits raccords de tuyaux, reliés à la conduite d'arrivée un peu avant la jonction des robinets et à la conduite de distribution du compteur. Avant de placer les glissières, on ouvre un petit robinet installé sur ce raccord et la communication du gaz a lieu alors par ces tubulures supplémentaires pendant l'enlèvement de la clef du gros robinet. Quant au graissage de ce petit robinet, il s'opère sans danger; la section étant fort minime, il suffit d'un tampon de chiffon pour l'obstruer lorsque l'on en retire la clef. De cette façon, on voit que l'arrivée du gaz suffisant pour les petits services, est toujours assurée; quant à l'entrée générale, elle a lieu par les neuf autres branchements laissés libres pendant l'opération faite au dixième, et comme tous les compteurs peuvent communiquer entre eux, on voit qu'on ne peut craindre la moindre interruption dans le service général de la distribution immédiate du combustible.

Cette condition est également remplie pour le gaz ayant déjà pénétré dans l'édifice, en passant par les dix compteurs (6 de 1.000 becs et 4 de 800). Voici comment on est arrivé à ce résultat : Tous ces compteurs ayant à leur entrée et à leur sortie des robinets-vannes à vis, permettent de régler à volonté la quantité des mouvements du gaz ; ces compteurs, comme je viens de l'indiquer ci-dessus, sont reliés entre eux par une grosse conduite de $0^m.200$ de diamètre, conduite sans fin à joint mobile et à fermeture en caoutchouc, qui reçoit à volonté le gaz sortant de tous les compteurs à la fois, ou celui sortant de tel compteur que l'on désire. Cette addition ou cette division se fait au moyen de nombreux robinets et de valves en fonte qui, suivant leur fermeture ou leur ouverture partielle ou totale, permettent de régler la pression et d'équilibrer la production de chaque compteur. Il faudrait donc, pour qu'une interruption pût se produire, que les six compteurs, qui, ainsi que nous l'avons vu, sont reliés à tout le réseau de Paris, vinssent à manquer tous en même temps. On peut considérer la chose comme absolument impossible, et dès lors, le gaz alimenté par toutes les usines de la Compagnie, et pénétrant par dix entrées différentes, est, je pense, aménagé de façon à ce que jamais il ne vienne à manquer.

Voilà donc les grosses artères établies; il ne s'agit plus que de greffer sur elles les veines et les vaisseaux qui vont donner la vie, je veux dire la lumière, à tous les organes de l'édifice.

Cette greffe est faite sur la grosse conduite sans fin sur laquelle viennent se brancher toutes les colonnes montantes, desservant soit la salle, soit la scène, soit le foyer, soit l'administration; et il semble superflu de dire que pour ces colonnes spéciales, on a pris les mêmes précautions que pour les colonnes générales, c'est-à-dire robinets et vannes à tous les points utiles, tuyaux d'aides dans les points où ces deux engins peuvent parfois être enlevés momentanément, et communication facultative des colonnes côté *cour* et côté *jardin,* pour qu'en cas d'accident imprévu, un côté du théâtre puisse toujours desservir l'autre. — En ajoutant à cette description un peu ardue, que les colonnes et conduites desservant la salle et la scène ont des dimensions égales à la grosse conduite intérieure, afin qu'à un instant donné cette salle et cette scène puissent être alimentées par tous les compteurs à la fois, on voit que les précautions les plus minutieuses ont été prises afin de conjurer toute interruption dans le service de l'éclairage : mais là n'est pas encore l'agencement le plus typique de la canalisation de l'Opéra; car ces conditions de bonne installation peuvent se présenter plus ou moins dans d'autres établissements importants; ce qui constitue principalement la spécialité de l'éclairage d'un théâtre est le jeu d'orgue qui concentre toutes les arrivées des branchements et permet de produire et de régulariser à coup sûr les effets alternatifs de lumière et d'obscurité, indispensables dans toutes les scènes de premier ordre.

C'est de ce jeu d'orgue que nous allons nous occuper; mais il convient avant cela de désigner les diverses parties sur lesquelles il doit avoir son effet, et de voir la multiplicité de son office.

Il dessert donc le lustre et la couronne lumineuse de la salle, la rampe d'avant-scène, les herses, les portants et les rampes de terrains.

Quelques mots suffisent pour le lustre (qui est monté ou descendu au moyen d'un treuil et dont le poids mort est équilibré par quatre contre-poids à la différence de mille kilos près, laissés à la charge du treuil) : la conduite de gaz, gros tuyau de raccord en cuir, branché sur les colonnes montantes, est installée autour d'un tambour et qui s'enroule ou se déroule suivant que le lustre s'élève ou s'abaisse. Comme il ne s'agit pas en ce moment de la description de tout le système mécanique attaché au lustre et à ses accessoires, ce que je viens de dire suffit pour la question qui nous occupe. Je constaterai néanmoins que, malgré la simplicité théorique des principes adoptés pour la manœuvre, il y a eu à vaincre bon nombre de difficultés de toutes sortes, qui ont dû être étudiées avec grand soin et grande minutie.

Quant à la couronne lumineuse alimentée par une conduite sans fin, faisant le tour de la coupole, elle a été agencée de façon à ce que tous les becs dégageassent leur chaleur et leur fumée dans des tuyaux en cuivre qui les emportent dans le récipient commun allant rejoindre les cheminées d'appel de ventilation. De cette façon on a, autant que possible, évité la chaleur dégagée par ces becs et augmenté d'autant le tirage d'appel des conduits d'évacuation. Cette couronne dont, suivant moi, l'effet était agréable, a été allumée pendant quelques mois lors de l'ouverture de l'Opéra; puis elle ne l'a plus été que les jours de bal ou des premières représentations, et actuellement elle semble ne plus devoir l'être du tout. Je regretterais qu'il en fût toujours ainsi et j'espère qu'un jour ou l'autre, on en reviendra au moins au deuxième mode adopté; celui de l'allumage les jours de représentations spéciales.

La rampe d'avant-scène offre une particularité intéressante qui, si elle n'est plus tout à fait nouvelle puisqu'elle se présentait déjà à l'ancien Opéra, mérite néanmoins quelques mots de description. Je veux parler du renversement des feux qui, au lieu de s'élever comme d'habitude de bas en haut pour se diriger vers l'air libre au sortir des verres, descendent au contraire de haut en bas pour envoyer leur fumée et leur chaleur dans un conduit formant récipient général et sont dirigés ensuite par appel dans des tuyaux de ventilation installés *ad hoc*.

Ce système a amené sans conteste un progrès considérable dans la disposition des rampes de théâtres, non pas tant encore parce qu'il retire une grande portion de la chaleur que les anciennes rampes amenaient à la figure des artistes placés près de l'avant-scène, non pas tant non plus à cause des émanations qu'il soustrait à la salle, mais surtout parce qu'avec ce système, aucun incendie n'est plus à craindre et que les danseuses peuvent sans danger s'approcher des becs aussi près qu'elles le veulent sans que leurs jupes s'enflamment à ces feux menaçants, toujours prêts à consumer ce qui se trouve au-dessus d'eux. Non-seulement la main placée à quelques centimètres de l'orifice supérieur du tube, là où l'air fait son entrée pour alimenter les becs, la main, dis-je, ne ressent aucune chaleur ; mais on peut placer impunément au-dessus de cet orifice supérieur et le touchant absolument, les substances les plus inflammables, de la gaze, de l'amadou, des huiles minérales même, sans que celles-ci aient rien à redouter du feu de la rampe et cela non pas pendant quelques courts instants, mais bien pendant des heures entières, on peut même dire à perpétuité. On comprend dès lors quelle immense sécurité offre ce système et combien il est à désirer qu'il soit un jour plus communément employé. La dépense d'installation n'est pas au surplus très-considérable, et l'entretien n'est pas plus coûteux que celui des rampes à feux directs.

Cette rampe fut inventée, je crois, par MM. Melon et Lecoq (gaziers de l'Opéra). En tout cas, ce sont eux qui, les premiers, en ont fait l'application à Paris à l'ancien Opéra, alors que j'étais déjà l'architecte de cette salle, il y a une vingtaine d'années. Je me rappelle avec quel intérêt j'ai dirigé ou plutôt suivi ce travail, les objections que les artistes y ont faites tout d'abord, parce que cela semblait modifier un peu leurs habitudes ; puis enfin la faveur marquée qu'il obtint après quelques semaines de fonctionnement. Seulement, à cette époque, on craignait encore quelques extinctions accidentelles de ces feux renversés, et la rampe ancienne avait été conservée un peu en retraite de la nouvelle, et mise toujours au feu bleu, de façon à remplacer celle-ci en cas d'accident. Je dois dire que l'extinction est arrivée une fois dans le commencement, alors que le tirage n'était pas encore établi dans de bonnes conditions ; mais depuis lors, dès que l'appel a été régularisé, la rampe a fonctionné à merveille, et maintenant il n'est plus question d'une rampe de secours, reconnue complétement inutile.

Dans ce système, à part l'arrivée du gaz, qui se fait par le haut de la rampe, et l'appel qui se fait au-dessous d'elle, les mouvements d'élévation et d'abaissement de l'ensemble s'exécutent comme dans d'autres appareils, au moyen de pignons et de roues dentées, qui fonctionnent avec précision et sécurité; mais, ainsi que je l'ai dit à propos du lustre, je ne m'occupe pas ici de la question purement mécanique, et je me borne, en ce qui touche à la rampe, aux quelques mots d'explication générale que je viens d'écrire.

Après la rampe viennent les herses, au nombre de onze, une par plan ; ces herses tiennent toute la largeur de la levée et sont mues dans leurs ascensions et leurs descentes par des fils passant sur des tambours spécialement affectés à cet usage. La jonction de ces herses mobiles avec les colonnes montantes, en même nombre qu'elles, se fait au moyen de boyaux en cuir assez longs pour permettre la descente des herses de leur point de suspension le plus élevé jusqu'au niveau du plancher de la scène.

Quant aux portants, au nombre de vingt-deux, soit deux par rue, côté *cour* et côté *jardin*, ils sont aussi reliés aux colonnes montantes par des tuyaux un peu moins longs que ceux des herses et qui passent en dessous du théâtre, par des trous réservés à cet effet dans le plancher de la scène. Viennent enfin les rampes du terrain, qui varient suivant les circonstances, mais qui sont aussi au nombre de vingt-deux, soit deux moitiés par eur; leur assemblage avec les colonnes est le même que celui des portants.

Il va sans dire que ces canalisations de toutes sortes, qu'elles soient en fonte, en fer, en cuivre ou en cuir, sont toutes munies de robinets plus ou moins nombreux, servant à régler l'arrivée du gaz et à en interrompre au besoin le circuit.

Voilà donc les principales dispositions des appareils d'éclairage de la salle et de la scène qui tous aboutissent par des conduites séparées les unes des autres au jeu d'orgue, dont il est temps maintenant de s'occuper.

Disons avant tout que cet établissement est réellement d'une installation parfaite; que tout y est combiné avec soin et intelligence, et que cette partie de l'Opéra, inconnue du public, mérite l'attention des gens spéciaux et fait l'étonnement des quelques personnes qui sont admises à la visiter. Je puis bien déclarer cela sans crainte d'être accusé de vanité; car si j'ai eu ma petite part dans l'étude des dispositions de cet ensemble, c'est, en résumé, mes entrepreneurs, MM. Lecoq frères, qui peuvent d'autant plus s'en considérer comme les inventeurs, que dès le principe, c'est à eux que l'on doit l'introduction de cet utile mécanisme dans les premiers théâtres parisiens qui en ont été pourvus.

La mission du jeu d'orgue d'éclairage est, en ramenant sur un seul point tous les robinets commandant les becs variables du théâtre, de permettre à un seul homme de produire instantanément, et au moment désigné, tous les effets de lumière nécessaires à l'action. Cette opération se faisait autrefois par des robinets éloignés les uns des autres, ce qui ne permettait pas d'obtenir des effets rapides et simultanés. Dans les théâtres ordinaires, où ce système a d'abord été employé, le jeu d'orgue était installé sur le mur d'avant-scène du côté du théâtre ; mais à l'Opéra cette place est occupée par les loges de service, et d'ailleurs cet emplacement n'aurait pas suffi, puisque les appareils du jeu d'orgue occupent un développement de plus de dix mètres ; il a donc fallu chercher un autre poste, et c'est le dessous même de l'avant-scène qui a été choisi à cause de son développement en largeur et de sa position centrale. De cette pièce, à l'aide d'une petite niche réservée à côté de la loge du souffleur, le chef de l'éclairage peut surveiller l'ensemble des lumières sur la scène et dans la salle, commander aux hommes chargés du jeu d'orgue, et voir l'effet produit par chacune des manœuvres opérées.

La conduite générale intérieure de l'Opéra vient terminer son réseau au milieu même du théâtre et au-dessous du jeu d'orgue. Cette arrivée de la conduite se fait dans un tuyau de grande dimension, dont la section est égale à la somme de celles des diverses arrivées, et qui, par sa capacité, remplit ainsi l'office de réservoir de gaz, devant toujours contenir en excès la consommation qu'il doit alimenter. C'est de cette conduite, de ce réservoir plutôt, que partent deux branchements principaux se dirigeant l'un du côté *cour*, et desservant spécialement le scène, l'autre du côté *jardin,* et desservant exclusivement la salle. Chacun de ces branchements est muni d'un robinet en cuivre, à papillon. Les tiges de ces papillons sont reliées à deux tringles mobiles, suivant le mur d'avant-scène, et dont les extrémités, arrivant dans la pièce du jeu d'orgue, s'engrènent sur deux roues en cuivre graduées. En manœuvrant ces deux roues, on fait, soit instantanément, soit graduellement, la nuit ou le jour sur la scène et dans la salle; de plus, un système de clavetage permet de réunir à volonté ces deux roues à une troisième, placée au milieu d'elles. En manœuvrant alors cette dernière roue, on peut d'un seul coup faire la nuit à la fois dans la salle et sur la scène.

Cependant si là se bornait le mécanisme du jeu d'orgue, il pourrait advenir qu'en tournant trop la roue motrice, on arrivât à éteindre absolument tous les becs, au lieu de les baisser seulement; aussi, pour éviter cet inconvénient, le système est doublé d'un accessoire qui garantit les flammes de toute extinction involontaire. A cet effet, chacun des robinets à papillon est accompagné d'un autre robinet dit robinet de secours, d'un diamètre beaucoup plus petit que le robinet général et qui reste toujours ouvert et maintenu à un point réglé d'avance, en ne laissant passer ainsi par son ouverture que la quantité de gaz nécessaire pour que les flammes brûlent toujours au bleu, c'est-à-dire soient à la position qu'elles doivent occuper pour produire la nuit dite complète, telle qu'elle se manifeste au théâtre. De cette façon, on ne peut craindre un mouvement trop brusque de la roue initiale, puisque les feux bleus sont toujours assurés et empêchent une extinction complète.

Ceci a trait à la manœuvre générale; mais il faut que le jeu d'orgue réponde à d'autres besoins. Si le plus souvent cette manœuvre générale est requise, il se présente très-fréquemment des cas où elle est plus compliquée et doit être divisée. Ainsi, on peut avoir à produire une nuit graduelle, qui commencera par le lointain du théâtre, pour gagner l'avant-scène, et réciproquement on peut avoir à produire une nuit complète à la scène et laisser la lumière entière à la salle; on peut, en cas de changement à vue, avoir un salon à la nuit et derrière ce salon un éclairage complet, à plein feu, qui apparaisse instantanément au moment où les premiers décors seront enlevés; puis, enfin, on peut avoir besoin de feu à tel ou tel portant seulement, à telle ou telle herse ou à telle ou telle bande de terrain, de sorte qu'en résumé, tous les conduits dont j'ai parlé plus haut doivent pouvoir s'actionner, soit séparément, soit par groupes, soit simultanément. Ces combinaisons sont donc multiples, et pour y satisfaire il faut une division des services beaucoup plus grande que celle qui se rapporte à la manœuvre générale.

Pour cela, on a installé autant de robinets de manœuvre qu'il y a de conduites différentes; tous pouvant agir séparément ou se relier au besoin avec ceux de leur groupe et avec ceux des groupes différents, de façon qu'une seule manœuvre suffise pour actionner tous les appareils requis.

Ces robinets de manœuvre sont tous disposés de même; de sorte qu'il suffira d'en décrire sommairement un pour faire connaître tous les autres. La seule différence qui existe entre eux est relative à la section des conduites qu'ils déversent.

Placée près du sol, la clef de ce robinet est munie

d'un long levier en fer, pouvant décrire un quart de cercle. L'extrémité de ce levier, portant une poignée, s'engage dans une rainure ménagée au milieu d'un cadran gradué, sur lequel il se fixe au moyen d'une vis de pression, et cette vis se serre lorsque le levier est dans la position qu'il doit occuper pour donner le degré de lumière voulue. Ce robinet, comme tous ceux employés dans le jeu d'orgue, est doublé d'un second robinet de secours, d'un diamètre plus petit, semblable à celui dont j'ai déjà parlé pour les conduites générales, et qui est réglé d'avance, de façon à maintenir la flamme au bleu lorsque la clef principale est fermée.

Toutes ces manœuvres se font sur l'ordre du chef d'éclairage, à l'instant de les effectuer; mais les intensités de lumière sont réglées d'avance et inscrites pour chaque pièce sur un tableau, indiquant les numéros de robinets qui doivent être mis en mouvement et les numéros des cercles gradués où les leviers de ces robinets doivent s'arrêter. Tout est indiqué clairement sur ces tableaux : les paroles où doivent commencer les manœuvres, la durée des mouvements, les intensités, etc. Au surplus, comme les hommes chargés de ce travail ont répété leurs opérations comme les artistes répètent leurs rôles, ils savent déjà ce qu'ils doivent faire sans même consulter le tableau, qui ne leur sert pour ainsi dire que de souffleur écrit, si par hasard ils oubliaient quelques points de leurs manœuvres.

Tout se passe donc chaque soir d'une façon régulière et presque automatique et l'on voit, par la description que je viens de donner du jeu d'orgue combien cet appareil, ou plutôt cette suite d'appareils, simplifie le service et donne toutes les conditions de garanties désirables au fonctionnement précis de l'éclairage d'un théâtre.

Je ne me dissimule pas que ce que je viens de dire est beaucoup trop long, ou beaucoup trop court; trop long pour être agréable; trop court pour être utile. Comme je ne sais maintenant comment diminuer ce chapitre, je prends le parti de l'allonger en parlant de quelques essais d'éclairage, faits ou à faire, avec diverses lumières autres que celle du gaz de houille.

Les principales expériences ont eu lieu avec la lumière électrique; elles ne sont pas encore concluantes; néanmoins il faudra les poursuivre, et il est probable qu'alors nos études pourront être profitables à la question.

Mais il faut diviser en deux sections bien distinctes cet éclairage électrique, et l'adapter d'une part à la salle et à la scène, et de l'autre aux foyers, aux escaliers et aux grandes galeries de communication. Quant à cette dernière section, il n'y a pas de difficultés bien réelles et l'on peut dire à l'avance que cet éclairage pourrait être adopté à l'Opéra avec quelques précautions et modifications, telles par exemple que la coloration de la lumière au moyen de verres ou de réflecteurs teintés.

Le changement des charbons peu nombreux, la disposition des brûleurs, tout cela est très-pratique et il n'y a guère, avant de prendre une décision, qu'à étudier encore pendant quelque temps les divers procédés mis en œuvre actuellement pour la production de la lumière électrique. Il y a également aussi celle de l'économie ou de la plus-value réelle qui doit se présenter. Cette question est encore difficile à résoudre, attendu que chaque inventeur prétend que son système est moins cher que celui du voisin, et surtout moins cher que celui de l'éclairage par le gaz. Mais cette assertion ne me semble pas encore tout-à-fait démontrée, car elle repose surtout sur la comparaison des intensités des deux lumières rivales. Or, il ne faut pas, en pratique, s'en tenir toujours aux appareils de laboratoire, et je suis convaincu que les chiffres présentés doivent subir de notables différences lorsque, au lieu d'un foyer tout seul, mis en comparaison avec un bec de gaz ou une lampe carcel, c'est un ensemble de foyers que l'on installe d'une façon plus ou moins rationnelle.

Il faut bien se dire que ces foyers électriques ne pouvant être supportés directement par la vue, perdent considérablement de leur pouvoir éclairant, trente ou quarante pour cent, lorsqu'ils sont munis d'écrans ou de verres dépolis. Il faut bien se dire aussi qu'une lumière très-brillante, installée en un seul point, tout en pouvant éclairer parfaitement une salle, tend à la rendre cependant moins lumineuse d'aspect, par la comparaison immédiate qui se fait pour les yeux avec les parois de cette salle et la lumière intense du foyer. Il n'y a qu'en cachant celui-ci aux regards, que les parois reprennent toute leur valeur lumineuse.

Néanmoins, s'il y a à étudier encore, on doit être convaincu qu'un jour ou l'autre on arrivera à un résultat des plus satisfaisants; et, quant à moi, je ne laisse passer aucune occasion de me rendre compte de tous les systèmes produits et d'emmagasiner dans mon esprit tous les avantages et les inconvénients que je leur reconnais, afin de pouvoir, à un instant donné, appuyer les propositions définitives que je ferai au ministère de toutes les raisons qui militeront en faveur du procédé choisi.

Aujourd'hui, bien que j'aie déjà des opinions assez nettement arrêtées sur le plus grand nombre des moyens mis en œuvre pour produire la lumière électrique, je craindrais de me prononcer encore sur leurs valeurs comparatives, et je considère, pour l'instant, que les procédés Jamin, Jablochkoff, Lontin, Werdermann, etc., sont tous aptes à donner de bons résultats dans telles ou telles conditions.

Quoi qu'il en soit, je poursuis l'étude de ces procédés, parce que je désire que bientôt la lumière électrique soit installée, au moins dans le foyer de l'Opéra, afin de soustraire les peintures de Baudry, celles de Barrias et celles de Delaunay aux émanations d'hydrogène sulfuré qui, sans avoir encore altéré ces peintures, tendent néanmoins à les faire se recouvrir d'une couche brune, qui en retire la vivacité et la fraîcheur.

C'est donc vers ce point que d'abord je voudrais conduire l'administration des travaux publics; mais il faut pour cela être d'accord avec celle des Beaux-Arts, et, si j'en juge d'après certains indices, je crains que cet accord ne soit encore quelque temps à se produire. Il faut en effet compter avec la direction du théâtre, et il est naturel, avant tout, que M. Vaucorbeil ne désire pas payer de supplément de lumière et trouve avec raison qu'il en a assez avec 300,000 fr. par an. De leur côté, les deux ministères ne semblent pas disposés à payer le supplément qui se produirait vraisemblablement, malgré les offres de rabais faites par diverses compagnies. Il est en effet possible, qu'une fois les appareils fournis et établis : machine à vapeur et machine magnétique, les prix de revient soient en faveur de la lumière électrique; mais il faut toujours faire les frais de premier établissement, et c'est là, pour le moment, le bâton qui se met dans les roues qui paraissent prêtes à tourner.

De plus, le directeur de l'Opéra craint que si le foyer devient par trop lumineux, la salle, déjà un peu sombre, ne paraisse encore plus obscure ; il faudrait donc d'abord éclairer davantage la salle, avant de s'occuper du foyer ; mais là, l'inconvénient devient encore plus manifeste : si l'on éclaire plus la salle, la scène semblera avoir moins de clarté, et comme c'est là, en somme, le critérium de tout effet scénique, il faudra donc à nouveau commencer par éclairer plus vivement la scène.

De déductions en déductions, on arrive donc à ceci : c'est que dans l'intérêt des peintures du foyer il est utile de commencer par ce foyer pour l'installation de la lumière électrique, et que, dans l'intérêt des représentations, il est utile de finir par lui. Quant à moi, qui pense que l'on peut en tout cas régler facilement la lumière électrique de façon à ne pas lui donner une intensité générale d'éclairage plus grande que celle du gaz, je crois que l'on pourrait fort bien commencer par l'éclairage du foyer, si on se tenait dans ces conditions. Mais ma situation est assez délicate, et, ne voulant élever aucun conflit entre deux administrations, ou plutôt entre le directeur de l'Opéra et les artistes qui ont décoré l'édifice, je ne puis que faire des vœux pour que bientôt on puisse éclairer la scène avec intensité, et cela, non-seulement dans des conditions d'économie, mais encore avec des moyens pratiques, ce qui, en ce moment, me semble assez difficile.

En effet, si on se rapporte à ce que j'ai dit de la nécessité qu'il y a que les feux d'éclairage de la scène et de la salle puissent varier d'intensité en passant par tous les degrés successifs de lumière, on voit qu'il faut que cette condition de gradation lumineuse soit absolument remplie par les foyers électriques. Or, en l'état actuel, cela ne se peut encore. On peut bien éteindre les charbons ou les rallumer, et cela dans quelques systèmes seulement ; mais aucun de ceux produits jusqu'à présent, ne peuvent modifier directement l'intensité de leurs foyers : la lumière est nulle ou éclatante. De là, impossibilité complète de l'emploi sur la scène d'un théâtre. J'entends que la modification ne peut avoir lieu par changement sur les becs eux-mêmes ; car il est vrai que l'on pourrait, au besoin, en éteindre un d'abord, puis un ensuite, puis un autre, de façon à arriver de la pleine lumière à l'entière nuit ; mais quelle complication énorme ! quelles difficultés insurmontables ! Puis pour arriver à ce résultat, on pourrait aussi masquer les foyers par des écrans de plus en plus épais, complication presque aussi forte, et qui, si elle était ramenée à sa plus simple méthode, ne serait que le retour aux procédés imparfaits employés pour les becs à huile. Ce serait un progrès à l'envers !.

Le mieux serait encore d'employer les foyers tels qu'on le fait maintenant dans un grand nombre de théâtres, lorsqu'il s'agit d'éclairer le ballet au moyen de feux électriques, plus ou moins tamisés et croisés, qui donnent un effet satisfaisant ; mais à la seule condition qu'ils soient accompagnés et soutenus par la lumière du gaz. Ce ne serait donc pas une substitution, mais seulement une adjonction qui deviendrait fort coûteuse, si elle se continuait pendant toute la soirée, et qui, au surplus, par cette continuité même, empêcherait des effets plus puissants de se produire à des instants donnés. Si l'on retirait le gaz pendant que les foyers électriques donnent, on aurait alors des lumières trop crues et trop intenses, et en résumé, on n'arriverait qu'à un résultat bien moins satisfaisant que celui que l'on obtient actuellement avec le gaz de houille.

D'ailleurs il faut penser à la difficulté, à l'impossibilité presque, de placer chaque soir tous les accessoires nécessaires aux herses, aux portants, à la rampe, etc. Le service serait toujours à faire et un oubli quelconque pourrait amener une interruption d'éclairage. Puis il faudrait à l'Opéra pour faire fonctionner tous les foyers utiles, un nombre assez considérable de machines à vapeur. Les tuyaux d'évacuation manqueraient pour la plupart, et il deviendrait bien difficile d'actionner tous les engins. Enfin, comment, sans interrompre les représentations, opérer le changement radical de tous les appareils au gaz par des appareils électriques?

Ce sont là des points très-importants, et ce ne sont pas encore les seuls qui montrent que l'éclairage des scènes théâtrales par les foyers électriques n'est pas encore arrivé à maturité, et qu'il serait fort imprudent de prétendre à changer tout d'une pièce les choses existantes, pour les remplacer par des choses nouvelles.

D'ailleurs on peut être un physicien parfait et n'être pas tout à fait compétent dans les opérations théâtrales, et ceux qui réunissent ces deux conditions, comme M. Lecoq, qui a installé tout le gaz de l'Opéra, et qui est maintenant administrateur de la Compagnie Jablochkoff, et M. Dubosq, qui depuis quarante ans fait à l'Opéra la lumière électrique de la scène, sont loin de prétendre encore à la possibilité pratique d'adapter leur système à l'éclairage continu de la scène. Lorsque M. Lecoq, qui est pourtant fort disposé à faire triompher ses idées, et que M. Dubosq, cet éminent physicien qui ne serait certes pas fâché d'attacher son nom à cette nouvelle entreprise, lorsque les personnes compétentes et intéressées à la réussite hésitent, et en somme reconnaissent que la question est encore prématurée, il devient difficile de se leurrer d'un espoir immédiat et on ne peut que continuer les études et les expériences qui amèneront peut-être un jour à une heureuse solution.

En attendant, ce n'est pas à l'Opéra que peuvent se faire de prime-abord ces expériences complètes de l'éclairage de la scène. Il faut, avant de bouleverser tout un système si bien installé, commencer par des essais de moindre importance; c'est donc par de petites scènes que l'on devra d'abord essayer les nouveaux systèmes et leur donner le temps d'affirmer leur valeur et leur supériorité; puis ensuite on pourra les installer dans d'autres théâtres un peu plus grands; puis enfin, c'est lorsque toutes ces installations auront bien réussi que l'on verra alors s'il y a avantage et possibilité à leur donner droit d'entrée à l'Opéra. Il ne faut pas que les inventeurs se fassent illusion sur ce point; car je ne sais qui oserait prendre sur lui la responsabilité d'un tel bouleversement sans être absolument certain des avantages qu'il pourrait procurer.

Donc, en résumé, et en l'état actuel : possibilité d'éclairer électriquement les foyers et les escaliers; impossibilité d'agir de même pour la scène. Telle est du moins mon opinion sincère, qui comprend en outre le désir d'expérimenter cette lumière au grand foyer dans l'intérêt de la conservation des peintures qui le décorent.

Il n'y a pas que la lumière électrique qui cherche à faire concurrence à l'Opéra à celle du gaz de houille. Deux autres procédés différents ont été aussi proposés, qui offrent quelque intérêt :

Le premier est dû à M. Brun, ingénieur civil, qui amène un courant d'oxygène à la pointe d'un crayon, et qui lui donne ainsi une combustion éclatante, égalant à peu près celle de la lumière électrique. L'avantage de ce procédé, c'est que la lumière peut être graduée à volonté : en effet, suivant la quantité d'arrivée du gaz oxygène, le crayon brûle au rouge sombre ou bien au blanc vif; de sorte que par le simple mouvement de la clef d'un robinet, on obtient toutes les variétés d'intensité ; mais il y a toujours la question des crayons à poser et à retirer et la difficulté d'agencer tout ce système un peu compliqué; je ne pense donc pas que là encore se trouve la solution ; néanmoins, comme le procédé est ingénieux, je compte faire encore quelques expériences en maintenant toutefois mon opinion, qu'en cas même de réussite, ce n'est pas à l'Opéra que l'installation première se devrait tenter.

Le second procédé est celui du remplacement du gaz de houille ordinaire par un gaz riche hydro-carburé. Ce gaz dont le pouvoir éclairant est certainement cinq ou six fois au moins plus grand que celui du gaz de houille, n'est pas tout à fait nouveau; mais il y avait quelques difficultés à le produire. M. Gapiau est parvenu à en rendre la fabrication plus facile et, par suite, à en rendre l'emploi plus pratique. Je n'ai pas à décrire ici le procédé employé; cela me mènerait trop loin ; je dirai seulement que les huiles essentielles qui doivent procurer le combustible se divisent en gouttelettes infinitésimales avant de tomber sur la cornue de distillation, qui les transforme en gaz prêt à être employé.

Si on analyse ce gaz, on se rend compte qu'il ne contient aucun atome d'acide sulfureux ; de là, avantage incontestable sur le gaz de houille, en ce qu'il ne détériore ni la peinture ni la dorure. De plus, ce gaz paraît dégager moins de chaleur ; de sorte que, si des expériences plus concluantes ne viennent pas à montrer quelque inconvénient non signalé, ce nouveau combustible aurait sans conteste de grands avantages sur l'ancien : lumière bien plus grande, chaleur moindre et absence de principes délétères.

Cela une fois reconnu, le plus grand avantage pratique qu'il y aurait encore, c'est que rien ne serait à modifier dans la canalisation actuelle de l'Opéra. Il suffirait seulement de supprimer ou d'aveugler cinq becs sur six, ou bien de changer le numéro de tous les becs, de façon à ce qu'ils laissassent passer moins de lumière chacun, cette lumière étant, ainsi qu'il est dit, fort supérieure à celle du gaz de houille.

Les inventeurs de ce procédé prétendent également que l'économie est de leur côté. De cela, je ne suis pas encore bien certain ; mais enfin, il est possible qu'il n'y ait pas grande différence dans les prix de revient.

J'ai fait sur ce gaz diverses expériences à l'Opéra, et j'ai reconnu par moi-même la vérité des avantages décrits ci-dessus. Il semblerait donc que ce dernier système eût chance de réussite, et même, chance de réussite immédiate à l'Opéra, parce qu'il ne s'agirait que de remplacer un gaz par un autre, sans rien modifier aux appareils distributeurs existants.

Mais! il y a un grand *mais!* la difficulté est d'éclairer la lanterne. En effet, si l'on peut au besoin installer à l'Opéra même un petit gazomètre (ce qui ne me paraît pas sans danger), pour un éclairage de peu d'importance, il serait indispensable pour éclairer tout l'édifice et même seulement la scène, de construire hors Paris un gazomètre de grande dimension. Cela peut se faire à la rigueur; mais ce gazomètre construit resterait alors inactif, attendu que la Compagnie générale du gaz a le monopole exclusif des traversées souterraines des rues de Paris, et naturellement s'opposerait à ce que n'importe quel rival plaçât des conduites à côté des siennes! Les producteurs du nouveau gaz seraient donc dans la position d'un homme qui, ayant à monter un chargement du rez-de-chaussée au cinquième étage, trouverait, en guise d'escalier, un mur hérissé de bayonnettes!

Il y a bien un article dans le cahier des charges de la Compagnie qui donne au Conseil municipal le droit d'imposer à la Compagnie l'emploi de procédés nouveaux constituant un réel progrès dans l'éclairage; mais tout cela est bien aléatoire. La Compagnie est puissante; les termes de l'article peuvent donner lieu à interprétations diverses, et il y a gros à parier que le gaz Gapiau, qui fonctionne déjà en partie dans quelques petites villes, est pour longtemps exilé de Paris et par suite de l'Opéra.

Dans tous les cas, si le directeur du théâtre n'y met pas d'opposition, je me propose de faire faire à nouveau d'autres expériences sur les herses actuelles. Si le résultat est définitivement bon, eh bien! j'en poursuivrai une étude encore plus sérieuse et soumettrai à l'administration compétente le résultat de ces expériences.

J'étudie en ce moment un autre système de gaz ayant à peu près les avantages du gaz Gapiau : le gaz de liège ; mais les inconvénients d'exécution semblent aussi en rendre l'emploi bien difficile.

En attendant, on voit que tous les systèmes proposés jusqu'à ce jour, n'ont pas un emploi immédiatement pratique, et que l'on doit jusqu'à nouvel ordre, continuer l'éclairage de l'Opéra au moyen du gaz de houille, qui a pour lui, tout au moins, l'avantage d'une longue prise de possession et d'un fonctionnement régulier.

Pour servir de complément à cet article sur l'éclairage, il me semble que je puis vous donner connaissance d'un rapport adressé dernièrement au ministre de l'instruction publique et des beaux-arts, et qui contient quelques données relatives au sujet que je viens de traiter. Il en contient également quelques-unes se rapportant à diverses opérations dont j'ai déjà parlé ; peut-être y trouvera-t-on quelques redites ; mais j'espère qu'on aura déjà oublié ce que j'ai écrit ; en tout cas, ce rapport indiquera une phase des situations, et à la fin je dirai quelques mots qui montreront l'influence que mes observations ont pu avoir sur les décisions ministérielles ou autres ; de cette façon, c'est presque un document que j'insère dans ce volume, et il y a des personnes qui aiment assez ce genre de littérature.

RAPPORT

ADRESSÉ

A M. LE MINISTRE DE L'INSTRUCTION PUBLIQUE ET DES BEAUX-ARTS

Paris, le 23 mai 1879.

Monsieur le Ministre,

« Je reçois à l'instant la lettre que vous m'avez fait l'honneur de m'adresser relativement aux modifications qui pourraient être apportées à la salle et à la scène du nouvel Opéra et je m'empresse de vous soumettre mes idées à ce sujet.

« Je ne sais trop en commençant si je pourrai être concis dans ma réponse; car la question exige quelques commentaires, en tout cas je tâcherai d'être clair et de bien préciser les points qui forment l'objet de cette étude.

« Afin de la rendre plus méthodique, je la divise en plusieurs points, savoir :

    I. *De l'acoustique de la salle.*
    II. *De l'éclairage.*
    III. *De la machinerie théâtrale.*
    IV. *Du chauffage et de la ventilation.*
    V. *Des diverses modifications prévues ou à prévoir.*

I.

DE L'ACOUSTIQUE.

« Si je n'avais pas craint de montrer quelque peu de vanité et si je n'avais eu peur de vous soumettre un dossier trop volumineux, j'aurais joint à ce rapport un extrait de l'ouvrage que j'ai publié sur l'Opéra et relatif à l'acoustique. Le chapitre ayant trait à cette question, écrit, il est vrai, plutôt en boutade qu'en discours de rhétorique, a du moins cet avantage, qu'il indique l'historique des opérations et l'état des esprits au moment de l'ouverture de l'Opéra. En tout cas, Monsieur le Ministre, si vous vouliez parcourir ces quelques feuilles, l'ouvrage est dans vos bureaux, remplaçant l'exemplaire que je n'ai pas osé vous adresser aujourd'hui.

« Quoi qu'il en soit, ce chapitre établissait plusieurs points dont les principaux sont ceux-ci : 1° absence complète de règles pour l'acoustique des salles de théâtres ; 2° désintéressement de ma part dans les critiques et surtout dans les éloges qui peuvent être formulés au sujet de l'acoustique de l'Opéra, et 3" constatation formelle, à cette époque, de la parfaite sonorité de la salle, au moins en ce qui touchait les chanteurs.

« Les deux premiers points n'ont qu'une médiocre importance, puisqu'ils me sont à peu près personnels ; mais le dernier est plus significatif, puisqu'il se rapporte à une opinion alors générale, et dont les preuves ne m'ont pas fait défaut il y a trois ans.

« Par quel phénomène une salle reconnue dans le principe si excellente que l'on n'hésitait pas à la mettre au-dessus de l'ancienne salle incendiée, ce qui n'était pas une minime faveur, a-t-elle aujourd'hui une autre réputation ? S'était-on trompé jadis, se trompe-t-on maintenant ? Il est un peu difficile de retrouver toutes les causes de cette métamorphose qui eût peut-être étonné Ovide ; mais on peut croire que le point de départ en a été futile.

Quelques petites vanités froissées, quelques racontars de journalistes, ont suffi pour attacher un maigre grelot que l'on a fait sonner pour passer le temps et que l'on a peu à peu changé en sonnette, puis en grosse cloche; si bien que des commissions officielles, qui auraient dû se garantir de tout entraînement, ont fait comme bien d'autres; elles ont tiré sur le battant sans savoir si la cloche était fêlée et si le son était juste.

« Il faut dire aussi que, d'autre part, quelques mécontents de la première heure, ne voulant pas suivre le gros des sonneurs, prétendent que la salle, jadis selon eux fort médiocre, est devenue tout à fait bonne. Ceux-ci auraient plutôt raison, car il est de fait notoire qu'une salle gagne toujours en vieillissant, de sorte qu'il y a bien des chances, lorsque l'architecte qui l'a construite n'est plus de ce monde, pour qu'on entonne des hosannas sur sa mémoire alors qu'on le critiquait de son vivant.

« Ce qui est assez curieux dans l'historique de cette transformation graduelle du sentiment public, ou plutôt du sentiment de divers intéressés, c'est que les plaintes se sont toujours manifestées quasi en dehors de ma connaissance. Ceux qui sonnaient la cloche fêlée avaient pour ainsi dire un peu honte de leur changement d'opinion. Ils me voyaient souvent, me remerciant fort de leur avoir donné une aussi bonne salle et, pour peu que je l'eusse voulu, ils m'eussent signé de bons et valables certificats ! Mais une fois loin de moi, leurs plaintes se manifestaient, et l'architecte qu'ils venaient de traiter comme un de leurs utiles collaborateurs en musique, ne devenait plus qu'un simple bâtisseur, sacrifiant les compositeurs à la réclame de son escalier !

« Cela est assez humain, en somme, et ne doit guère étonner ceux qui ont déjà tant soit peu vécu; néanmoins cette espèce de cligne-musette jouée en catimini montre qu'il y avait parmi les conjurés comme une sorte de fausse honte, ou tout au moins comme une sorte d'indécision inconsciente. Bien que j'aie eu connaissance de certaines personnalités ayant assez grande influence sur leurs satellites, c'est presque toujours le séculaire ON qui était responsable des bruits qui circulaient.

« Est-il donc bien difficile de dire nettement sa pensée à celui que l'on accuse? Est-il donc bien difficile de s'adresser à celui qui peut vous répondre et qui, s'il n'a pas réussi, n'est pas encore assez infatué de lui-même pour ne pas écouter la voix de la raison? En fait, depuis l'ouverture de l'Opéra, combien de gens se sont occupés de cette question de l'acoustique, dont pas un n'a cru devoir m'en parler directement! On a fait des rapports dans diverses commissions; on a discuté dans plusieurs comités sans qu'aucun membre ait supposé qu'il pouvait être bon que l'architecte de la salle fût entendu afin qu'on sût de lui, en cas de constatation réelle de défaut, ce que l'on pouvait faire pratiquement pour y remédier. Ainsi, c'est la première fois que l'on me consulte sur ce sujet. Pardonnez-moi donc, Monsieur le Ministre, si je me laisse entraîner un peu en dehors des choses techniques; mais cette petite explosion, que j'ai pourtant calmée de mon mieux, va me permettre (je l'espère du moins sans en répondre) de reprendre la question sous un point de vue plus utilitaire.

« D'abord, et avant tout, la salle est-elle bonne ou est-elle mauvaise? Je dirai moi : elle est bonne, très-bonne; d'autres diront : elle est mauvaise, très-mauvaise; et s'il y avait une enquête à ce sujet, quelle que soit la décision de l'arbitrage, cela ne changerait rien à la qualité de la salle, ni même, je puis le dire, au sentiment particulier de chacun. Il est vrai, néanmoins, que si l'on déclare officiellement par des rapports et par des articles de journaux que la salle est sourde ou sonore, le bon public, qui ne sait pas toujours la différence qu'il y a entre ces deux choses, suivra probablement le verdict, surtout si celui-ci conclut à la condamnation de l'architecte.

« Voyons, Monsieur le Ministre, voulez-vous faire cette enquête inutile ? Si vous vous décidez à l'ordonner, je vous demanderai alors que tous les intéressés : chanteurs, choristes et abonnés, viennent les uns après les autres dire leur opinion devant le directeur de l'Opéra et moi. Si la chose se faisait ainsi, je suis bien certain que le résultat serait en ma faveur ; mais dame ! si les déposants agissent en dehors de ma personne, comme j'en connais beaucoup, et même qu'un certain nombre sont de mes amis, je ne serai plus guère tranquille.

« Tenez, Monsieur le Ministre, je veux faire la part belle aux opposants. Je suppose avec eux que l'acoustique de la salle est défectueuse et que le fait est bien et dûment constaté.

« Dans ce cas, que faut-il faire ?

« C'est là où les inventeurs de systèmes vont apporter leurs propositions et, si la chose était mise au concours, il y aurait tant de remèdes proposés, que l'acoustique serait sûre de disparaître tout à fait au milieu de tous ces médicaments.

« Parmi ces remèdes, il en est un pourtant qui

semble réunir une certaine quantité d'adhérents ; c'est celui qui consisterait à avancer le proscénium. Pour les uns, cette avancée devrait être utile aux chanteurs, qui seraient ainsi plus dans la salle ; pour les autres, cela servirait principalement à l'orchestre dont les sons seraient renforcés par cette adjonction du ventre de l'avant-scène.

« Mon Dieu, j'avancerai le proscénium autant que l'on voudra, jusqu'aux stalles d'amphithéâtre si on le désire ; mais a-t-on réfléchi si ce que l'on demande est bien logique et si le remède sera réellement efficace ?

« Prenons d'abord les acteurs.

« Il est un fait indéniable, c'est celui-ci :

« Pendant les quatre heures que dure ordinairement un opéra, il y a tout au plus un quart d'heure (mettons en certains cas une demi-heure comme maximum) pendant lequel les chanteurs s'approchent tout près de la rampe. Le reste du temps ils en sont toujours éloignés de deux ou trois mètres et bien souvent davantage encore, de sorte que s'il y avait un intérêt indiscutable à ce que les acteurs fussent autant que possible dans la salle, neuf fois sur dix les directeurs manqueraient à leur devoir de metteurs en scène, en laissant leurs artistes chanter et se mouvoir au second ou au troisième plan.

« Si l'on agit ainsi qu'on le fait actuellement, c'est qu'il serait intolérable de voir toute une soirée les chanteurs alignés contre la rampe et ne se reliant plus dès lors avec les choristes et les décorations. Donc, l'avancement du proscénium est loin d'être indiscutable, puisque, tel qu'il est présentement établi, les acteurs ne s'avancent que fort rarement jusqu'à sa limite.

« Ce n'est pas, je le suppose, pour que la voix des

chanteurs soit mieux entendue que l'on demande aussi cet avancement! Si cela avait un résultat efficace, les voix seraient donc alors soumises à des sortes d'intermittences d'intensités, très-fortes à la rampe et étouffées à un mètre de celle-ci. Cela est inadmissible en bonne logique, et en tout cas, si ce phénomène devait se produire, au lieu d'avancer le proscénium, il vaudrait bien mieux le reculer ; car aucun artiste ne pourrait condescendre à avoir, malgré lui et alternativement, un tonnerre dans le gosier et une extinction de voix. Heureusement les choses ne se passent pas ainsi, et ce n'est pas 60 centimètres de plus ou de moins dans une longueur de trente mètres qui feront un trombone d'un mirliton.

« Au point de vue de l'acoustique, eu égard aux chanteurs, je trouve donc le remède proposé tout au moins inutile, et, si la salle de l'Opéra est mauvaise, ce n'est pas la modification demandée qui la rendra meilleure, à moins toutefois qu'avançant le proscénium, on ne recule pas la séparation de l'orchestre des musiciens et du public. Car alors l'orchestre serait moins large, ce qui est tout autre chose.

« En effet, si la voix éprouve parfois quelques difficultés à traverser les ondes sonores venant des instruments, cela tient d'abord à l'intensité relative de ces ondes, puis encore à leur nombre, qui forment d'autant plus de rideaux superposés qu'il y a d'instruments séparant le chanteur des auditeurs. Je reviendrai tout-à-l'heure sur ce point, important selon moi ; en attendant, je dois constater que la demande d'avancement du proscénium a été surtout formulée parce que, par les raisons dont j'ai parlé dans l'ouvrage que je signalais en commençant, j'ai été conduit à recouper la partie centrale de ce proscénium qui, dans le premier projet, était un peu plus avancé que celui qui existe aujourd'hui.

« C'est un peu contre le directeur que la petite campagne d'alors a été menée, et pendant que sa situation n'était pas encore bien affirmée ; l'on accusait ainsi M. Halanzier d'avoir fait lui-même recouper la scène afin d'avoir une rangée de fauteuils de plus. Cela était complétement inexact. M. Halanzier n'avait aucun ordre à me donner et, si j'ai fait moi-même cette opération, c'est que, pour donner satisfaction aux exigences des instrumentistes, j'y ai été forcément conduit. Si j'ai préféré prendre sur la scène plutôt que sur les fauteuils, c'est que je ne pouvais pas trop resserrer ceux-ci, bien moins encore en supprimer une rangée qui était portée sur les plans, et sur laquelle le directeur avait compté dans son marché ; et, en résumé, je trouvais le mal bien léger à rentrer le proscénium ; car remarquez bien ceci, Monsieur le Ministre : le proscénium actuel, *le proscénium recoupé est encore de dix-huit centimètres plus saillant qu'il n'était à l'ancien Opéra.*

« Il faut dire de plus que la saillie actuelle est virtuellement augmentée par la largeur des loges placées sur le théâtre. Cela est incontestable.

« En effet, les loges sur le théâtre sont des loges réelles ; si elles ne se relient pas avec les décorations de la salle, elles ne font pas moins partie de celle-ci ; c'est une affaire de tonalité. Au lieu de la couleur rouge sombre qui les revêt, je n'aurais eu, comme j'en ai eu longtemps l'intention, qu'à leur donner l'aspect des loges voisines, jaune et or, et de ce fait la salle eût été reculée effectivement jusqu'à leur paroi postérieure ; le rideau d'avant-scène, une fois levé, ne comptait plus ou du moins ne comptait guère. De cette façon, sans rien changer à la disposition générale du plan et rien que par une simple harmonie de décoration, la salle eût paru aux yeux être prolongée sur la scène, comme elle l'est en réalité, mais sans le paraître.

« Au surplus, Monsieur le Ministre, il est facile de constater que, sauf quelques salles italiennes où le proscénium est démesurément avancé, le plus grand nombre des autres théâtres ont ce proscénium moins saillant que celui du Nouvel Opéra.

« Je ne vois donc pas l'utilité de faire un travail coûteux, difficile, et qui exigerait un certain temps, le tout pour arriver à un résultat fort inappréciable ; cependant je ne voudrais apporter aucune entrave à la direction, et si elle insistait sur l'avancement du proscénium, je ne me reconnais pas le droit de m'opposer à cette insistance. Je désirerais, néanmoins, que ce travail ne fût exécuté qu'après les essais successifs dont je vais parler.

« Occupons-nous, d'abord, de l'orchestre. C'est surtout au point de vue de la sonorité de celui-ci, que quelques personnes réclament l'avancement du proscénium, prétendant que le *ventre* de la scène doit influer sur la bonne propagation des sons. Je ne saurais contredire cette opinion, puisque je n'en puis juger ; pourtant, ordinairement, c'est devant un creux et non devant une bosse que l'on se place pour que les sons soient bien répercutés ; mais il paraît que l'on a changé tout cela et que l'ancienne théorie avait fait son temps. Je le veux bien ; mais vous me permettrez pourtant, Monsieur le Ministre, de ne pas devenir l'apôtre de ce nouvel évangile.

« Quoi qu'il en soit, il est réel que l'orchestre actuel est imparfaitement équilibré. Il étouffe parfois la voix des chanteurs (on le dit du moins); dans d'autres cas (prétend-on) on ne l'entend pas assez; il y a dans ces allégations quelque chose de vrai; les instruments de cuivre, et même les instruments à anche, s'entendent parfaitement, tandis que les violons font un peu la sourdine : est-ce la faute de la salle, la faute de la construction de l'orchestre, ou bien seulement celle de la distribution des instruments?

« J'aime mieux croire que c'est cette dernière raison qui est la vraie, non pas parce que je suis ainsi moins responsable; mais bien parce que le remède sera des plus faciles à trouver, et cela sans remanier aucunement les constructions.

« Il faudrait donc, et en cela je ne veux être que l'écho de gens compétents, ne me regardant pas comme autorisé pour traiter une semblable question, il faudrait donc renforcer le quatuor et donner ainsi aux instruments à cordes la prépondérance sur les instruments à vent. Mais ce qui me semblerait encore meilleur et qui pourrait certainement se faire avant d'augmenter le nombre des violons, ce serait de placer ces violons sur une petite estrade élevée de 15 à 20 centimètres au milieu de l'orchestre, de façon à leur faire dominer les autres instruments. Leurs sons seraient ainsi plus librement émis, et peut-être cela suffirait-il à redonner à l'orchestre son homogénéité et la sonorité que quelques-uns désirent en attendant qu'ils la réprouvent !

« Je crois aussi qu'il sera bien, si l'on n'avance pas le

proscénium, de diminuer la largeur de l'orchestre et de la ramener à celle que j'avais précédemment fixée. J'ai déjà dit que ce rideau d'instruments placés devant les artistes pouvait, jusqu'à un certain point, intercepter la libre émission de leur voix, et plusieurs des chanteurs de l'Opéra, et non des derniers, partagent bien cet avis, que ce n'est pas le plus ou moins d'avancée du proscénium qui sépare l'acteur du public, mais bien cette masse d'instrumentistes rangés en plusieurs files devant eux. Il faudrait donc, selon eux (et j'ose dire selon moi), non pas retrancher un rang de fauteuils pour repousser l'orchestre, mais au contraire en installer plutôt un de plus. La place perdue pour l'orchestre par cette adjonction d'un rang nouveau serait regagnée sur les fauteuils installés dans les angles; c'est-à-dire que l'orchestre, au lieu d'avoir, comme actuellement, une forme ondulée plus large au milieu qu'à ses extrémités, reprendrait une forme rectangulaire curviligne, concentrique et rigoureusement parallèle au mur du proscénium. Cela n'empêchera pas de construire, toujours au milieu de cet orchestre ainsi disposé, la petite estrade dont j'ai parlé, et sur laquelle seraient placés les violons et au besoin les altos.

« De cette longue discussion, je dirais même volontiers de cette longue causerie, Monsieur le Ministre, voici le résumé que l'on peut tirer et que j'inscris alors sans plus de commentaires ; car si je me laissais aller à dire tout ce que je pense sur ce sujet, je recommencerais, avec une nouvelle forme et certainement avec de nouveaux arguments, une discussion qui déjà vous a sans doute paru trop longtemps durer.

« *Ordre des opérations qui pourraient se faire successivement pour améliorer l'acoustique de la salle en supposant que celle-ci soit mauvaise :*

« 1° Ne rien faire du tout.

« 2° Ne rien changer aux dispositions actuelles ; mais installer seulement au milieu de l'orchestre une petite estrade pour les violons sans en augmenter le nombre.

« 3° Augmenter le nombre des violons sans rien changer au reste.

« 4° Construire la petite estrade ci-dessus indiquée en lui donnant plus de développement pour recevoir les violons augmentés de nombre.

« (Ces quatre opérations peuvent se faire dès à présent en s'entendant avec le directeur actuel. Si l'une d'elles paraît suffisante, il serait inutile d'aller plus loin.)

« Les quatre essais terminés, s'ils ne donnent pas un résultat satisfaisant, on pourra procéder alors aux autres opérations un peu plus importantes, mais dont la première pourtant peut se faire sans interrompre les représentations.

« 5° Diminuer la largeur de l'orchestre en mettant un rang de fauteuils de plus et en supprimant ceux placés dans les parties latérales.

« 6° Laisser l'orchestre tel qu'il est dans sa partie médiane et l'avancer dans les parties latérales, puis avancer en même temps le proscénium de 60 centimètres au milieu.

« (Cette dernière opération serait assez coûteuse et exigerait au moins huit jours d'interruption dans les représentations; au surplus, si l'on se décidait à entreprendre ce travail, j'en dresserais les devis exacts et indiquerais le temps nécessaire à l'exécution.)

« Il y aurait enfin à faire, si on le voulait, non-seulement l'avancement du proscénium, mais encore celui de l'orchestre de la même quantité; mais, considérant ce dernier moyen comme ne devant pas être essayé, je l'indique seulement pour mémoire, me réservant de le combattre plus à fond, si l'administration pensait devoir l'employer.

« Voilà donc, Monsieur le Ministre, tout ce qui peut s'essayer au point de vue de l'acoustique de la salle. Je répète encore que, là-dedans, bien des choses me semblent inutiles et que cette acoustique vaut bien mieux que la nouvelle réputation qu'on veut lui faire. Je me permets d'insister sur les essais indiqués du deuxième au quatrième paragraphe et qui peuvent s'exécuter avec tant de facilité; mais enfin, si cela ne paraît pas suffire à la direction ou à l'administration, si, après les conférences que je pense avoir à ce sujet avec le nouveau directeur de l'Opéra, mes idées ne peuvent triompher, eh bien! Monsieur le Ministre, je ferai de mon mieux pour exécuter celles des autres; mais naturellement sans me porter garant du résultat des opérations.

II

DE L'ÉCLAIRAGE

« Cette question est plus facile à résoudre que la première, puisque au sujet de l'éclairage des couloirs je suis de l'avis de tout le monde ou plutôt tout le monde est de mon avis ; car j'ai pu constater l'insuffisance de lumière lors de l'expérience de l'éclairage qui a été faite peu de jours avant l'ouverture du Nouvel Opéra.

« Je n'avais plus à ce moment le temps nécessaire pour dessiner et commander d'autres appareils ; les crédits étaient déjà dépassés ; la fatigue m'avait envahi ; bref, pendant les premiers mois, un peu indifférent à ce qui se passait dans un monument qui ne m'appartenait plus, je laissai les couloirs dans la demi-obscurité qu'ils avaient déjà et qu'ils ont encore plus en ce moment. Plus tard, j'aurais bien voulu remplacer les verres dépolis par des guirlandes à plusieurs becs, mais je n'avais plus aucun crédit disponible ; la Chambre, qui avait une grosse note à payer, l'aurait certainement refusée et, d'ailleurs, M. Halanzier devenu le maître et seigneur de l'édifice avait chez lui, de par son cahier des charges, le droit de ne rien augmenter au luminaire !

« J'ai bien souvent regretté de n'avoir pas, de ma propre autorité, commandé immédiatement de nouveaux appareils alors que j'ai vu que ceux qui étaient placés n'étaient pas suffisants ; les huit ou dix mille francs que cette installation aurait coûté, se seraient confondus dans les millions dépensés la dernière année de l'achèvement du théâtre, et je n'aurais pas eu pendant quatre ans l'ennui d'entendre une critique qui me touchait d'autant plus vivement qu'elle était fort juste.

« Puisqu'aujourd'hui, Monsieur le Ministre, vous voulez bien me demander mon avis sur ce qu'il y aurait à faire pour l'éclairage de l'Opéra, je mets en première ligne la nécessité qui s'impose de placer plus de lumières dans les couloirs, au moins dans ceux des trois étages principaux. Comme je le disais plus haut, dix mille francs seraient la dépense maximum nécessitée pour cette amélioration ; mais ce chiffre peut encore être réduit, et j'espère ne pas dépasser six ou huit mille francs. C'est au surplus un devis à dresser ; le temps me manque aujourd'hui pour faire ce travail ; mais, si vous le désirez, je vous l'enverrai à votre première réquisition, ainsi que les autres devis dont vous pourriez réclamer la rédaction.

« Si l'éclairage des couloirs est manifestement insuffisant, l'éclairage de la salle, bien que moins défectueux, laisse néanmoins encore à désirer maintenant ; je dis, *maintenant,* car à l'ouverture de l'Opéra, la salle, quoi qu'on en ait dit, était une des plus claires de Paris. J'ai fait à ce sujet diverses expériences comparatives qui m'ont montré la réalité de cette assertion. Ce qui trompait un peu les spectateurs, sur la quantité de l'éclairage, c'était beaucoup moins son intensité réelle que les dimensions de la salle. Les personnages étant à une grande distance les uns des autres, il est évident que l'on ne pouvait les apercevoir d'un côté de la salle à l'autre avec autant de netteté que si le vaisseau n'eût pas été plus grand que celui du théâtre du Palais-Royal. L'éclairage, à ce moment, était donc dans de bonnes conditions, et je n'avais aucune modification à y proposer alors.

« Depuis cette époque, l'éclairage est moins intense. Cela tient à plusieurs raisons :

« 1º Les conduites de gaz s'engorgent graduellement, d'une petite quantité il est vrai, mais non pas tout à fait inappréciable ; les orifices des becs surtout diminuent progressivement et, malgré l'épinglage qu'on leur fait souvent subir, ils ne laissent pas passer absolument autant de gaz que dans le principe.

2° Le gaz n'est presque jamais brûlé à grand feu et le robinet d'arrivée est toujours un peu fermé. Cela peut se modifier facilement, il est vrai, et les robinets peuvent s'ouvrir entièrement ; mais dans une soirée, lorsque, à plusieurs fois les feux des lustres sont modifiés par les exigences de la mise en scène, il arrive bien rarement que la manœuvre se fasse sans oscillation, et que les robinets particuliers obéissent complétement au robinet central. On prétend du reste que les employés au gaz, chargés par le directeur de l'Opéra de la manœuvre des feux, ne donnent pas le plein, afin de réaliser ainsi quelques économies. Je ne sais si la chose est réelle ; cela se peut ; mais je m'empresse de dire que M. Halanzier ne doit être pour rien dans ce genre d'opération ; en tout cas, comme dans le nouveau cahier des charges, l'architecte du monument a le droit de surveiller la manœuvre de l'éclairage, il me sera possible de bien me rendre compte des mouvements des employés futurs.

« 3° La salle de l'Opéra était au moment de l'inauguration d'une teinte plus claire qu'elle ne l'est actuellement. Le gaz a terni un peu les dorures et a un peu assombri les peintures. Je ne m'en plains pas ; car l'harmonie générale ne peut que gagner à ces effets du temps ; mais il n'en est pas moins vrai que la salle moins brillante reflète moins la lumière et que, par suite, l'éclairage, fût-il le même qu'autrefois, doit paraître moins intense.

« 4° Enfin, l'éclairage de la couronne de lumières placée autour de la salle, dans la frise de l'entablement, ne s'allume plus maintenant qu'une fois ou deux par an, les jours de premières représentations. Il y a donc encore dans cette suppression une diminution effective de l'éclairage total.

« Si l'on ajoute à tout cela les différences de pressions accidentelles qui surviennent dans les fournitures de gaz, on voit que l'intensité de l'éclairage de l'Opéra a dû diminuer quelque peu depuis le jour de l'ouverture du théâtre.

« Certes, cela pourrait aller encore ainsi pendant un certain nombre d'années; car, tel qu'il existe en ce moment, l'éclairage de la salle est, sinon fort brillant, au moins suffisant, surtout pendant le jeu, où cette salle doit être moins éclairée que la scène; néanmoins, il serait bien, peut-être, de lui rendre un peu de clarté, ce qui peut se faire de diverses manières.

« La première serait de nettoyer la salle par un lessivage, afin de lui restituer la tonalité primitive; mais je me permets de repousser complétement ce procédé; car au point de vue de l'harmonie architecturale et décorative, la patine donnée par le temps et le gaz doit être respectée aussi longtemps que cela se pourra faire, et que cette patine ne sera pas dégénérée en malpropreté. Je pourrais tout au plus faire pratiquer un époussetage général.

« Le deuxième moyen serait d'installer des girandoles sur les colonnes de support. Ce système donne un effet brillant et éclaire bien les loges; mais je le repousse aussi complétement que je l'ai jadis repoussé; car il a l'inconvénient immense d'être une source de gêne intense pour les spectateurs des secondes ou troisièmes loges, dont les rayons visuels passent par ces girandoles pour aller jusqu'à la scène. Or, je ne pense pas qu'on ait le droit, pour le plaisir des yeux d'une grande partie des auditeurs, de mettre au supplice une autre partie du public, qui paie aussi sa place et demande à voir sans entrave et sans fatigue ce qui se passe sur le théâtre.

« Je repousse donc ce moyen, non pas comme artiste; car je sais les ressources que le système comporte et les bons effets lumineux que l'on peut en tirer ; mais bien comme architecte, comme philanthrope si l'on veut, devant tenir moins à l'apparence de son œuvre qu'au bien-être de ceux qui doivent l'habiter.

« Le troisième moyen, celui le plus pratique et qui coûterait, en résumé, une somme assez minime, serait de rapporter une couronne de gaz à la partie inférieure du lustre. Cette couronne pourrait être munie de réflecteurs et de cristaux renvoyant la lumière dans les parties basses de la scène. Cela pourrait s'établir pour deux mille francs au plus, et se poser sans interrompre les représentations. Mais naturellement ce supplément de lumière, ainsi que celui des couloirs, occasionnerait une faible dépense également supplémentaire d'éclairage, peut-être de quinze à vingt fancs par soirée. Je ne pense pas, néanmoins, que ce supplément de dépense puisse être une entrave à la réalisation du procédé dont je viens de parler.

« On pourrait aussi allumer la couronne de lumières tous les soirs de jeu; de sorte que toutes ces légères modifications devraient, je pense, suffire pour donner à la salle de l'Opéra un peu plus de cette gaîté que quelques-uns réclament.

« Enfin, il y aurait un dernier procédé dont j'avais

l'intention de me servir dans le principe, et que je n'ai pu mettre à exécution, parce que les moyens pratiques manquaient alors. Ce serait d'installer dans les quatre grands médaillons du dessus des arcs, dans la couronne lumineuse de la frise, quatre foyers électriques tamisés par des verres teintés, de façon à retirer à cette lumière sa coloration un peu blafarde. Aujourd'hui que le système Jablochkoff permet d'installer facilement ces foyers, la mise en œuvre serait des plus simples et l'essai de ce procédé d'éclairage peut être facilement tenté.

« Au surplus, comme le nouveau cahier des charges autorise l'État à faire à l'Opéra tous les essais d'éclairage qui lui sembleront intéressants, il sera toujours possible, à un instant donné, de faire cet essai dans les médaillons de la frise, soit pour un jour de fête, soit pour une représentation gratuite, soit pour un jour de première, et, de cette façon, on pourrait se rendre un compte exact de l'effet cherché et de l'effet produit.

« Les autres parties de l'Opéra : scène, dépendances, escaliers, etc., sont éclairées parfaitement, et il n'y aurait rien à y modifier ; mais il n'en est pas tout à fait de même quant à ce qui touche le grand foyer ; non pas parce que ce foyer est incomplétement éclairé en tant que salle, mais parce que la voûte en est un peu sombre, et que les peintures de Baudry qui le décorent peuvent souffrir des atteintes et des émanations du gaz.

« Je dis *peuvent souffrir ;* mais je m'empresse de déclarer qu'elles n'ont pas encore souffert, et que, même jusqu'à un certain point, les pellicules de carbone déposées sur les peintures, les conservent mieux que n'importe quel vernis. Ainsi donc, il n'y a rien à craindre

DE L'ÉCLAIRAGE. 175

d'ici longtemps pour ces belles œuvres de mon ami Baudry. Mais si elles se conservent sous la pellicule charbonneuse qui s'est déposée sur elle, il faut bien reconnaître que ce préservatif pour l'avenir est un grand inconvénient pour le présent, en ce qu'il retire tout éclat au coloris élégant du peintre, et couvre ses toiles comme d'un voile de gaze sombre. Or, ce n'est pas pour être toujours ainsi sous une espèce de housse, que les artistes peignent leurs tableaux, et il est donc grandement à désirer que les peintures de l'Opéra puissent être admirées par le public, telles qu'elles ont été produites par leurs auteurs.

« Il est vrai que si on le voulait, dès à présent, il serait très-facile de passer sur ces toiles, soit un peu de mie de pain, soit un peu d'eau, et que cela leur rendrait immédiatement leur apparence première. Je m'en suis déjà assuré dans diverses parties de l'Opéra dans lesquelles j'ai fait faire quelques lavages ; les couleurs ternies par les parcelles du gaz ont repris tout leur éclat et toute leur intensité ; mais c'est là un moyen dont il faut user avec discrétion. Quelque légèrement que soit passée l'eau ou le pain, la peinture cède toujours un peu de son duvet, et lorsque ces peintures, comme en certains endroits celles de Baudry, sont exécutées par des frottis, il peut y avoir inconvénient grave à faire de fréquents lavages ; il ne faudrait donc user de ce procédé que si l'on ne trouvait pas un autre moyen.

« Or ce moyen existe ; il n'est pas encore peut-être arrivé à son maximum de pratique ; mais, tel qu'il est, il peut déjà fort bien suffire. C'est la lumière électrique qui peut s'installer dans le foyer, soit au-dessus des lustres, conservés pour ornementation, soit dans des porte-feux spéciaux construits à cet usage.

« C'est affaire d'étude et peut-être affaire d'un peu d'argent ; mais rien de plus ; et le résultat est assuré si l'on donne aux globes contenant les bougies électriques, comme je l'ai proposé déjà souvent et comme je l'ai même essayé à diverses reprises, une teinte un peu jaunâtre qui tamiserait la lumière et la ferait se rapprocher de celle du gaz. De cette façon, tous les inconvénients de celui-ci sont supprimés ; plus d'odeur, d'émanations et les avantages sont conservés, c'est-à-dire lumière chaude et colorée, indispensable dans les intérieurs des monuments artistiques.

« Il serait donc fort utile, Monsieur le Ministre, que votre administration ou celle des travaux publics mît à ma disposition une certaine somme, dix mille francs je suppose, pour procéder aux essais d'éclairage électrique dans le foyer de l'Opéra et même dans diverses autres parties de l'édifice ; car si l'on reconnaît qu'il y a urgence à conserver, ou plutôt à éclairer les toiles de Baudry, il faut penser que les autres artistes seront aussi désireux que leurs œuvres se présentent dans les mêmes conditions que celles de leur collègue.

« Il y a plus de trois ans que je demande cette somme de dix mille francs pour faire les essais dont je viens de parler. Cette somme m'a été promise et même proposée à diverses reprises ; mais les Ministres se succédaient rapidement, ainsi que les grands chefs de service, et les bonnes intentions de chacun d'eux n'étaient jamais réalisées. Peut-être, Monsieur le Ministre, est-ce à vous de donner cette fois une solution ; mais ne tardez pas trop, les baux de trois, six, neuf, sont maintenant devenus bien rares dans les fonctions publiques.

« Pour en finir sur ce qui touche à l'éclairage, je vous demanderai de provoquer une autre solution : celle qui se rapporte à l'éclairage de la façade. Cet éclairage est de deux sortes : l'éclairage au gaz et l'éclairage électrique. Pour l'éclairage au gaz, il consisterait à installer, sur les piédestaux des balcons, des sortes de lampadaires donnant au milieu du portique du monument un peu de la clarté qui lui manque. J'ai déjà fait plusieurs fois cette demande, mais sans résultat. Pour l'éclairage électrique, il faudrait bientôt décider si celui qui est installé doit être considéré comme provisoire ou définitif. Dans ce dernier cas, je demanderais des modifications aux appareils qui sont maigres et mal disposés.

« Tout cela, Monsieur le Ministre, est un peu du ressort du Ministère des travaux publics, qui doit fournir les fonds; mais c'est pourtant de vous que doit dépendre la solution, car, si telle ou telle chose était demandée à mon ministre par votre administration, cela aurait plus de chances de réussite que si je faisais moi-même la demande. C'est donc à vous d'agir, Monsieur le Ministre, si vous trouvez mes propositions convenables.

III

DE LA MACHINERIE THÉATRALE.

« Il serait trop long d'indiquer ici toutes les phases par lesquelles a passé l'étude de la machinerie théâtrale de l'Opéra, les travaux de la commission nommée à cet effet, et les études personnelles que j'ai faites de mon côté à ce sujet. Il suffira de dire que le point capital de cette machinerie a été l'établissement du dessous du théâtre, combiné de façon à ce que le plancher de la scène pût s'élever ou s'abaisser par ensemble ou par partie, suivant les besoins de la mise en scène.

« Ce mouvement ascensionnel ou descensionnel était absolument demandé par tous les membres de la commission et par toutes les personnes qui se préoccupent du théâtre, et il semblait que la réalisation en serait saluée par d'innombrables bravos de la part des demandeurs. Je crois bien qu'il n'en a guère été ainsi à l'Opéra depuis son ouverture ; personne n'a songé à se servir de ce moyen puissant de mécanique scénique. Je dis *songé*, et non *ne s'est servi;* parce que, de fait, le système n'a pu être complètement achevé, faute de temps et faute d'argent. Pourtant les engins principaux sont établis et rien n'empêcherait de le compléter suivant les besoins, au fur et à mesure que leur utilité serait démontrée. Ainsi, toutes les trappes des grandes et des petites rues sont équipées sur leurs supports, glissant à coulisse dans les poutres en fer des dessous; les trous de clavetage des tiges sont percés aux hauteurs désirables, et il ne manque, pour la manœuvre de ces pièces, que les espèces de chevalement les reliant les unes aux autres et l'équipe des fils s'enroulant sur les tambours de mouvement.

« La construction de ces engins manquants constitue, il est vrai, une grosse opération, et je comprends que ni le directeur de l'Opéra, ni les décorateurs n'aient pu composer leurs maquettes en supposant que ce qui est encore à faire pût être terminé à bref délai; mais au moins pouvait-on, en certains cas, essayer une ou deux rues, soit pour des enfoncements, soit pour des élévations de plancher. Cela pouvait se faire au moyen des procédés communément employés par les machinistes; enfin, ça se fera peut-être plus tard et cela se ferait certainement si les dessous de la scène étaient complétement aménagés pour ce système mobile.

« Je n'ai aucune intention critique en constatant l'oubli qui a été fait des planchers articulés de l'Opéra, n'ayant pas à me préoccuper de l'exploitation proprement dite; mais je dois néanmoins en exprimer un regret, et cela seulement au point de vue de la construction. En effet, pour que les engins fonctionnent bien, il faut qu'ils soient quelquefois mis en mouvement ; si on les laisse trop longtemps au repos, ils finissent par s'oxyder et ne plus jouer dans leurs guides. C'est ce qui doit arriver sans nul doute pour l'Opéra. Depuis bientôt quatre ans que les dessous mobiles de la scène ne sont pas utilisés, il est à craindre que ceux-ci ne puissent manœuvrer, si un jour ou l'autre on s'avise de vouloir s'en servir, et cela serait d'autant plus regrettable que leur installation a coûté fort cher.

« Il serait malheureux que cette somme de deux cent mille francs au moins, consacrée à l'établissement d'une partie du système demandé par la commission, n'eût aucune utilité, et il serait de bonne administration de compléter ce qui manque, afin de ne pas perdre le bénéfice de ce qui a été déjà fait. Je ne sais si, une fois le travail terminé, la nouvelle direction se servirait de la puissante machinerie mise à sa disposition ; mais au moins, si le système était complet, on pourrait le faire fonctionner une fois tous les mois et le rendre ainsi toujours prêt à être mis en service le jour où on désirerait le faire manœuvrer.

« Si vous pensiez, Monsieur le Ministre, qu'il y eût avantage à compléter les dessous de l'Opéra pour cette installation définitive du plancher mobile, peut-être pourriez-vous exprimer votre désir à M. le Ministre des travaux publics, auquel, sur sa demande, j'adresserais les devis détaillés de l'opération.

« Si vous trouvez inutile de livrer ce plancher mobile à la nouvelle direction, M. de Freycinet sera certainement de votre avis, et il faudra dès lors considérer comme gaspillé l'argent déjà dépensé à ce sujet et comme sans but les travaux déjà exécutés.

« A part cette observation qui a réellement une grande importance, il n'y a rien à dire pour le reste de la scène de l'Opéra. Tout est aussi complet que possible, agencé de la meilleure façon et aucune entrave n'est apportée, par la construction, aux machinistes et aux décorateurs. De même que la scène de l'Opéra est la plus grande des théâtres existants, on peut, sans craindre de se tromper, assurer qu'elle est aussi celle qui se prête le mieux, par ses arrangements et l'installation de son matériel, à toutes les combinaisons désirables relatives à la mise en scène de ce vaste théâtre.

IV

DU CHAUFFAGE ET DE LA VENTILATION.

« Je fais un paragraphe de cette division pour en montrer l'importance et indiquer qu'il y a quelques modifications à apporter dans l'exploitation des appareils ; mais, comme le nouveau cahier des charges donne droit à l'architecte de surveiller la mise en œuvre des engins, les améliorations se feront d'elles-mêmes par ce simple contrôle ; le bon fonctionnement des appareils ne dépend pas ici de leur construction, qui est fort bien étudiée, mais surtout de la façon dont ils sont exploités.

V

DE DIVERSES MODIFICATIONS OU AMÉLIORATIONS.

« Il me reste maintenant, Monsieur le Ministre, à vous entretenir de diverses modifications ou améliorations qu'il semblerait utile d'apporter dans les salles ou galeries de l'Opéra ; je vais vous les soumettre au courant de la plume et telles qu'elles se présenteront à ma pensée.

« En premier lieu, ce qui me paraîtrait le plus important, ce serait la suppression de tous les strapontins établis dans le parterre et d'une grande partie de ceux établis dans les stalles d'amphithéâtre.

« Ces strapontins ont été placés tout à fait en dehors de ma participation, et je m'étais toujours fortement opposé à leur installation. J'ai protesté à plusieurs reprises auprès de M. Caillaux, mon ministre d'alors, contre cet envahissement des passages ; mais n'ayant aucun droit pour empêcher leur intrusion, j'ai dû laisser faire M. le directeur de l'Opéra, autorisé, paraît-il, à cet effet par le Ministre des beaux-arts. Je n'ai pas à juger si cet établissement de strapontins était indispensable au point de vue de la recette et je comprends fort bien que M. Halanzier, au commencement de sa nouvelle direction, et avec les aléas qui pouvaient se produire, ait désiré augmenter, autant que faire se pouvait, le nombre des spectateurs. Mais n'y avait-il pas un autre moyen de procéder qui eût donné un résultat au moins égal à celui obtenu ? Ne pouvait-on, au lieu d'encombrer tous les passages, augmenter, seulement de cinquante centimes, le prix des places de chaque section devant recevoir les strapontins ? La recette eût été au moins aussi forte par ce système ; car il y a certains jours où les strapontins demeurent inoccupés et où, par conséquent, ils sont improductifs.

« Je ne doute pas que les spectateurs du parterre et ceux de l'amphithéâtre ne donnent bien volontiers ce supplément de cinquante centimes pour avoir leur entrée et leur sortie libre, et pour ne pas être contraints de déranger d'autres spectateurs.

« J'avais, dans le principe, consacré trois entrées distinctes pour le parterre ; sur les instances de M. Halanzier et pour obtenir deux baignoires de plus, j'avais consenti à supprimer les entrées latérales, mais je comptais au moins sur l'entrée centrale, qui amenait le public au-devant de chaque passage réservé à chaque tiers des rangées de bancs du parterre. Si j'avais pu prévoir un tel envahissement, je n'aurais fait le changement qu'après avoir eu certitude officielle que les strapontins ne fussent pas établis.

« Ils le sont actuellement, et les spectateurs se plaignent chaque fois de la difficulté de circulation; mais, comme ces plaintes ne sont que de petits soubresauts de mauvaise humeur légitime, et qu'aucun journaliste ne va au parterre, elles restent cachées comme elles resteront cachées encore bien longtemps, si le même état subsiste; car le public de théâtre a une patience bien extraordinaire!

« Ce n'est pas une raison, parce que les récriminations se font timidement et ne fatiguent les oreilles de personne, pour que l'on n'en tienne pas compte et, réellement, il y aurait justice et humanité à rendre aux spectateurs, privés de leur droit de circulation, ce droit de libre entrée et de libre sortie, qui doit faire partie des prérogatives attachées aux billets.

« Je ne sais, Monsieur le Ministre, si la nouvelle direction partagera mon sentiment à cet égard; si le tarif, augmenté quelque peu pour le prix des places, sera accepté par vous, et si, enfin, la conservation des strapontins est déjà inscrite dans le contrat passé entre vous et le nouveau directeur. Je ne puis donc que vous soumettre cette grave question et vous prier d'y apporter votre attention, certain que je suis que vous saurez la résoudre, s'il n'y a pas d'obstacles, au mieux des intérêts du public.

« Je voudrais vous parler ensuite des vases de Sèvres, jadis placés sur les gaînes des couloirs. J'ai déjà écrit dernièrement à ce sujet à M. le Sous-Secrétaire d'État;

je renouvelle ma demande en la développant un peu.

« Les gaînes de l'Opéra étaient destinées à supporter des bustes de chanteurs, danseurs, directeurs, auteurs, architectes, machinistes, enfin de tout le personnel travaillant pour un grand théâtre lyrique. J'avais, à cet effet, déjà dressé des listes de noms et de catégories que j'avais soumises au Ministre, afin qu'il y donnât son approbation ; mais les événements se sont précipités, et aucune solution n'est intervenue. Faute de bustes et faute d'argent pour en commander, ne voulant pas laisser vides les gaînes des couloirs, j'avais demandé à M. de Chennevières, qui l'avait accordé, de placer sur les supports des vases de Sèvres de bon dessin et de bonne couleur. Un assez grand nombre de pièces de valeur avaient donc été ainsi prêtées à l'Opéra et, comme elles étaient presque toutes fort intéressantes, on ne regrettait guère l'ajournement des bustes ; mais, par suite de l'Exposition universelle, tous les vases ont été enlevés et remplacés par des espèces de pots, prêtés aussi par Sèvres, mais de forme banale, de ton épouvantable et de proportions bien trop fortes pour les gaînes.

« Je pense bien que le public ne fait guère attention à ces défauts ; mais les artistes et les délicats savent bien s'en plaindre et ils ont raison. Ne vous serait-il pas possible, Monsieur le Ministre, de rendre un autre arrêté qui restituât, à titre de prêt à l'Opéra, les vases qui l'ornaient jadis ? Je vous assure que vous mériterez bien de l'art en faisant enlever les gros pots qui me désolent, et que je suis pourtant forcé de conserver, puisque, pour l'instant, je n'ai rien pour les remplacer.

« J'espère, Monsieur le Ministre, que vous voudrez

bien accueillir ma demande ; car, en résumé, les produits de Sèvres sont faits pour orner les monuments de l'État, et, en outre, le public les verra, sinon mieux, au moins plus souvent qu'il ne les voit dans les galeries de la manufacture.

Mais ce n'est pas tout ce que j'ai à demander au sujet de ces gaînes. Ainsi que je le disais tout à l'heure, elles sont destinées à porter des bustes qui, tôt ou tard, formeraient un musée artistique et historique, ayant un intérêt similaire à celui que présente le musée du Théâtre-Français. Mon désir serait donc que des bustes fussent commandés annuellement aux sculpteurs avec cette destination de l'Opéra. Le Ministre des beaux-arts a dans ses attributions ces commandes sculpturales, et nul mieux que lui ne peut encourager les artistes en donnant à leur production une destination désignée. J'ai déjà demandé à plusieurs de vos prédécesseurs de vouloir bien ne pas oublier l'Opéra dans leurs commandes ; mais tout ce que j'ai pu obtenir, ce fut le don des restants de magasins dont le Ministre ne savait que faire et qu'il m'offrait pour placer sur les gaînes. Ces bustes étaient presque tous des bustes de généraux, qui auraient été assez mal placés à l'Opéra, ou bien de législateurs ou de savants qui ne l'eussent guère été mieux ; de plus, ils avaient des dimensions ne pouvant aucunement convenir à l'emplacement : les uns n'étaient guère plus gros qu'une pomme, les autres avaient deux mètres de haut. J'ai donc dû refuser ces libéralités si mal assorties et attendre qu'une autre occasion se présentât.

« Cette occasion est-elle venue aujourd'hui ? Laissez-moi le croire, Monsieur le Ministre, et permettez-moi de penser que vous voudrez bien chaque année commander deux ou trois bustes pour l'Opéra, soit en bronze, soit en marbre, soit même en plâtre en attendant mieux. Si vous pensez devoir accueillir ma requête, voulez-vous me le faire savoir, et je vous soumettrai la liste complète des personnages qui, selon moi, doivent prendre place dans le bâtiment. Si vous l'acceptez, il n'y aura plus qu'à faire les commandes et à dire aux artistes que vous jugerez dignes de cette faveur de s'entendre avec moi pour les dimensions et l'emplacement.

« Ce n'est pas tout encore ; je voudrais vous demander aussi votre appui, si toutefois vous trouvez que j'ai raison, pour requérir, auprès de M. le Ministre des travaux publics, l'achèvement de la rotonde du glacier de l'Opéra.

« L'an passé, j'ai bien fait la galerie de ce glacier, mais c'est insuffisant, et les jours d'hiver c'est à peine si l'on peut y trouver place ; il serait réellement utile que l'on achevât cette rotonde dans laquelle doivent être placées les tapisseries de Mazerolles, terminées depuis plus de cinq ans.

« Il serait fort utile aussi que l'on achevât la galerie du fumoir ; mais je doute fort que cet achèvement se fasse maintenant où la Chambre a voté des fonds pour en transformer l'emplacement en bibliothèque. Les fonds, dis-je, sont votés, les dessins et les devis sont faits, et le projet passe mardi prochain au Conseil général des bâtiments civils. Puisse-t-il être refusé par lui !

« J'ai compris à la rigueur que l'on voulût transformer l'ancien pavillon destiné jadis au Chef de l'État ; c'était une pensée politique dans le genre de celle qui se fait jour au sujet de la reconstruction des Tuileries ; mais prendre ce pauvre fumoir pour y mettre des livres que personne ne lira, alors qu'une grande bibliothèque existe déjà à l'Opéra, c'est retirer non-seulement au plan sa composition générale, c'est non-seulement retirer au public une circulation importante et désirable, mais c'est encore lui retirer des dépendances que beaucoup désirent.

« Demandez, Monsieur le Ministre, demandez aux abonnés de l'Opéra combien de plaintes se sont élevées déjà sur l'absence de fumoir, et vous verrez bien que cet endroit est plus important pour eux qu'une bibliothèque, dont la principale qualité est d'avoir un bibliothécaire aussi aimable que savant. Mais, enfin, si l'État fabrique le tabac, c'est pour qu'on le fume. Eh bien, laissez donc fumer vos cigares et vos cigarettes de la régie dans le fumoir de l'Opéra, et cela, tout au moins, rapportera quelque argent au Ministère des finances.

« Si vous pensez, Monsieur le Ministre, que je n'aie pas tout à fait tort en réclamant la conservation du fumoir, et si vous pensez pouvoir le réclamer aussi comme une des dépendances utiles de l'Opéra, je vous en supplie, faites tout de suite cette réclamation auprès de M. le Ministre des travaux publics, et, au lieu d'être remercié par M. Nuitter tout seul, vous le serez par la foule des gens qui pestent toute la soirée d'être forcés de sortir pour allumer une cigarette.

« Si vous pensez que j'aie tort, eh bien, n'en parlons plus : j'aurai été battu de tous les côtés, mais au moins j'aurai fait de mon mieux pour ne pas l'être.

« J'ai fini, Monsieur le Ministre ; je disais en commençant que je ne savais pas si je serais long ; je le sais maintenant en finissant. De plus, au lieu de répondre simplement à vos demandes, je me suis permis de vous en adresser beaucoup d'autres. Ne prenez pas en mauvaise part ma loquacité et mon indiscrétion; et, puisque vous avez été si bienveillant dans votre lettre, conservez encore cette bienveillance après avoir lu ce rapport; il est au moins très-sincère en tous les points : cela peut faire excuser sa tournure un peu familière, mais ce ne sont pas les plus belles phrases qui marquent le mieux les sentiments respectueux.

« Acceptez donc ceux-ci, Monsieur le Ministre. Venez un peu à mon aide, si vous m'en jugez digne pour cette suite de travaux dont je viens de vous parler, et croyez à mon entier dévouement.

« *Signé :* L'ARCHITECTE DE L'OPÉRA,
« Membre de l'Institut,
« CH. GARNIER. »

Voilà donc ce rapport dont tout ou partie a déjà été publié dans quelques journaux; mais, comme mes lecteurs sont des gens sérieux, ils n'ont pas dû les lire et j'espère que ma correspondance ministérielle leur a paru chose toute nouvelle. Maintenant, qu'est-il advenu de ma discussion? C'est ce que je vais vous dire : D'abord j'ai reçu une semonce officielle de l'administration des travaux publics pour avoir écrit à un ministre qui n'était pas le mien; on m'a démontré ensuite très-gentiment que j'avais tort, et, naturellement, j'ai été convaincu que j'avais raison; j'en suis encore plus certain en ce moment, puisqu'une infraction à la règle me procure aujourd'hui le plaisir de faire imprimer quel ues pages sans avoir à les écrire. Un méfait n'est jamais perdu.

Or donc, pour la question d'acoustique, à la venue de la nouvelle direction, ç'a été comme une explosion de projets, et je paraissais assez mal venu de faire des réserves sur les nouvelles choses que l'on se proposait de faire. Puis, peu à peu, l'ardeur s'est calmée; la question d'argent offrait quelques obstacles ; je déclinais ma responsabilité des résultats futurs, et insensiblement chacun s'est rangé à mon premier avis : ne rien faire du tout. On trouva que j'étais plus logique dans mon ignorance que les pseudo-savants dans leur science. Finalement, sauf l'exhaussement du plancher de l'orchestre, qui a coûté deux cents francs et qui, dit-on, a donné un bon résultat, on a laissé les choses en l'état, et elles resteront ainsi jusqu'à ce qu'une nouvelle direction arrive tout enflammée du zèle de marquer son passage.

Hélas! il en est ainsi de bien des choses. Tout ministre nouveau rêve de grandes améliorations : les circulaires abondent; la presse officieuse pousse des cris de joie, et tout rentre bientôt dans l'ordre accoutumé, à moins que quelque sottise ne se fasse acclamer d'abord par plusieurs et repousser ensuite par tous. Il ne faut pas trop s'émouvoir de ces élans modificateurs; il est dans la nature humaine de les sentir, et je serais un jour ministre des beaux-arts que, dès la première heure, je bouleverserais tout ce qui existe à coups d'arrêtés et de circulaires. C'est si amusant de casser quelque chose! Heureusement, à l'Opéra, la casse s'est passée en paroles, et les acousticiens pourront encore préconiser la vertu du *proscenium* et triompher d'autant plus que leur invention n'aura pas été exécutée.

Cette fois, pourtant, je les préviens que de grands alliés, qu'ils avaient jadis, sont revenus dans mon camp, après une expérience faite à propos des concerts donnés par M. Vaucorbeil. Mes antagonistes de jadis semblent bien être devenus mes partisans, de sorte que, si quelque jour on voulait encore modifier le *proscenium*, ce serait non plus pour l'avancer, mais plutôt pour le rentrer. Tout est flux et reflux en ce monde : l'amour, la politique, la fortune, les eaux de l'Océan et les lois de l'acoustique. Il n'y a d'immuable que le mouvement perpétuel!

Pour le deuxième point, les modifications apportées ont été à peu près nulles, et ce n'est pourtant cette fois pas ma faute ni celle de l'administration; jugez-en :

Les couloirs de la salle étant manifestement trop sombres, chacun étant d'avis qu'il fallait leur donner plus de lumière, j'ai fait un devis qui s'élevait à six mille francs environ. Le ministre des travaux publics allait me donner le crédit nécessaire ; mais on s'est aperçu qu'en augmentant le nombre des becs, cela augmenterait un peu la dépense du gaz, et, ma foi, comme il faut compter avec ces dépenses, la direction de l'Opéra n'a plus guère insisté sur la modification demandée et acceptée ; de sorte que, pour l'instant tout est resté dans l'état primitif. Si donc, maintenant, on se plaint encore de l'obscurité des couloirs, dites-vous que je n'y suis plus pour rien. Néanmoins la question peut se poser à nouveau, et il n'est pas impossible qu'elle se résolve un jour.

Pour la salle, il en a été de même sur la question des girandoles. Vous savez, et vous venez de voir dans ce rapport, que je m'étais toujours opposé à leur établissement. Cependant, comme chacun se plaignait de ne pas y voir assez, j'avais mis de côté mes raisons pratiques, et m'étais rendu aux instances qui m'avaient été faites ; et, à l'occasion des concerts donnés dans la salle, j'avais installé des girandoles provisoires qui pouvaient permettre de juger de l'effet produit.

Cet effet avait été trouvé satisfaisant : Vaucorbeil en était enchanté, le ministre m'avait promis les fonds, les dessins étaient faits, le devis dressé ; il ne s'agissait donc plus que de faire l'opération. Pour cela il était nécessaire que j'adressasse un rapport au ministère ; mais je ne pouvais agir ainsi qu'étant couvert et approuvé par l'administration de l'Opéra, qui se rendait ainsi responsable des réclamations qui pourraient être formulées par les locataires de diverses loges, plus ou moins gênés par les feux des girandoles. Cette approbation officielle ne m'est pas encore parvenue ; on semble hésiter maintenant à placer ces girandoles si longtemps réclamées, et je crois que la chose n'est pas encore prête à être décidée. Je n'ai plus rien à dire ni à faire dans cette circonstance ; je suis à la disposition du ministère et de Vaucorbeil lorsque des instructions me seront données ; mais vous voyez que si la salle n'est pas claire en ce moment, ce n'est pas mauvaise volonté de ma part. Enfin, si la chose se décide plus tard, les études préliminaires seront au moins faites et l'exécution pourra suivre activement.

Quant à l'augmentation des lumières du lustre, cela a été fait peu de temps après la déposition du rapport ; il y a eu par suite une petite augmentation dans l'éclairage, qui a bien été constatée lors de son apparition ; mais, aujourd'hui qu'on s'y est habitué, il ne semble plus que cet éclairage ait été augmenté. Affaire d'habitude.

J'ai remporté aussi une assez grande victoire : il a été mis à ma disposition une somme de cinq mille francs destinée à faire des essais de nouveaux éclairages afin de pouvoir statuer sur les installations qui pourraient être reconnues désirables. C'était là un grand point : j'obtenais enfin ce petit crédit si utile pour mes expériences et, dès lors je pouvais sortir des propositions théoriques. Eh bien! vous allez voir que, jusqu'à ce jour, ça ne m'a servi à rien du tout. Lorsque j'ai voulu essayer les lumières électriques dans les œils-de-bœuf de la couronne de la salle le jour de gala du 14 juillet, j'ai vu que Vaucorbeil en craignait l'effet pour la scène et qu'il redoutait que la salle, trop éclairée, ne fit paraître la scène trop sombre. Certes il ne pouvait s'opposer à mon expérience, parce que le cahier des charges me donnait le droit de la faire ; mais vous concevez que je n'avais guère envie de troubler nos bonnes relations et de déplaire à un galant homme qui veut bien être mon ami, et j'attends, pour faire alors cette expérience, que la scène soit plus éclairée, ou que Vaucorbeil donne de nouveaux concerts, là où la scène n'existe pour ainsi dire pas. J'ajourne donc cet essai dont je ne saurais dire encore la portée; c'est, au surplus, pour cela que je veux le faire. Si j'en savais d'avance le résultat, je n'aurais pas à m'en soucier.

Quant à l'éclairage du foyer, je n'avais que l'embarras du choix, divers physiciens et ingénieurs m'offrant de faire gratis toutes les expériences possibles. Mais il fallait pour cela installer dans les caves des machines de diverses forces; je ne trouvais à cela aucun inconvénient; le ministère des travaux publics pas davantage; mais l'administration de l'Opéra et, par suite, le ministère des beaux-arts ont craint un accident possible; de sorte qu'ils ont fait des réserves aboutissant à peu près à une fin de non-recevoir, et, devant ces craintes, chacun ne voulant pas être responsable, on a retiré l'autorisation de placer les machines.

J'ai donc maintenant un crédit pour faire des expériences d'éclairage; mais je ne puis m'en servir et, si ça continue de cette façon, l'accord sera difficile à faire entre les ministères et l'administration de l'Opéra. Comme tout est compliqué dans ces sortes de choses! On a le désir, la bonne volonté, les crédits, les offres des intéressés; on a pour soi l'opinion des sénateurs, des députés, des grands personnages patronnant tel ou tel système; l'architecte est à la disposition de chacun et, malgré tout cela, on n'arrive à rien! Aussi peu à peu, on se décourage, on se désintéresse de ces questions qui ne vous apportent qu'ennuis et tribulations et on arrive à l'indifférence là où l'enthousiasme vous conduisait.

Maintenant qu'arrivera-t-il? je n'en sais rien; mais comme je n'ai pas envie de passer tout mon temps à faire des propositions et des études inutiles, je vais attendre bien tranquillement que des ordres quelconques me soient donnés; ne pouvant être chef, j'aime mieux devenir serviteur, n'étant pas assez philosophe pour n'être ni l'un ni l'autre.

Le troisième point du rapport avait trait à la machinerie théâtrale; rien n'a été décidé à ce sujet et tout reste comme devant; sauf quelques petites modifications que j'ai fait subir aux galets des cassettes, là encore je vais attendre; j'ai planté un orme tout exprès pour cela.

Pour le chauffage, il n'y a rien de fait; mais, comme selon moi il n'y a rien à faire, laissons les choses en cet état.

Il ne me reste plus qu'à vous dire quelques mots sur le second paragraphe du rapport. Les strapontins sont décidément entrés dans la place, et ils n'en veulent pas bouger. Laissons-les donc puisqu'ils sont si tenaces ! Après tout, comme je ne suis pas allé deux fois dans la salle depuis que l'Opéra est ouvert, j'avoue que, quant à moi, ils ne me gênent guère ; ils ne gênent pas davantage ni M. le directeur, ni les abonnés des loges ; ils ne gênent que ceux qui n'osent s'en plaindre : tout est donc pour le mieux.

Ce qui est un véritable succès, c'est la commande qu'a faite le ministre de l'instruction publique et des beaux-arts, des bustes en marbre à placer sur les gaînes, il y en a déjà une douzaine en train, et j'ai l'assurance qu'on ne s'en tiendra pas là. De ce côté donc mon rapport n'a pas été inutile et j'en suis tout fier. J'en profite pour remercier ici M. le sous-secrétaire d'État des beaux-arts à qui j'aurais de grosses chicanes à faire sur bien des points ; mais qui, dans cette occasion, a pris tellement la chose à cœur, que je lui pardonne bien volontiers les misères qu'il a faites aux autres, puisqu'il est secourable à l'Opéra ; on se console si aisément du mal qui arrive à ses amis !

Pour l'achèvement de la rotonde du glacier aucune solution ; j'ai grand'peur qu'il n'en soit longtemps ainsi, et pourtant il serait fort désirable que cette salle se terminât ; mais j'ai quelque persévérance ; j'ai bien eu mes bustes ; j'aurai bien un jour ma rotonde, quitte à en faire une nouvelle succursale pour les collections de Nuitter.

Et puisque je cite Nuitter, je dirai que maintenant la salle du musée devant remplacer le fumoir est terminée et assez réussie, que le ci-devant salon impérial se transforme et sera achevé cette année et que les meubles de la bibliothèque sont prêts à recevoir les livres. Tout cela fait en somme un ensemble qui n'est pas sans quelques charmes, et j'en veux moins à Nuitter d'avoir imposé son joug, puisque j'ai sauvegardé les principes de la grande circulation, que j'ai décoré le tout d'une façon convenable, et qu'en résumé, si j'ai changé les noms des pièces, je n'ai guère changé la décoration projetée. Tout sera donc prêt pour le déménagement futur. *All right!*

Voilà, cher lecteur, le résultat du rapport dont je vous ai infligé la lecture. En somme, je n'ai pas tout à fait à m'en plaindre; si tout ce que j'ai écrit avait eu pareil succès, j'aurais pu déjà renouveler en partie la face du monde.

Au moment de mettre sous presse, je reçois la lettre administrative relative à l'installation des girandoles de la salle ; je vais envoyer le projet et les devis; vous verrez aussi bien que moi ce qui en résultera.

DE LA CONSTRUCTION DE LA SALLE

Si vous me laissiez vous conter cela par le menu, je n'en finirais pas, et je prendrais des allures d'ingénieur, tout comme si j'étais sorti de l'École polytechnique ! C'est qu'en réalité la construction de la salle de l'Opéra, a été l'occasion de problèmes de statique et de bien des études techniques; de sorte que, sans prétendre égaler Rondelet, j'ai dû mettre quelques X à mon service, et causer avec quelques formules, dont je fuis ordinairement les prétentions un peu paradoxales.

Mais je me bornerai, j'espère, et vous parlerai seulement d'une partie de la construction que personne ne peut plus soupçonner, puisqu'elle est cachée maintenant par des cloisons et des tentures. Il s'agit des piles qui soutiennent le comble de la salle, ainsi que les planchers des loges et des galeries.

Dans toute salle de théâtre, il est une nécessité qui s'impose; celle d'ouvertures nombreuses dans le mur qui la contourne, et qui donnent accès aux loges situées sur le pourtour. Il résulte déjà de cette obligation, que les piles de ce mur, quelque poids qu'il supporte, ne peuvent jamais avoir une largeur plus grande que celle des trumeaux qui séparent deux loges consécutives. De plus, lorsque dans les salles on installe un système de chauffage et de ventilation, les innombrables conduits que ces systèmes comportent, et qui ne peuvent trouver place que dans le mur d'enceinte, occupent encore une partie assez considérable de l'espace qui pouvait être réservé aux piles de supports. D'après ces constatations, on reconnaît que les piles formant l'ossature du mur d'une salle de spectacle, ne peuvent avoir que des dimensions limitées.

Lorsqu'une salle est construite directement sur le sol, les piles de support, disséminées dans les trumeaux du mur, peuvent prendre leur naissance au niveau de leurs basses fondations, et la difficulté de disposition n'est pas accrue; mais si, sous la salle, se trouve une vaste pièce devant avoir de larges ouvertures de communication, les piles du mur ne peuvent traverser ces ouvertures, et il faudra forcément les rejeter à l'aplomb des seuls points d'appui conservés dans la salle souterraine. Là, la difficulté augmente, et l'espace réservé aux piles de support devient de plus en plus restreint.

C'est ce qui a lieu à l'Opéra, où le vestibule circulaire, placé sous la salle, a douze grandes baies d'accès et de circulation. D'après la disposition de ce plan souterrain, les piles de support de la salle ne devraient pas être rapprochées de plus de cinq mètres d'axe en axe, et devraient n'avoir qu'un mètre carré de surface pour laisser le passage libre aux portes des loges et aux conduits de chaleur et de ventilation.

Or, le poids total que ces piles devaient soutenir était considérable. Je ne l'ai pas en ce moment présent à la mémoire; mais peu importe; on se rendra compte de son importance, en songeant que le poids à supporter se compose des éléments suivants :

La moitié du poids de tous les planchers des loges et de l'amphithéâtre du cintre; la moitié du poids des planchers des corridors autour de la salle à six étages, le tout supposé rempli de spectateurs ou de promeneurs; le grand mur en pierre extérieur de la grande coupole centrale, ayant une hauteur moyenne de 10 mètres ; le grand plancher circulaire reposant sur cette construction et ayant 30 mètres de diamètre; ledit plancher devant supporter lui-même les conduits de ventilation en tôle, la cheminée centrale du lustre, le lustre et tous ses engins de fonctionnement, y compris le contre-poids, les cloisons de séparation des prises d'air frais établies dans les œils de bœuf du mur circulaire, la coupole en cuivre de la salle, suspendue à ce plancher ; les voussures et voûtes de la salle suspendues de même, divers services d'incendie et de canalisation du gaz, des escaliers de communication, et d'autres choses encore; enfin les piles devaient aussi supporter une partie des combles au droit des corridors et le grand comble du couronnement de la salle, avec ses armatures, sa lanterne de métal; la couverture, avec ses chemins de service, et le poids des neiges qui pouvaient s'y accumuler (ce qui s'est présenté cet hiver.) Ajoutez à cela les surcharges accidentelles fréquentes à l'Opéra les jours de bal ou de grandes fêtes, le poids des piles elles-mêmes ainsi que celui des traverses supérieures, et vous reconnaîtrez tout de suite que la pression exercée sur les piles de support devait être énorme, puisque leur surface et leur nombre étaient limités.

Il fallait donc, dans ce cas, renoncer absolument à

construire les piles en pierre et les édifier en métal ; remarquez de plus que ces piles, ayant un mètre carré à la base, s'élèvent à une hauteur de plus de vingt-cinq mètres, et que le métal seul pouvait dans ces conditions avoir assez de résistance et de stabilité.

Mais encore fallait-il chercher le meilleur moyen de les établir ! c'est ce que j'ai tenté de faire, en procédant aussi logiquement que possible. D'abord, j'ai divisé chaque pile en deux sortes de supports : ceux qui devaient supporter les planchers, et ceux qui devaient supporter le reste de la masse. Je me suis arrêté à cette disposition, afin de supprimer autant que possible les vibrations *directes* dans ces derniers supports. En effet, les planchers sont soumis à une trépidation presque continuelle, qui se serait reportée directement sur les piles entières, si celles-ci n'avaient pas été divisées en deux catégories. On sait que les vibrations longues et fréquentes déterminent dans le métal une sorte de décomposition, et le rendent pour ainsi dire à l'état moléculaire, lorsque, par suite de diverses circonstances encore assez mal connues, les vibrations sont prolongées pendant un certain espace de temps. Or, si un jour ou l'autre, pareil accident arrivait aux colonnes soutenant les planchers, ce ne serait en somme qu'une médiocre réparation à faire, et il n'y aurait guère de sinistres immédiats à craindre, les planchers reposant partie sur le mur, et partie sur les colonnes. Si un fléchissement se manifestait, on en serait quitte pour étayer le plancher, remplacer la colonne brisée, et tout serait dit. Mais il en serait tout autrement si une des piles qui supportent toute la partie supérieure venait à se décomposer et à se rompre sous l'influence des vibrations. Ce n'est pas seulement une déformation qui se manifesterait; ce serait l'écroulement d'une partie des coupoles et du mur qui les supportent, écroulement partiel qui amènerait vraisemblablement un écroulement général.

Vous voyez qu'il fallait chercher à ne pas rendre les piles de supports solidaires des trépidations des planchers, afin de supprimer, autant que possible, les vibrations directes, et c'est ce qui m'a conduit, ainsi que je viens de le dire, à diviser en deux systèmes distincts les colonnes supportant la maçonnerie et la couverture.

Je dis les colonnes supportant la couverture parce que, en effet, ce sont des colonnes que j'ai employées, la forme circulaire étant celle qui, à égalité de surface, donnait le plus de résistance à la pression. De plus, j'ai fait ces colonnes creuses, encore par la même raison que les colonnes creuses ont plus de résistance que les colonnes pleines, ayant même surface de section portante. D'après la disposition des colonnes de support des planchers, j'avais de libre une surface de 0^m,50 sur 1 mètre; j'avais bien pensé à me servir de toute cette section pour y établir un support en fonte ayant presque cette surface; mais, par suite de calculs minutieux, j'ai rejeté en résumé toute autre forme que la forme circulaire répétée deux fois, qui me donnait ainsi plus de sécurité et aussi plus de facilité en exécution, ce dont il fallait tenir compte.

La section horizontale faite sur l'ensemble de la pile donnait donc pour figure une espèce de croix, composée de deux colonnes creuses de 0^m,50 et de deux colonnes creuses également de 0^m,20 à l'étage inférieur et de 0^m,16 à l'étage supérieur. La direction des deux grosses colonnes étant normale au mur de ceinture de la salle, celle des petites colonnes lui était parallèle et placée juste dans son axe. Si l'on a bien compris cette description, on voit que cette section ressemblait assez à un as de pique, dont la tête et la queue seraient circulaires et plus grosses que les deux ailes.

Les colonnes portant les planchers n'offrant rien de particulier, il est inutile de nous y arrêter plus longtemps ; mais il n'en est pas de même des grosses colonnes de support, et c'est pour arriver à leur description, que j'ai écrit ce chapitre.

Disons d'abord qu'il y a par groupe de colonnes six tronçons superposés, d'une hauteur variable de 3 à 5 mètres, suivant les hauteurs d'étage ; que les tronçons du bas reposent sur une forte plaque en fonte alésée au tour pour les recevoir, et que les tronçons du haut supportent un coussinet recevant les abouts des fermes en tôle destinés à porter toute la partie supérieure. Cela indiqué, nous n'avons plus qu'à nous occuper d'un seul tronçon et de son assemblage avec celui qu'il supporte, ou qui le soutient.

Ainsi que je l'ai dit, chaque pile de support est composée de deux colonnes presque juxtaposées. Ce que je vais dire pour l'une servira pour l'autre.

Le tronçon de colonne, dont je m'occupe enfin maintenant, a un diamètre extérieur de $0^m,50$; la colonne est creuse et son épaisseur est rigoureusement de $0^m,035$ à la partie supérieure, et à la partie inférieure. Une sorte de patin de fonte, à renflement extérieur ferme les deux orifices du vide ; seulement le patin n'est pas complétement plein ; il porte au centre une ouverture d'environ $0^m,20$, dont tout à l'heure nous verrons l'usage ; de plus, à la base et au sommet de la colonne, le renflement du patin cesse à 0^m,05 du fond ; de sorte que, lorsque deux tronçons sont réunis, les deux renflements forment une rainure de 0^m,10 de largeur et dont le fond est saillant sur le nu de celui de la colonne ; enfin, de distance en distance, d'autres bourrelets, formant également rainures, sont placés sur le fût du tronçon.

A quoi servent toutes ces choses? Je vais le dire en quelques mots : les rainures haut et bas servent à recevoir des colliers circulaires qui, au moyen de boulons, peuvent serrer les colonnes d'une façon absolument complète ; de sorte que le moindre mouvement de disjonction ne peut avoir lieu ; de plus, l'orifice dont j'ai parlé et qui est conservé dans l'axe des deux parties opposées des tronçons, reçoit un tampon d'une forme insensiblement conique et qui, par un système de vis et de plate-bande, s'enfonce comme un coin, en réunissant les deux orifices, juxtaposés d'une manière invariable et rigoureuse. Il résulte de ces moyens de serrage extérieur et intérieur des tronçons, que ces tronçons sont pour ainsi dire soudés ensemble ; que nul glissement ne peut se produire, et que les tronçons, ainsi ajustés, ont au moins autant de résistance que s'ils avaient été fondus d'un seul jet. Quant aux rainures placées sur le fût même des tronçons, elles servent aussi à recevoir des colliers ; mais ceux-ci, tout en joignant ensemble les deux colonnes jumelles, entourent également les colonnes supportant les planchers, de façon à ce que le tout fasse une sorte de faisceau, donnant plus de résistance à l'assiette générale. Cette liaison, au surplus, ne devait pas communiquer sensiblement les vibrations éprouvées par les colonnes des planchers, puisque la communication a lieu au moyen de pièces ne faisant pas corps avec les diverses colonnes du même groupe; d'ailleurs, les colonnes sont en fonte et les colliers sont en fer ; et les vibrations ne sont pas de même nature dans ces deux états différents du fer mis en œuvre.

Tel est donc l'ensemble de la disposition ; mais l'exécution avait une part non moins grande que celle de la disposition ; il fallait qu'elle fût parfaite pour ne pas la rendre inutile. Voici ce qui a été fait à cette occasion : d'abord les tronçons ont été fondus debout, de façon à donner à la fonte toute la cohésion possible. Puis, j'ai fait tourner avec la plus grande perfection le fond de chaque rainure, la surface de pose des colonnes, surface inférieure et surface supérieure ; puis les parois de l'intérieur de la base qui devaient recevoir le tampon ; puis le tampon lui-même ; puis enfin les colliers qui devaient réunir les groupes des colonnes ensemble. Ces colliers, ainsi que je l'ai dit, devaient reposer dans les rainures ci-dessus décrites ; mais ayant un peu moins de développement afin que le serrage pût s'établir.

Tout cela une fois terminé, il fallait procéder à la réception de chacun des tronçons en particulier ; ils furent tous mesurés avec la plus grande exactitude, au moyen d'un compas fait *ad hoc*, sur quatre points de leur base, quatre correspondant au sommet, et quatre points à la partie médiane, non-seulement sur leur diamètre extérieur, mais encore, et surtout, sur leur épaisseur. Les colonnes qui offraient des différences de plus de deux millimètres en moins, furent impitoyablement refusées, et remplacées par d'autres au plus bref délai possible. Sur soixante-douze tronçons, sept furent ainsi mis de côté, et l'on tint compte à la pose des épaisseurs plus ou moins grande de deux ou trois millimètres de diamètre, pour placer à l'intérieur de la salle la génératrice du cylindre qui était un peu plus faible.

Quant à la pose elle-même, elle fut faite avec le soin le plus minutieux; d'abord des lames de plomb de deux millimètres d'épaisseur furent placées entre chaque surface, afin de rattraper les lignes gauches qui pouvaient se présenter; puis, chaque tronçon placé était plombé sur quatre génératrices, afin de bien se rendre compte de l'aplomb, et, à la moindre différence observée, on faisait mouvoir un peu la colonne, jusqu'à ce que l'aplomb fût parfait et au besoin on changeait le tronçon de place, pour le porter sur une autre pile, et assurer ainsi une verticalité parfaite.

Lorsque les six tronçons superposés furent arrivés à leur hauteur, soit 20 mètres environ, le plombage le plus minutieux n'accusa qu'un dévers de $0^m,003$ sur une colonne; de $0^m,002$ sur une autre; quant au reste, on ne put constater aucun fruit ni aucun surplomb. Les différences des niveaux supérieurs de ces colonnes furent même insignifiantes, et, en tout cas, elles furent rachetées par des cales en tôle de l'épaisseur nécessaire. C'est sur cette suite de colonnes, que vinrent se placer les triples filets en tôle devant soutenir le mur en pierre, le grand plancher de la salle, et tous les accessoires précédemment décrits; mais l'opération devenait alors toute simple, et il n'y avait à prendre que les précautions ordinaires nécessitées par les ouvrages courants.

Cet ensemble de colonnes en fonte avait été calculé pour supporter avec sécurité toute la charge qu'elle devait soutenir; néanmoins je ne voulais pas me fier complétement aux calculs; il se pouvait que quelques poches invisibles existassent encore dans un ou plusieurs des tronçons, bien qu'ils eussent été sonnés sur toute leur étendue; il se pouvait que quelques parties de fonte fussent d'une qualité inférieure et, sous l'effort persistant de la charge, ne vinssent à se briser; il ne fallait pas là être seulement convaincu de la résistance des matériaux employés, il fallait être certain que nul accident immédiat ou futur ne serait à redouter.

A cet effet, j'ai pris le parti de doubler, pour ainsi dire, la force des supports, en leur adjoignant des espèces d'étais en fer forgé, qui, à eux seuls déjà et étant suffisamment reliés entre eux, pouvaient, le cas échéant, soutenir la charge permanente de tout l'ensemble. Je laissai d'abord pendant près d'un an tous les tassements qui pouvaient se faire produire leur effet, et, à vrai dire, je n'en ai constaté aucun, et c'est alors que j'armai les quatre angles de chaque pile par des supports en fer de $0^m,12$ de côté. Ces supports placés bout à bout au moyen de surfaces polies et dressées, reposant sur des feuilles de plomb et entourées de frettes carrées, serrées à force de coins, étaient reliés de mètre en mètre par des ceintures de fer à boulons, empêchant tout fléchissement extérieur, tandis que les parties comprises entre les colonnes et ces supports d'angles, étaient remplies en brique de Bourgogne, coulées en ciment et garnies d'une sorte de fourreau coulé, lui, en plâtre, de façon à ce que la dilatation de celui-ci serrât aussi les supports à l'intérieur et empêchât également un autre fléchissement intérieur. Cet arrangement donnait une rigidité complète à l'ensemble, qui fut arrêté sous les filets supérieurs au moyen de gaines et serrés par des calles dressées et enfoncées par un système de vis à grand bras de levier.

Si donc un mouvement se produisait dans l'une des colonnes de fonte, les supports en fer viendraient l'arrêter ; si au contraire c'étaient les supports en fer qui fléchissaient, les colonnes de fonte empêcheraient le mouvement de se continuer, jusqu'à ce que colonnes et supports fussent chargés également et concourussent à la stabilité générale.

En résumé, je dois dire que, d'après les calculs théoriques, l'ensemble de ces supports pourraient porter, avant de se rompre, un poids vingt fois plus fort que celui qu'ils ont à supporter, et en prenant le quart comme moyenne de stabilité; on voit qu'il faudrait encore qu'ils fussent chargés cinq fois plus qu'ils ne le sont.

On peut donc être bien tranquille sur la résistance des piles de la salle ; mais, en tout cas, je ne regrette pas les précautions que j'ai prise est le superflu de sécurité que j'ai donné à cette partie de l'Opéra ; car un désastre arrivant au mur de la salle pendant une représentation, amènerait un accident tellement effroyable, qu'on ne saurait trop se prémunir contre toute mauvaise chance et être prodigue de force, là où une faiblesse pourrait produire une si grande catastrophe. On ne saurait être trop prudent dans des constructions de cette sorte; aussi j'ai poussé la prudence à sa limite et je puis, grâce à cela, voir la salle de l'Opéra pleine de monde les jours de bal ou de fête, sans craindre que la coupole ne tombe sur la tête des gens. Cela vaut bien, je crois, les cinquante mille francs qu'il aurait été théoriquement possible d'économiser ; et ceux qui vont à l'Opéra me pardonneront, je pense, cette petite prodigalité, en songeant que, grâce à elle, ils peuvent être sans inquiétude.

Je me suis étendu plus que je ne le pensais sur cette construction des piles ; aussi, je ne dirai que quelques mots sur le plancher de la salle, qui est construit en forme de parapluie, forme imposée par la nécessité des dispositions. Il fallait donner à la salle souterraine le plus de hauteur possible, et, comme l'orchestre est en pente, pour gagner toute cette hauteur, il fallait bien que le point central de la voûte inférieure fût plus élevé que le point de départ. De là, obligation de renoncer à un plancher horizontal, pour construire un plancher en forme de cône aplati.

Nul n'ignore la poussée énorme que des arbalétriers exercent lorsqu'ils font un angle peu ouvert avec la ligne horizontale. Lorsqu'il s'agit de fermes ordinaires, on combat cette poussée au moyen de tirants ou tendeurs en fer ; mais cette facilité m'était refusée, puisque ces tendeurs auraient passé dans la voûte de la salle souterraine. J'ai donc dû remplacer les tirants habituels par des ceintures contournant le pied des fermes de construction ; mais on comprend que là, au lieu d'une poussée unique, il fallait combattre celle de l'ensemble des fermes. C'est alors que j'ai assisté à une danse de calculs assez divertissante. Me trouvant en désaccord avec l'entrepreneur de serrurerie sur les dimensions à donner à ces ceintures, je pris le parti de demander avis à l'un des mathématiciens les plus consciencieux. Son évaluation différait encore des deux nôtres ; je fis alors *in petto* comme une espèce de concours entre diverses sommités d'ingénieurs de l'État ou d'ingénieurs civils, en leur posant le problème à résoudre; et j'arrivai à ce résultat que, sur six solutions, j'obtins six résultats différents! naturellement chacun faisait bien les calculs exacts; mais ce qui différait, c'était la méthode, les conditions d'équilibre statique, la résistance des fers, la répartition des forces, etc. Me voilà assez embarrassé! Un général d'artillerie, bien connu, à qui je soumis le cas, me donna comme recette de faire d'abord le plancher, puis de faire venir un bataillon de soldats, et de les faire danser dessus en mesure, et en marquant le pas; si cela résistait ainsi, le plancher était bon! — Oui; mais s'il s'effondrait? Je trouvai le conseil peu pratique. J'envoyai au diable toutes les formules, et me fiant à mon instinct, je donnai aux ceintures les dimensions qui me semblaient convenables pour défier toute rupture. Au fait, ce plancher a été éprouvé maintes fois, non-seulement dans les bals, mais encore pendant la construction, où il servait de chantier et était rempli de matériaux fort lourds et d'échafaudages qui, à eux seuls, valaient le poids de tous les spectateurs. L'épreuve a donc été faite sans prendre un bataillon de soldats, et l'on peut danser sur ce plancher sans craindre de passer au travers.

Quant aux autres parties de construction de la salle, planchers à bascules, arcs doubleaux, voussures, etc., comme elles n'offrent pas de systèmes bien particuliers, et rentrent plus ou moins dans les conditions de constructions usuelles de grande portée, il est inutile d'en parler, et je clos ce chapitre, en disant seulement que là, comme dans tout l'édifice, il n'a pas été posé un boulon ou placé une équerre, sans que leur fonction n'ait été auparavant étudiée, soit par M. Clairin, l'entrepreneur de serrurerie, soit par moi-même, et pour mieux dire par nous deux ensemble.

DES COMBLES DE LA SCÈNE

Les combles de la scène présentent cette particularité qu'ils ne sont pas formés de fermes comme les autres combles. Ce sont les murs pignons limitrophes qui remplissent cet office, et supportent alors de grandes pannes de 27 mètres de long, de 1^m,60 de hauteur et construites en tôle à treillis. J'aurais eu, en effet, une portée de 60 mètres environ, si j'avais établi des fermes dans le sens transversal, la difficulté de construction eût été plus grande, et le poids des fers employés, plus considérable.

Ces pannes sont placées isolément vers la partie basse du comble, deux par deux dans la partie moyenne, et trois par trois dans la partie supérieure. Ce qui a motivé cette différence de nombre et par suite cette différence de résistance, c'est que le comble supporte tous les grils, au nombre de trois, et que ces grils, allant naturellement en se rétrécissant au fur et à mesure qu'ils s'élèvent vers le faîte, il en résulte que les pannes extérieures n'ont à supporter qu'une seule partie du gril inférieur, que les pannes médianes supportent une autre partie de ce gril, plus une partie du second gril, et qu'enfin les pannes supérieures supportent deux parties des deux premiers grils, et le troisième tout entier.

Comme on le voit, ces fonctions différentes exigeaient des forces diverses, et au lieu de modifier les dimensions successives des pannes, j'ai préféré garder le même type, et les renforcer par accollement ; de cette façon, l'exécution était bien plus pratique.

Je viens de dire que les grils étaient suspendus au comble ; cette suspension se fait au moyen d'aiguilles de fer, s'attachant aux pannes par leur partie supérieure, et aux poutres du gril par leur partie inférieure. C'est sur ces poutres du gril, qui n'ont que des dimensions relativement petites, que s'assemblent les solives qui reçoivent les planchers à jour, formant leurs sols.

Les aiguilles de suspension de six centimètres de diamètre, placées de trois en trois mètres environ, sont très-suffisantes pour supporter le poids des grils et des engins placés sur eux ; mais, là encore, j'ai dû prendre quelques précautions : il se pouvait qu'une aiguille eût une paille qui eût échappé à la vue ; il se pouvait qu'un boulon fût de mauvaise qualité ; il se pouvait enfin que les vibrations, qui sont très-nombreuses sur ces grils, par suite des manœuvres de toutes sortes qui s'y exécutent, amenassent une décomposition dans les tiges ; il se pouvait enfin qu'une rupture, amenée par une cause quelconque, vînt à se produire, et qu'une partie des grils tombât alors des cintres sur la scène ; et vous jugez quelles pouvaient être les suites de cet accident ! J'ai donc cherché à l'éviter ; je l'ai évité même en doublant de deux en deux les aiguilles de suspension de chacune quatre fils en fer tressé, ayant à eux quatre une résistance égale à celle des tiges. De cette façon, si un accident se manifestait sur l'une de ces aiguilles, il n'en résulterait rien ; les câbles en fil de fer seraient là pour soutenir la charge. Il va de soi que la réciproque aurait également lieu.

Je sais bien que, pour assurer partout une sécurité complète, il ne faudrait pourtant pas doubler tous les supports et toutes les traverses ; mais il y a des cas où il est utile d'agir ainsi, et ils se présentent dans les grils d'un grand théâtre. Là, les occasions de rupture sont plus fréquentes qu'ailleurs ; les aiguilles de support sont exposées à des chocs et à des trépidations répétées ; il peut y avoir des à-coup, des espèces de secousses violentes, qui n'auraient aucun effet sur de grandes fermes, la commotion se répandant dans toute la masse, mais qui peuvent fort bien en avoir sur des tiges de petits diamètres. Une manœuvre mal exécutée, des fils se cassant, des contre-poids s'échappant des treuils ; tout cela peut occasionner un de ces à-coup et faire briser comme une paille des aiguilles qui porteraient un poids continu, bien plus considérable que celui qui causerait la rupture. Ces considérations m'ont amené à aménager ces fils de secours qui empêchent les occupants de la scène de se préoccuper d'un gril de Damoclès, suspendu sur leurs têtes...

De plus, il faut dire que, dans les théâtres comme en beaucoup d'endroits, du reste, les charges permanentes tendent toujours à s'augmenter ; chaque jour de nouveaux engins viennent s'adjoindre à ceux déjà installés, et peu à peu les résistances des soutiens et des supports, surabondantes au commencement de leur service, deviennent juste proportionnées à leur office, pour arriver graduellement à être insuffisantes. Il faut donc toujours compter sur cette progression des charges dans les parties qui, vraisemblablement, doivent avoir des surcharges futures, et les construire de façon qu'elles dépassent, dès le principe, d'une quantité notable, les coefficients de sécurité. C'est ainsi que sont comprises les pannes des combles, qui pourraient même, au besoin, voir leurs forces s'augmenter par l'adjonction de nouveaux treillis et de tendeurs leur servant d'armature. C'est ainsi que j'ai fait pour les aiguilles qui viennent de nous occuper, et dont peut-être l'utilité qu'il y a eue de les accompagner de fils de secours vous est démontrée maintenant.

J'ai vu bien des grils de théâtres en France et à l'étranger, et je suis autorisé à dire qu'il n'y en a pas un seul qui ait les dimensions de ceux de l'Opéra, et qui soit aussi bien aménagé. Je ne tire pas gloire de cet aménagement, le machiniste de l'Opéra, M. Brabant, y ayant eu une grande part ; néanmoins, responsable de tout ce qui s'exécutait dans le théâtre, j'ai dû ne pas renoncer à mon autorité, examiner et contrôler tout ce qui m'était proposé, l'accepter, le modifier ou le refuser, suivant que les choses se présentaient, et, en somme, faire pour ces travaux un peu techniques ce qui se faisait pour les travaux artistiques : assumer sur moi la responsabilité tout entière, et agir alors de façon à ne pas la compromettre.

Si j'indique cette réserve, c'est que, si j'avais abandonné cette opération au chef machiniste, devenu mon entrepreneur, j'aurais été entraîné bien au delà des choses raisonnables, et que, désireux de faire de la machinerie de l'Opéra une merveille ne pouvant être égalée, l'entrepreneur aurait dépassé de beaucoup les crédits disponibles et fait de l'Opéra seulement des dessous et des cintres équipés plus que de raison.

Cependant, en voyant les grils de l'Opéra, on ne se douterait guère qu'ils ne sont qu'une portion de l'ensemble rêvé ; car, en résumé, il n'y manque rien, absolument rien ; tout est équipé dans les meilleures conditions : l'espace est grand, la circulation facile, tous les engins bien établis, et les fils de chanvre ou de cuivre d'une résistance très-suffisante et d'une fabrication très-soignée.

J'ai vu des gens spéciaux sortir enthousiasmés de ces cintres après une visite minutieuse de toutes les parties ; j'ai vu les visiteurs être tous étonnés de cette multitude de cordages, de treuils, de tambours, de poulies, de moufles, etc. De fait, pour qui n'est pas habitué aux choses des théâtres, l'aspect d'un tel gril est réellement imposant. On se trouve dans le milieu d'un grand métier à la Jacquard, en même temps que sur le pont d'un navire, et chacun se demande comment on peut s'y reconnaître dans cette trame qui semble si compliquée. — La chose est pourtant facile : tout est numéroté, tout est à son plan, à sa place ; tout a sa fonction déterminée ; tout enfin est combiné de telle façon, qu'aucune erreur n'est possible, et que les manœuvres se font avec une régularité et une sécurité parfaites. C'est qu'en effet, sauf quelques exceptions motivées par diverses exigences de la mise en scène, tous les plans se ressemblent comme disposition, et que le principe qui régit le mouvement d'une traverse se trouve conservé pour régir celui des autres.

Je ne puis, du reste, prétendre à donner ici une description détaillée de ces grils en tant que machinerie théâtrale. Des planches seules peuvent indiquer les dispositions adoptées, et dans les gravures qui font partie de la monographie de cet ouvrage, on trouvera au regard des indications qui vaudront mieux que mes discours.

Je dirai seulement ceci : c'est que toutes les manœuvres qui se font dans les grils ont pour objet de faire mouvoir les décorations suspendues au cintre, ou les engins qui s'y rapportent : toiles de fond, bandes d'air, frises, vols, gloires, rideau de gaze, contre-poids, herses, ponts-volants, plafonds, etc., et que tout ce qui se rapporte aux manœuvres d'une même catégorie est installé dans le même gril et s'exécute avec des engins de même nature.

Pour terminer ce qui se rapporte aux combles de la scène, je dirai prestement que la construction de ces combles en plomb est aménagée de façon que la circulation soit des plus faciles de toutes parts : trois rangées de larges marches en zinc montent de la base du toit à son faîte, une à chacun des deux murs pignons, l'autre dans l'axe transversal, et que dans le sens des longs pans, se trouvent sept grands chemins horizontaux de circulation dont le supérieur a près de deux mètres de largeur. On peut donc parcourir le toit dans tous les sens, sans aucun danger, sans aucune entrave, et cette facilité de communication, si utile en temps ordinaire et qui deviendrait si précieuse en cas de sinistre, donne, par l'agencement des chemins qui la produisent, un aspect fort typique au grand comble de la scène du nouvel Opéra.

DE LA CONSTRUCTION DE LA CUVE

J'aurais dû écrire ce chapitre le premier, parce que c'est par la cuve et par ses fondations que j'ai commencé l'Opéra ; mais ce n'est pas une raison parce que l'on doit faire une chose, pour qu'on la fasse, et cette grosse interversion le prouve bien.

C'est qu'aussi je pensais d'abord traiter la question d'art, puis ensuite les choses techniques, et je me promettais de donner beaucoup de détails sur cette opération qui n'a pas été sans me préoccuper fort; mais le temps s'est passé; ces préoccupations sont oubliées; la difficulté vaincue m'apparaît bien moins grande, et maintenant, n'ayant guère envie de faire l'école buissonnière avant d'arriver au but, mon premier enthousiasme est bien calmé et mon désir de description bien diminué.

Je dois pourtant dire quelque chose de ces travaux primitifs, quoique, depuis vingt ans déjà qu'ils ont été exécutés, j'aie pu perdre le souvenir de quelques particularités. Je pourrais bien rechercher tout cela dans mes dessins et dans mes rapports ; mais j'ai horreur en ce moment de cette besogne de bénédictin, et je préfère dire les choses au courant de ma mémoire ; cela suffira, du reste, pour indiquer la marche et les moyens suivis.

Disons d'abord que le nom de *cuve* que j'ai donné à ces basses fondations placées sous la scène vient de ce qu'elles forment comme un grand baquet rectangulaire, placé, il est vrai, sous la salle, mais néanmoins entouré d'eau de toutes parts. Je sais bien qu'ordinairement une cuve a de l'eau en dedans; mais elle peut pourtant être enfoncée en partie dans l'élément liquide, être vide à l'intérieur et ne pas moins en être cuve pour cela. En tout cas, ce nom de cuve a été admis dès le principe, il a continué à être employé, et aujourd'hui il a conquis droit de cité et est resté pour désigner cette partie des fondations de l'édifice.

Vous savez tous, chers lecteurs, que le terrain sur lequel devait s'élever l'Opéra est formé de sable compacte, mais laissant filtrer en lui une nappe d'eau de grande étendue, d'une hauteur également fort grande, et ayant, malgré l'obstacle que lui présente cette conformation du sol, une vitesse de courant assez sensible. On a cru retrouver là l'ancien ruisseau de Ménilmontant. Il se peut que ce ruisseau passât dans le voisinage de l'Opéra; mais certainement il ne passait pas au-dessous; car les sables sont homogènes, sans dépôts ni alluvions d'aucune sorte, et il est sûr que, là, n'existait pas un lit quelconque de ruisseau quelconque. Je pense que c'est tout simplement la nappe d'eau souterraine qui alimente les pompes et les puits du quartier, ou du moins qui les alimentait lorsqu'il y avait encore des pompes et des puits, ce qui devient fort rare, maintenant que les eaux de diverses provenances alimentent directement Paris sans le secours de seaux ni de pistons particuliers.

Enfin, que ce soit l'eau d'un ruisseau comblé, ou

l'eau d'une couche aquifère, peu importe ; le fait est qu'il y avait et qu'il y a encore de l'eau sous l'Opéra et que cette circonstance a exigé des travaux particuliers de fondation.

D'après les exigences du programme à remplir et pour donner aux dessous du théâtre une profondeur suffisante, il fallait descendre les basses fondations jusqu'à cinq mètres environ au-dessous du niveau moyen de ces eaux souterraines, et garantir autant que possible ces dessous des infiltrations qui pouvaient se produire, sous peine de les transformer en champignonnières et en marécages. Or, comme l'eau est un ennemi puissant et que, malgré les précautions prises, on ne peut jamais répondre qu'une fissure ne se produise pas, lui donnant entrée (surtout lorsque la pression est extérieure et soulève les enduits au lieu de les maintenir), j'ai pris tout de suite le parti de faire de ces fondations comme une double enveloppe, qui garantit absolument l'intérieur de la seconde contre tout danger d'immersion. Supposons donc que, dans le baquet dont je parlais en commençant, on enfonçât un autre baquet plus petit, qui ne touchât que par des supports au fond et aux parois du grand baquet; on voit tout de suite que les infiltrations qui se manifesteraient pénétreraient tout d'abord dans l'espace vide laissé entre les deux récipients. C'est ainsi qu'a été combiné le système de la cuve de l'Opéra : le vide a été fait autour de l'enveloppe intérieure, et si des infiltrations se produisent, l'eau en résultant pourrait être enlevée au besoin par des pompes, sans gêner en rien le service qui se ferait dans cette enveloppe intérieure. C'est là, j'en suis convaincu, une disposition qui retirait toute crainte d'envahissement des eaux et qu'il était prudent de prendre; du reste, vous verrez bientôt que l'événement m'a donné complétement raison.

Le principe admis, il fallait construire, et comme je ne connaissais pas et ne connais pas encore de construction de ce genre, il a bien fallu que je cherchasse en moi-même le moyen de réussir. J'ai, du reste, hésité fort peu et ai été fixé presque immédiatement sur les procédés à employer et que je vais décrire en prévoyant déjà que je serai plus long que je ne le pensais, si j'en juge par l'espèce de préambule que je viens de perpétrer.

Voici donc ce qui a été fait :

Une fois les fouilles générales exécutées, et lorsque pour les dessous de la scène elles furent arrivées au niveau de l'eau, je fis battre sur tout le périmètre à inscrire, et à une distance d'un mètre environ, deux rangées de pieux ferrés, enfoncés à la sonnette à vapeur. Ces deux rangées étaient espacées l'une de l'autre de deux mètres environ. Ce travail terminé, on commença à fouiller entre les deux rangées en même temps que des pompes Malo et Letestu manœuvraient pour épuiser les eaux, au moyen de quatre puits, profonds de dix mètres chacun, que j'avais fait creuser aux angles du parallélogramme. Pour commencer le travail deux pompes suffirent, et nous pûmes, par ce moyen, descendre déjà d'un mètre dans ces fouilles périmétriques. Au fur et à mesure que l'on creusait le sol, on plaçait des palplanches contre les poteaux, étrésillonnées contre les palplanches du côté opposé, et garnies par derrière, bourrées plutôt, avec de la paille, afin de s'opposer à l'affouillement des sables, qui, entraînés par les eaux, tendaient toujours à s'ébouler et à passer par les interstices des palplanches. Le travail se continua de même, jusqu'au fond de la fouille, à plus de cinq mètres ; mais il fallut alors augmenter le nombre des pompes, qui progressivement fut élevé jusqu'à sept, débitant un volume d'eau considérable. J'ai calculé à cette époque que l'eau ainsi retirée équivalait à peu près à un volume ayant pour base la surface de la cour du Louvre et pour hauteur une élévation double de celle des tours Notre-Dame. Ces pompes ont marché sans interruption jour et nuit pendant deux mois consécutifs, non sans épuiser quelque peu les puits et les pompes existant encore dans le quartier ; de sorte que je fus contraint, pour éviter des réclamations devenant trop fréquentes, de faire établir des bornes fontaines alimentées par les eaux de la ville, là où l'épuisement se faisait sentir chez les voisins. Cela du reste avait peu d'importance ; ce qui me préoccupait davantage, c'était la crainte que les eaux, en se retirant de la couche siliceuse environnante, ne laissassent tasser celle-ci, et par contre que des effets ne se manifestassent dans les maisons du voisinage. Je fis plus d'une visite discrète à ces maisons, notamment à celles de la rue Neuve-des-Mathurins, afin de voir si quelques tassements se manifestaient. Il n'en fut rien heureusement ; car, si j'avais commencé l'Opéra en démolissant les constructions particulières, je crois bien qu'on ne me l'eût pas laissé achever.

Donc, grâce à ces épuisements, je pus mettre d'abord à sec les quatre tranchées pratiquées autour de l'emplacement de la cuve, garnir ces tranchées de plats-bords étrésillonnés fortement, et finalement construire, au milieu de tous ces bois d'étayement, un batardeau en béton, ayant la forme d'un talus et qui devait soutenir la poussée extérieure des terres et des eaux, pour me permettre de travailler à la cuve proprement dite.

Tout se passa régulièrement; la construction fut bien assise et aucun mouvement de poussée ne se manifesta; c'est alors que commença le déblayement de la partie centrale, qui fut fait sans incident, bien que le centre fût encore à un niveau d'un mètre en contre-bas de la fouille du pourtour. Cette différence avait été établie afin de donner au béton, qui devait recouvrir le fond de fouille, une sorte de forme en cuvette et une épaisseur plus grande au milieu pour résister à la poussée des eaux, dont l'effet était plus à craindre au centre isolé qu'à la périphérie, maintenue par les murs de ceinture.

Pendant cette fouille, on retira naturellement la rangée de poteaux intérieure qui devenait libre; quant à celle de l'extérieur, placée entre le terrain et le batardeau en béton, elle ne devait pas être extraite, et elle restait dans le sol. Je me bornai seulement à faire recéper la tête des pieux.

J'ai fait à diverses reprises quelques essais sur la pression des eaux; celle-ci était très-violente; un arrêt d'un quart d'heure seulement sur une des pompes amenait l'eau filtrant à la surface; un arrêt d'un instant sur l'ensemble des appareils à épuisement, et l'eau jaillissait immédiatement de toute la superficie! Il n'y avait donc pas à douter : l'eau n'était pas une simple nappe qu'on pouvait épuiser pour longtemps; elle se renouvelait incessamment et il fallait, dès lors, compter sérieusement avec elle. Heureusement le terrain de sable était bon, résistant, compacte et vierge, et les divers sondages que j'ai fait opérer, jusqu'à la profondeur de dix mètres au-dessous des basses fondations, me donnaient toujours pour résultat des sables de divers agrégats, mais toujours serrés et homogènes dans chacune de leurs couches. Je n'avais donc plus d'inquiétude sur l'assiette future du monument et avouez que c'est déjà quelque chose!

Lorsque la fouille fut complétement terminée, je fis mettre sur la surface totale une couche de béton bien dosée, avec un quart de ciment dans la composition du mortier de chaux hydraulique. Cette couche totale de béton de $1^m,20$ d'épaisseur au pourtour et de $2^m,20$ au centre fut naturellement effectuée par couches particulières de $0^m,16$ à $0^m,20$, fortement pilonnées, et les jonctions de chacune de ces couches furent faites à plein mortier, afin que leur soudure fût complète.

Ce béton général placé, je mis dessus : d'abord une couche de mortier fin de $0^m,10$ d'épaisseur, bien tassée et bien unie; puis une chape de mortier pour rendre la surface aussi plane que possible; puis ensuite sur cette dernière surface, une chape en ciment, avec moitié sable d'une épaisseur de $0^m,05$ et lissée à la surface supérieure. C'est alors que je commençai la plantation des murs de pourtour et des murs de séparation de la scène, avec le couloir du fond. Lorsque cette plantation fut montée à une hauteur d'assise, je bourrai le plus possible, au moyen de ciment, la jonction du lit de pose de ces assises et de la surface par laquelle elle avait lieu; puis, après avoir piqueté la pierre sur une certaine hauteur, je fis faire tout à l'entour de la construction comme une espèce de calfeutrement, également en ciment à forme concave, adoucie, rejoignant la surface du fond de cuve avec celle des parois des pierres.

Cela fait, je mis une nouvelle chape en ciment, pour cette fois de $0^m,02$ d'épaisseur, et dont le travail était conduit régulièrement du nord au sud, et qui partait du haut du calfeutrement ci-dessus indiqué, pour aller, en passant par la surface de la cuve, jusqu'au-dessus du calfeutrement opposé. Puis enfin, je fis faire une nouvelle chape de même matière et de même disposition; mais, cette fois, établie en poursuivant le travail de l'est à l'ouest.

Il va sans dire qu'une fois les chapes terminées, et même au fur et à mesure de leur exécution, elles étaient couvertes de grandes bâches, recouvertes elles-mêmes de sable, arrosé fréquemment, afin que le soleil ne gerçât pas le ciment.

Tous ces travaux minutieux exécutés, commencèrent ceux de maçonnerie en pierre, formant les piles intérieures de support, et la continuation des murs de jonction. Ces piles furent placées sur le sol, à bains de mortier, de ciment et de sable, et montées jusqu'à la hauteur des sommiers des voûtes supérieures. Quant à la partie inférieure, elle se composa de voûtes renversées destinées à résister également à la pression souterraine. Ces voûtes furent construites en briques de Bourgogne, posées également à bain de ciment et jointoyées ensuite avec grand soin. Puis enfin une nouvelle chape en ciment fut étendue sur l'extrados de ces voûtes renversées, ainsi qu'un remplissage en béton destiné à former un sol horizontal. Quant à l'extérieur des murs de pourtour, ils furent d'abord jointoyés au moyen de cordes en chanvre enfoncées dans les lits et les joints, puis enduits par une chape en ciment de $0^m,04$ d'épaisseur, faite en deux fois, sur deux directions différentes, de haut en bas, et de droite à gauche; puis enfin, doublés d'un contre-mur en briques de Bourgogne, toujours garnies en ciment et jointoyées extérieurement. Puis, enfin, un béton ordinaire fut exécuté dans l'espace qui séparait les murs de pourtour du batardeau de construction, et, finalement, les voûtes supérieures des piles étant construites, la pesanteur totale des matériaux employés étant suffisante pour contrebalancer la poussée souterraine, et ne craignant plus dès lors le soulèvement des maçonneries, je fis arrêter le fonctionnement des pompes qui, ainsi que je l'ai dit, avaient marché sans interruption aucune, pendant l'espace de cinq mois.

Vous voyez quelles précautions avaient été prises! Vous voyez que je n'avais rien négligé pour me mettre à l'abri de tout accident! et cependant je n'étais encore qu'à moitié rassuré, sachant fort bien que les bétons exigent un certain temps pour avoir toute leur cohésion et que les cristallisations d'obstruction se font souvent à longue échéance.

Aussi j'attendais avec impatience l'instant où je pourrais constater la réussite complète de nos opérations.

Cependant, si j'avais le grand désir que tout se passât le mieux possible, il me semblait que je ne devrais pas être fâché si quelques infiltrations se manifestaient. En effet, si la cuve inférieure était absolument étanche, j'aurais alors exécuté des travaux inutiles, ou, tout au moins, j'aurais eu excès de prudence en exécutant la seconde enveloppe! C'était du temps passé et de l'argent dépensé qu'on aurait pu économiser. Si, au contraire, des infiltrations se présentaient, cela montrait que j'avais eu grand'raison d'agir comme je l'avais fait, et de me défier d'une ennemie infatigable, ayant déjà causé bien des ennuis à plus d'un constructeur. Mais cette dernière interprétation, si elle constituait comme une affirmation donnée à mes appréhensions, n'en constituerait pas moins, d'un autre côté, comme une sorte d'échec éprouvé dans cette difficile opération. J'avais déjà à cette époque un certain nombre d'envieux qui n'eussent pas été fâchés de répandre le bruit de ma déconvenue.

Je n'étais donc pas sans quelques craintes du résultat futur; aussi, le soir même du jour où les pompes avaient été arrêtées, j'allai seul sur les travaux; et, du haut de la fouille, dans le couloir du fond qui n'était pas encore voûté, je vis comme quelques flaques d'eau sur le béton du sol! Je sentis une violente commotion. Je visitai la chose de plus près, ne pouvant savoir encore si c'était bien des infiltrations qui se montraient, ou si c'était seulement le béton qui perdait son eau, peut-être mis en excès en cet endroit. Néanmoins, je pris une voiture et allai immédiatement prévenir de ce fait l'entrepreneur des travaux, qui fut également surpris de l'incident, et qui, de plus, avait vis-à-vis de moi une responsabilité effective de construction ; les précautions prises paraissaient devoir être efficaces s'il n'y avait pas eu de malfaçon. — Le lendemain matin, à la première heure, nous nous retrouvâmes sur le chantier. L'eau avait encore augmenté, il n'y avait plus de doute ; ou bien quelque fissure s'était déclarée, quelque tassement avait eu lieu, quelques joints avaient été mal garnis, ou bien la cristallisation n'était pas encore assez complète!

Je pris une résolution immédiate : je donnai l'ordre à l'entrepreneur de faire, sans plus attendre, remettre toutes les pompes en jeu; mais au lieu de rejeter l'eau retirée des puits dans les égouts de la ville, je la rejetai, ostensiblement devant tout le monde et les portes du chantier ouvertes, dans la cuve même, déclarant à chacun et même à mon personnel (sauf à mon ami Louvet), que l'expérience avait réussi, mais que, la chaux employée étant hydraulique, il fallait, pour qu'elle fût parfaite, consistante, qu'elle fût baignée dans l'eau pendant une année au moins ; et chacun admira ma sagacité et l'idée merveilleuse que j'avais de me servir de l'eau pour donner plus de résistance contre elle à nos matériaux.

J'avais alors du temps devant moi; je pouvais laisser la cuve remplie jusqu'aux voûtes pendant un an, deux ans, trois ans même et plus; et, comme tout se passerait alors dans un endroit hors des yeux de la foule, je pouvais à mon aise interroger chaque joint, faire des visites minutieuses et réparer peu à peu les endroits qui paraissaient avoir souffert.

Je dois dire au surplus que, dans les circonstances ordinaires et l'opération ayant réussi complétement, si je n'eusse pas inondé la cuve aux yeux de tous, je l'eusse fait au moins en partie par raison. Je craignais toujours qu'une crue subite des eaux ne se manifestât, comme cela est arrivé d'après l'inspection des sables enlevés dans la fouille, où la hauteur avait dépassé de trois mètres le niveau moyen, et, dès lors, la poussée aurait pu devenir trop puissante pour que les maçonneries, alors exécutées, pussent y résister. Aussi il devenait prudent de remplir la cuve pour s'opposer à cette sous-pression. De plus, j'étais convaincu que le temps coagulerait davantage les ciments et les mortiers, et que leur séjour dans l'eau amènerait à un résultat plus prompt. Seulement, j'eusse fait cela après avoir constaté une réussite et il fallait que je le fisse pour cacher une défaite partielle!

Point n'est besoin de dire à présent que, par la suite, et à diverses fois, j'ai pu reconnaître la nature des infiltrations et leur opposer des obstacles qui, peu à peu, ont rendu la cuve parfaitement étanche, et que, si le résultat a été, non pas compromis, mais retardé à l'origine, il est maintenant parfait. Vous comprenez bien, du reste, que, s'il n'en était pas ainsi, je n'irais pas de gaieté de cœur vous dire mes petites misères, et que je laisserais croire, s'il y avait encore de l'eau dans la cuve, que cela est conservé exprès pour le service d'incendie.

Ce ne serait pas du reste tout à fait invraisemblable; car il en a été souvent question, et je ne dis pas qu'à l'avenir on ne considérera pas la cuve comme un grand réservoir destiné à conserver une grande masse d'eau disponible, en cas d'interruption dans la distribution des eaux de la ville.

Du reste, si l'on songe qu'avec une pression de cinq mètres de haut, il suffit qu'il y ait dans toute la surface de la cuve et de ses parois un petit trou de quinze millimètres de diamètre pour y amener une notable quantité d'eau en assez peu de temps, il ne faudrait pas croire qu'à l'avenir de petites infiltrations ne se manifesteront jamais. Il faut toujours être en garde contre des irruptions de ce genre, qu'un tassement, même insensible, peut produire. En tout cas, elles ne nuiraient en rien au service du théâtre, assuré qu'il est par la double enveloppe qui le sépare des eaux et le met à l'abri de tout danger et même de tout inconvénient.

DE BIEN DES CHOSES DONT JE VOULAIS PARLER
ET DONT JE NE PARLERAI GUÈRE
OU NE PARLERAI PAS

En commençant ce grand travail d'écriture qui devait remplir un ou deux volumes, j'avais fait comme une liste des chapitres dont je voulais entretenir mes lecteurs. J'ai pris sur cette liste à droite et à gauche, en haut et en bas, suivant que l'esprit du moment me conduisait vers telle ou telle chose. Maintenant, en parcourant cette liste, je vois encore bien des points qui pourraient servir de sujet à quelques dissertations artistiques ou scientifiques ; mais je me sens réellement fatigué de la besogne que j'ai entreprise, et je crois que vous avez autant que moi hâte d'arriver à la fin. Je vais donc faire un tout de ces sujets divers, les nommant seulement lorsque je ne saurai qu'en dire, ou m'y arrêtant quelque peu si quelques idées me viennent à la cervelle. Je serai peut-être insipide, peut-être intéressant ; je n'en sais rien, et nous verrons bien en route quel chemin nous prendrons. En attendant, je copie les titres inscrits suivant l'ordre, ou plutôt le désordre dans lequel ils se trouvent maintenant, depuis qu'ils sont restés comme épaves dans ma nomenclature générale. Les voici donc : DES LOGES DES CHORISTES ET DES COMPARSES, DU FOYER DU CHANT, DES SALLES DE DANSE, DES

MAGASINS DE DÉCORS, DE QUELQUES CHIFFRES STATISTIQUES, DU SERVICE D'INCENDIE, DES LOGES D'ARTISTES, DES MAGASINS DE COSTUMES, DES CAVES, DES CONDUITES D'EAU, DES PARATONNERRES, DES ESCALIERS DE L'ADMINISTRATION, DE L'ASCENSEUR, DES DÉCORS ET DU SERVICE DE L'ÉLECTRICITÉ.

Il me semble qu'avec tous ces titres-là, il y aurait de quoi remplir encore un volume tout entier ; je n'aurai garde de le tenter ! Bien heureux encore si cela me fournit de quoi remplir ce chapitre que je me plais, en écrivant, à considérer comme le dernier.

Pour m'éviter la difficulté des transitions, vous me permettez, n'est-ce pas, d'inscrire chaque titre au-dessus des paragraphes qui leur seront affectés ? cela divisera le travail et lui donnera l'apparence d'une classification méthodique, qui n'existe pas du tout.

DES LOGES DES CHORISTES ET DES COMPARSES

De ceci j'ai peu de chose à dire, sinon que les toilettes des choristes sont en bois de pichepin, et, si j'indique cette particularité, c'est que je crois que c'est le premier emploi de cette essence qui ait été fait à Paris ; du moins mon menuisier me l'a dit, et j'aime à le croire ; car, ce bois ayant depuis lors fait fort bien son chemin, il me plairait d'avoir ouvert la route.

Quant au reste, il n'y a pas grand'chose à signaler : ce sont de petits arrangements, que je crois ingénieux, d'éclairage, de miroirs, de lavabos et d'armoires ; mais tout cela ne vaut guère la peine que l'on s'y arrête. Les questions de cuvettes et de pots à eau, tout en faisant partie de l'architecture, ne sont pas faites pour révolutionner cet art. Passons donc en disant toutefois que dans ces loges générales, celles affectées au corps de ballet ont au moins l'avantage d'abriter de charmantes jeunes filles, ce qui vaut mieux que tous les profils et les plans du monde entier, pour les abonnés de l'Opéra, qui pensent avec raison que les oiseaux sont plus précieux que la cage. N'est-ce pas aussi votre avis?

Si vous saviez comme tout est gai et pimpant dans ces petites loges du corps de ballet! comme on y caquette gentiment entre deux battements de jambes! C'est la grâce et la jeunesse qui y prennent domicile et le Caton le plus sévère serait lui-même réjoui par ce gazouillement juvénile et par ces frais éclats de rire qui passent au travers des portes entre-bâillées!

Dame, ce n'est pas tout à fait la même chose dans les loges des comparses! les voix sont moins douces, l'atmosphère moins pure ; mais ces braves gens, en somme, paraissent heureux de quitter la blouse ou le bourgeron pour se costumer en hallebardiers ou en seigneurs du temps de Henri II; et, malgré la gaucherie de quelques novices, tout fiers de leurs nouveaux vêtements, la masse des choristes porte assez bien ses beaux habits historiques. Aussi une certaine illusion vous saisit quand on entre dans leur loge et on se croit dans une kermesse du moyen âge ou dans un corps de garde du bon vieux temps.

Je crois maintenant que vous êtes fixés sur les locaux que je viens de vous décrire et qu'il ne vous reste plus rien à apprendre sur ce sujet. Voyons donc le suivant.

DU FOYER DU CHANT

Une grande salle au premier étage, avec une décoration fort simple et des panneaux devant recevoir un jour ou l'autre les portraits des chanteurs et chanteuses les plus célèbres, mais qui, pour l'instant, n'ont reçu que trois couches de peinture; quelques fauteuils confortables, de longs divans, deux candélabres et une douzaine d'appliques, c'est ce dont se compose tout le foyer du chant. Il sert le jour à diverses répétitions de solis ou de demi-ensemble, et le soir à deux ou trois seconds sujets misanthropes, qui viennent essayer leurs basses profondes ou leurs sopranos aigus. Les artistes de primo cartello le délaissent et vont, soit dans leurs loges, soit dans le petit foyer de répliques, installé à l'avant-scène; aussi, pendant le jeu, le foyer du chant a un aspect lugubre et les rares malheureux qui le fréquentent ressemblent à des âmes en peine.

Que voulez-vous? ce n'est pas là que les abonnés se donnent rendez-vous; on n'y danse pas, on n'y cause pas; on n'y sacrifie ni à Vénus ni à Terpsichore, et le dieu qui y préside a l'air grognon et renfrogné que doit prendre tout immortel, voyant son autel sans clients. On prétend pourtant qu'une fois on y a compté jusqu'à dix personnes en dehors de trois chanteurs qui s'y étaient égarés! Mais ce sont là des bruits légendaires, auxquels il ne faut pas ajouter foi. Le foyer du chant est la Thébaïde de l'Opéra. Après tout, il vaut mieux qu'elle soit là que dans la salle.

DES SALLES DE DANSE

Sans compter le foyer de la danse qui sert journellement à diverses répétitions, il y a à l'Opéra deux salles spécialement affectées, l'une aux exercices des danseuses du corps de ballet, l'autre à l'enseignement des jeunes enfants qui se destinent au théâtre. La première est une vaste pièce circulaire, placée à l'étage supérieur de la rotonde du pavillon ouest. L'autre est une immense pièce rectangulaire, placée au-dessus des escaliers secondaires du même côté ouest.

Ces deux salles ont leurs planchers inclinés avec une pente de $0^m,04$ par mètre, pente de la scène, et sont munies de grandes glaces permettant aux danseurs et aux élèves de voir leurs mouvements et de corriger ainsi ce qu'ils peuvent avoir de défectueux.

En dehors de ces indications, il n'y a rien de particulier à dire sur ces salles, qui, naturellement, ont les petites dépendances obligées et comportent un mobilier des plus simples et quelques barres d'exercices.

DES MAGASINS DE DÉCORS

A proprement parler, il n'y a pas, à l'Opéra, de magasins de décors, dans le terme strict du mot. Il n'y a que des remises et des tas pouvant contenir une demi-douzaine de pièces du répertoire. Tout le matériel général de décoration est emmagasiné dans les bâtiments de la rue Richer, formant dépendance de l'Opéra.

N'ayant pas grande envie de sortir du théâtre pour aller visiter ces annexes, bien que celles-ci aient été reconstruites par moi après l'incendie qui les avait détruites il y a une quinzaine d'années, je me bornerai à dire que les *tas* de l'Opéra sont de simples cases juxtaposées et contre les parois desquelles on applique les feuilles de décoration. Celles-ci sont, bien entendu, divisées en deux sections : le côté cour et le côté jardin, qui se remisent alors suivant leur destination, au côté droit ou au côté gauche de la scène. Il faut pourtant constater que les chefs machinistes ont une tendance fort marquée à conserver à l'Opéra le plus possible du matériel scénique, afin d'éviter les voyages aller et retour que ce matériel est obligé de faire souvent du théâtre au magasin. Aussi, au lieu de se conformer strictement aux clauses du cahier des charges, qui imposent au directeur l'obligation de ne pas mettre en réserve à l'Opéra plus de six pièces du répertoire, on est arrivé insensiblement à en mettre sept, huit ou neuf, et je ne sais pas si actuellement cela ne dépasse pas la dizaine! Aussi on se sert de tous les endroits vacants pour y déposer quelques châssis, et les couloirs, affectés aux services généraux, sont plus ou moins envahis par des praticables et des accessoires qui, rigoureusement, devraient en être bannis. Au surplus, cela n'a pas grande importance, et il n'y aurait qu'en cas d'incendie que ce supplément de matières inflammables pourrait être dangereux. Mais les châssis et les toiles des six pièces tolérées seraient déjà suffisants pour alimenter le feu, et un peu plus ou un peu moins de combustible ne changerait sans doute pas grand'chose au désastre, si celui-ci venait à se produire.

Je n'ose donc pas user de mon droit de réclamation au sujet de la violation du cahier des charges, parce que je reconnais que, grâce à cette violation, le service est souvent simplifié, et puis parce que, en résumé, j'aurais aussi des reproches à me faire pour avoir construit en bois les séparations des remises à décors qui eussent dû être faites en matériaux incombustibles.

Mais vous pensez bien que si j'ai fait ainsi, j'ai quelques raisons qui m'excusent : l'une d'elles est que, dans le principe, les remises ne devaient pas être séparées de la scène, afin qu'un nouveau système, indiqué dans le programme du concours, pût être mis à exécution. Dans ce système, en effet, ainsi que je l'ai dit au chapitre de la machinerie, les décors devaient être suspendus par le haut et être placés dans les remises au prolongement de la place qu'ils devaient occuper sur la scène. Dès lors il ne fallait aucun obstacle au mouvement de ces décors. On a vu que ce système n'avait pu être accepté; mais comme la commission chargée de l'étude de la machinerie scénique a mis plus de quatre ans pour ne pas aboutir, il en est résulté que, ne pouvant attendre ses décisions, j'ai dû continuer de construire suivant les données imposées, c'est-à-dire ne pas fonder de mur au-dessous des séparations des remises et de la scène, puisqu'on ne savait encore si ces séparations existeraient, et, en tout cas, à quelle place on les installerait. Il est donc arrivé ceci : c'est que, lorsque la décision a été enfin prise (par moi tout seul), je ne pouvais construire les séparations rigides et pesantes sur des fondations qui n'existaient pas, et que j'ai dû trouver des expédients pour rendre ces séparations les moins lourdes possibles, en les faisant porter sur des filets qui ne gênaient pas les services installés déjà dans les pièces placées au-dessous du bas côté de la scène, et c'est naturellement le bois qui, étant le plus léger, a dû être employé dans cette circonstance.

Quant à l'autre raison que j'ai à invoquer pour défendre l'emploi du bois dans les réseaux des décors, c'est que ce travail s'est fait à la fin des travaux de l'Opéra, alors que le temps était bien limité ; il a fallu prendre tous les moyens possibles pour arriver à l'époque fixée, et le bois seul, par sa facilité à être travaillé, me permettait de mener activement ces dernières opérations. Je dirai, du reste, que les machinistes préfèrent le bois à toute autre matière, celle-ci leur permettant des installations et des modifications faciles et économiques ; aussi, si je regrette personnellement d'avoir été contraint de mettre sur les côtés de la scène plus de bois que je n'eusse voulu en mettre, les machinistes ne le regrettent guère, car ils désireraient même que tout le théâtre ne fût qu'un assemblage de voliges et de planches en sapin. Enfin, ce qui est fait est fait...

J'avais pourtant demandé, il y a quatre ou cinq ans, de recouvrir les planches séparatives par une garniture de staff, qui eût empêché les premières atteintes du feu. La chose était pratique, assez peu coûteuse et pouvait se faire sans interrompre aucun service. Mais, cela arrivant après un commencement d'incendie qui s'était manifesté, et après la destruction du théâtre de Rouen, l'administration, émue de ce dernier désastre et inquiète de la première atteinte, avait immédiatement nommé une commission spéciale, devant étudier les moyens préservatifs à prendre à l'Opéra pour donner une entière sécurité. Cette commission s'est réunie deux ou trois fois, dans le commencement. Mais, depuis cette époque, aucune séance n'a eu lieu; les ministres ont changé, ont oublié la création de leurs devanciers, et la commission s'est éteinte doucement dans l'ombre et dans l'inaction, sort commun à presque toutes les commissions, qui pourraient si bien être remplacées par l'architecte, intéressé plus que personne aux bons résultats de son entreprise!

Mais qui oserait croire à l'avis d'un architecte, ce pelé, ce galeux d'où nous vient tout le mal? Ce qu'il demande est toujours soupçonné d'exagération, ce qu'il désire de billevesée, et ce qu'il propose de machiavélisme. Je crois que l'on nous prend pour des jésuites de l'art, et qu'il n'est pas besoin d'article 7 pour nous combattre! Enfin les commissions servent au moins à enterrer les questions et elles paraissent se contenter de ce bel office de fossoyeur.

N'empêche que si un incendie commençait par ces parois en planches que je pourrais pourtant rendre incombustibles, on me dirait que c'est ma faute, sans songer que cette faute commise, ou plutôt cette obligation jadis imposée, pouvait être effacée très-facilement avec un peu plus de confiance en moi tout seul, et un peu moins de foi dans les commissions à durée illimitée.

DE QUELQUES CHIFFRES STATISTIQUES.

Ce chapitre devait être placé tout à fait à la fin du deuxième volume ; mais je puis en placer ici le titre, puisqu'il y arrive par son ordre d'inscription et qu'en somme je supprime tout ce que je pensais devoir donner à ce sujet.

Ce qui me conduit à cette décision, c'est que vers la fin des travaux, alors que la fièvre du travail nous saisissait tous, le temps manquait pour continuer à dresser les tableaux hebdomadaires marquant les sommes d'emploi de toutes les catégories de fournitures, ainsi que ce qui se rapportait au nombre des ouvriers et à mille petits détails des opérations journalières. Il faudrait donc, ou bien que je donnasse des chiffres incomplets, ou bien que je recherchasse dans tous les mémoires les quantités de matériaux fournis, ce qui serait beaucoup trop long, ou que je continuasse à demander ces renseignements aux divers entrepreneurs qui continueraient, sans nul doute, comme ils ont commencé, à ne pas me les donner. Je sais bien que plusieurs sont morts, ce qui est une excuse valable ; mais la plupart des vivants ne m'ayant pas encore donné ces chiffres requis par moi depuis cinq ans, je crois qu'il faudrait attendre jusqu'à ma caducité pour en être en possession.

D'ailleurs, tout cela n'a maintenant qu'un médiocre intérêt ; on ne lit guère ces tableaux, encombrés de chiffres, et on sait bien, en somme, que l'Opéra est plus grand que la fontaine Gaillon et moins vaste que le palais de l'Exposition du Champ de Mars ; mais si j'ai l'air de triompher de la première en supputant les cubes de matériaux employés, je serai battu par le second, si je compare le poids des fers et des fontes ; et, tout bien pesé, je m'en tiens au titre du chapitre pour montrer que, si je ne fais pas la chose qu'il indique, au moins j'y avais pensé ! Que de rues l'on pourrait paver avec les bonnes intentions! Avec les miennes, je crois que l'on pourrait bien faire la chaussée d'un grand boulevard.

DU SERVICE D'INCENDIE.

Il n'y a rien à dire de particulier sur le service d'incendie à l'Opéra, sinon que, s'il ne diffère guère comme principe des moyens employés ordinairement, il est au moins établi avec un grand développement. Les réservoirs placés au haut de l'édifice sont vastes et comprennent des cylindres à air comprimé à la pression de trois atmosphères; les établissements garnis de tous les appareils sont aussi nombreux que possible, et disposés de façon que toutes les parties de l'édifice, et surtout la scène et ses dépendances, puissent être facilement soumises à leur action. Le service des rondes est organisé dans tous les locaux; des sonneries électriques spéciales partent de tous les points de l'édifice et indiquent au poste central l'endroit où les secours immédiats doivent se porter. De plus, une surveillance active est toujours exercée et les engins visités chaque jour et manœuvrés de façon à s'assurer de leur parfait fonctionnement. En résumé, je ne pense pas qu'il y ait au monde un monument quelconque où les précautions aient été prises avec plus de soin et plus largement.

Ce n'est pas pourtant que j'aie satisfait à tous les désirs des sapeurs-pompiers qui voulaient encore plus qu'il n'y a, et qui considéraient l'Opéra comme le récipient d'une immense pompe, n'ayant d'autre destination que de recevoir des appareils de toute sorte. Néanmoins ce que j'ai mis est plus que suffisant et maintenant les sapeurs-pompiers ne réclament plus rien au delà de ce qui est.

Si, en somme, tout est aménagé avec sagacité et suivant les meilleures conditions, il faut que je rende justice à l'administration des pompiers, qui a, pour ainsi dire, composé le projet suivant les besoins et demandé les appareils qui présentaient le plus de sécurité ; je n'ai guère eu qu'à faire exécuter les instructions qui m'avaient été données en cherchant à les satisfaire de mon mieux, sans nuire aux autres services du théâtre. D'ailleurs, ainsi que cela se pratique chaque fois, l'ouverture de l'Opéra n'a été autorisée qu'après la visite de la commission spéciale de la préfecture de police, instituée à cet effet. Si donc un sinistre éclatait, et que l'on vînt à regretter alors quelques omissions dans l'installation des appareils, je ne saurais réellement en être responsable ; de même que si l'on reconnaissait le bien agencé des établissements, je ne saurais me prévaloir de cette bonne installation. Ce sont les sapeurs-pompiers qui combinent, aménagent et choisissent les engins de secours et fixent leur emplacement ; l'architecte n'a qu'à se conformer à ce programme, imposé par l'administration compétente, et à se borner au rôle de simple exécutant. Ainsi ai-je fait.

Ce n'est pas pourtant que je n'aie reçu à ce sujet d'innombrables propositions, émanant d'inventeurs préconisant leurs systèmes ; mais, dans tout ce qui m'a été proposé, je n'ai rien trouvé dont je pusse faire mon profit ; d'ailleurs je soumettais les moins déraisonnables de ces projets à l'appréciation du commandant des sapeurs-pompiers, et c'est lui qui jugeait de la valeur des inventions. Je dois dire que tous ont été repoussés, le sens pratique et la connaissance des besoins de la scène faisant toujours défaut à ces découvreurs de panacées. Tenez, un exemple entre cent : un certain notaire de province m'a envoyé un rapport long de deux cents pages avec dessins, avec gribouillis plutôt à l'appui, pour proposer un système devant éteindre tout incendie immédiatement : il construisait un réservoir tenant toute la surface de la scène, et qui devait contenir plus de 10,000 mètres cubes. Ce réservoir, percé de trous bouchés avec une bonde ainsi que cela se pratique pour les baignoires, devait, en cas de sinistre, déverser toute son eau sur la scène. Quelle douche! Il n'y avait qu'un malheur, c'est que le notaire oubliait le moyen qu'il faudrait prendre pour soutenir cette cuve de 1800 mètres de surface au-dessus de la tête des acteurs! Et puis, voyez-vous les trous mal bouchés, et une pluie torrentielle éclatant au milieu d'une représentation? Quant à la manœuvre des décors, quant aux grils, cela ne comptait pour rien ; le réservoir seul, et c'est assez! C'était même beaucoup trop, et le rapport du notaire a subi un sort malheureux. Un autre : celui-là, s'intitulant instituteur primaire, proposait de remettre un extincteur (nouveau système) à chaque spectateur, et d'en munir aussi les chanteurs, les musiciens, les choristes et les comparses, qui pourraient fort bien cacher cet instrument sous leurs vêtements; et d'ailleurs, disait-il, on pourrait décorer *artistiquement* ces extincteurs, qui deviendraient ainsi des ornements agréables à la vue. L'incendie éclate (il faut qu'il choisisse son moment, quand tout le monde est réuni), et chacun : comparses, choristes, chanteurs, musiciens, spectateurs et même spectatrices, tient son instrument et seringue à qui mieux mieux sur le foyer incandescent; même, n'est-ce pas, si l'incendie commençait dans les grils. Ce serait là, il est vrai, un beau spectacle, dit l'inventeur ; devant cette foule armée pour le combattre, l'incendie n'aurait plus qu'à battre en retraite! Et dire que ces gens-là sont électeurs! Si c'est dans ce goût-là que mon instituteur professait à ses élèves, il a dû en faire de fameux savants!

Mais passons sur ces lubies, qui attristent plutôt qu'elles ne réjouissent quand on pense que ce ne sont pas des faits isolés, mais que chacun s'imagine être expert dans l'art des autres, quand il n'en sait pas même l'A B C ! Les architectes le savent bien ; il n'y a pas de petit bourgeois qui ne s'imagine être un Ictinus, et qui ne se trouve l'égal de Philibert Delorme, parce qu'il a fait coller tout seul du papier dans son salon! Il n'y a guère que les paysans et les ouvriers qui soient un peu exempts de cette douce manie.

DES LOGES D'ARTISTES.

Une pièce assez grande, confortablement meublée, avec une belle glace et des appareils d'éclairage à glissières, une entrée, un cabinet de toilette; voilà ce dont se compose une loge d'artiste. Le titre suffit donc à lui tout seul, et ce paragraphe est fini.

DES MAGASINS DES COSTUMES.

Des armoires, encore des armoires, toujours des armoires; puis des rayons, des tiroirs, des cartons, des tables, le tout aménagé, comme dans les grands magasins, dans diverses salles, dont une centrale ; cela suffit à donner l'idée des dépôts des costumes de l'Opéra ; mais cela ne dit pas combien tout est arrangé avec ordre, combien les costumes sont soigneusement pendus, pliés ou mis en paquet, avec méthode et classification. Des étiquettes, si bien écrites qu'on les dirait l'œuvre de Nuitter, facilitent le classement et les recherches, et aucune hésitation ne se produit dans le rangement ou l'enlèvement de cette immense quantité de costumes, qui font partie du matériel de l'Opéra. Puis une pièce spéciale est affectée aux armes et aux armures, rangées et entretenues de façon à lutter avec le Musée d'artillerie ; puis d'autres pièces pour les perruques, les bijoux et les menus accessoires ; tout cela également installé avec un ordre parfait ; puis enfin, des bureaux pour les dessinateurs et des salles pour les matières premières ; tel est l'ensemble de ces locaux si importants et qui occupent un étage entier de l'administration et une partie de l'étage supérieur, en y comprenant les ateliers des tailleurs et des couturières.

Ceux-ci, en effet, font partie de la grande division de l'habillement ; ils sont largement établis dans de grandes salles très-élevées de plafond, et garnies de tous les ustensiles nécessaires à la profession de la couture, de la coupe, du repassage, de l'essai des costumes, etc. Il y a là réellement des ateliers plus considérables que ceux des maisons de confections, et je vous prie de croire que les tailleurs et les couturières de l'Opéra ne sont pas les derniers venus dans leur art.

Quant à la question purement artistique, elle ne se montre guère en ces endroits-là ; il s'agissait seulement d'agencer commodément les services, de les grouper, tout en les divisant, et de réaliser pratiquement les exigences d'un programme. C'est ce que j'ai cherché à faire de mon mieux; et, comme les employés aux costumes paraissent d'une humeur plus facile que celle des abonnés de l'Opéra, ils ont bien voulu être satisfaits de leur installation. Mettons donc qu'il en est ainsi ; chacun y trouvera son compte.

DES CAVES

Il est fâcheux que les caves de l'Opéra ne soient guère visitées par le public ; car réellement elles sont fort belles, et par leur étendue, et par leur élévation, et même, si vous m'autorisez à le dire, par leur construction. Ces immenses arceaux qui se suivent, s'accompagnent ou se rencontrent; ces grandes piles en pierre, ou ces murs robustes qui soutiennent les larges voûtes, tout a un air de solidité, de puissance et de grandeur qui n'est pas sans causer une certaine impression. Cela me rappelle que, dans le commencement des travaux, alors que les caves seules étaient en train de se construire, un des ouvriers nouvellement embauché, et qui ne me connaissait pas, me voyant parcourir les fondations, et me prenant pour un visiteur, m'adressa la parole et me dit : « Ah! monsieur, hein, que c'est beau! on dirait d'une prison! » Je crois que le brave homme avait été plus souvent au cabaret qu'à Mazas ; sans cela je ne pense pas qu'une maison de détention eût été pour lui le criterium de la beauté. Je fus néanmoins sensible à cette aimable comparaison, et chaque fois que je passe devant Sainte-Pélagie, je me mets à penser à l'Opéra.

Au surplus, il ne faut pas se dissimuler que dans ces sortes de substructions, où la construction joue le principal rôle, l'effet de grandeur est presque immanquable. La simplicité des dispositions générales, la qualité des matériaux, l'absence de toute ornementation et surtout le manque de lumière qui donne à toute chose un aspect étrange, contribuent à impressionner l'esprit et à étonner les regards. Mais ce qui, à l'Opéra, contribue surtout à cette impression, c'est que, en dehors de la construction proprement dite, les caves contiennent une grande quantité d'appareils divers, qui, par leurs formes assez fantastiques et leur persistance au développement longitudinal, semblent vous transporter dans un autre monde. Ainsi les longues suites de tuyaux de canalisation du gaz, les compteurs, les immenses conduites d'eau, les gargouilles, les égouts, les calorifères et leurs nombreuses ramifications, tout cela rampant sur le sol ou s'accrochant aux voûtes, côtoyant les murs ou traversant les espaces, tout cela fait, pour ainsi dire, vivre les souterrains de l'Opéra, et ressemble à des artères, des veines et des vaisseaux serpentant dans un immense organe dans lequel on se trouverait par hasard tel qu'un ver dans l'intestin, ou une trichine dans les muscles d'un colosse. Que de fois j'ai parcouru ces caves, tout seul, sans la moindre lumière, éclairé seulement par la lumière lointaine de quelques soupiraux, afin de ressentir cette espèce d'influence de terreur et de grandeur, et de défendre mon esprit contre les mesquineries et l'entraînement aux petites préoccupations artistiques! Cela valait presque pour moi un voyage en Italie!

Et quand je pense que plus d'un négociant m'avait

demandé à louer les caves de l'Opéra, afin d'y déposer leurs futailles! Faire de l'Opéra une succursale de l'entrepôt de Bercy! Quel vandalisme! Certes, je ne veux pas médire du vin; mais laissez donc les canalisations souterraines à ces nobles caves comme vous devez laisser les roses aux rosiers, et ne mettez pas vos tonneaux sous mes grandes voûtes! Et dire que ces bons commerçants ne voulaient pas entendre raison, et ne comprenaient pas que l'État se refusât à mettre à leur disposition ces emplacements qui, paraît-il, conserveraient à merveille et le champagne et le chambertin!

Hélas! ces pauvres caves en ont vu bien d'autres pendant le siége, où elles ont servi de dépôt à l'intendance militaire. Remplies jusqu'au faîte de denrées et de liquides, elles avaient perdu leur aspect de mâle grandeur, pour ne plus avoir que celui de bâtiments utilitaires. Mais il y avait là cas de force majeure, et, le cœur atteint par de cruels événements, je ne songeais plus guère à défendre le monument contre les envahissements, profanes en d'autres circonstances, mais sacrés à l'époque douloureuse que nous traversions. Ce n'étaient plus de grands arceaux pollués par des dépôts mercantiles; c'était le temple qui renfermait en lui comme les dernières armes de la défense, le pain de ses vaillants soldats, la subsistance divine, qui pouvait prolonger l'espérance de quelques jours encore, avant qu'elle ne fût envolée avec les rêves dont on se berçait alors.....

DES CONDUITES D'EAU.

J'ai déjà tant parlé de conduites et de tuyaux, que je n'ai pas le courage de recommencer au sujet des eaux, les lecteurs ne devant pas certainement avoir celui de me lire. D'ailleurs un mot suffit pour caractériser la canalisation des eaux de l'Opéra : elle a été étudiée avec un très-grand soin et est complète en tous les points. Quant à décrire les robinets, les valves, les réservoirs et les colonnes montantes, ce serait du temps perdu. Ce sont des travaux ordinaires de canalisation courante, établis naturellement sur une large échelle, mais qui n'offrent aucun intérêt spécial. Donc, en me bornant simplement à dire que la canalisation générale est installée suivant les mêmes principes que celle du gaz, au moyen de branchements faits sur les diverses conduites d'eau de la ville, que les conduites intérieures forment des circulations sans fin, pouvant se réunir ou se séparer à volonté, et que le même système se retrouve dans les colonnes montantes, j'aurai indiqué suffisamment le principe de l'agencement général et je pourrai sans remords terminer là ce paragraphe.

DES PARATONNERRES.

Il en est de même pour celui-ci. Les paratonnerres sont établis suivant les données indiquées dans les dernières instructions officielles, promulguées à ce sujet ; je n'ai fait que les suivre sans me prononcer dans la question si controversée encore de l'utilité ou de l'inutilité des paratonnerres, et même sur celle qui n'est pas encore résolue : des dangers que ces paratonnerres peuvent occasionner! J'en sais plus d'un parmi les plus savants qui soutiennent cette dernière opinion...

En tout cas, les paratonnerres que j'ai mis à l'Opéra, s'ils ne garantissaient pas le monument de la foudre, garantiraient peut-être ma responsabilité si le tonnerre venait à tomber sur l'édifice. Si cela arrive un jour et que je sois encore de ce monde, je vous dirai alors mon opinion à ce sujet; pour l'instant, je n'ai été qu'un fidèle observateur des règles administratives. Ce qui n'empêche que, si le maréchal Vaillant avait encore été mon ministre à la fin des travaux de l'Opéra, il m'eût bien défendu de placer ces pointes aiguës, pour lesquelles il professait la plus grande horreur.

DES ESCALIERS DE L'ADMINISTRATION.

La circulation est très-active dans les escaliers de l'administration, et surtout dans ceux destinés à faire communiquer la scène avec les loges et tous les services du théâtre. Dans de telles circonstances, il importe que les girons de ces escaliers soient en bois, car la montée et la descente sont plus faciles et plus sûres avec eux qu'avec des marches en pierre, surtout lorsque ces mouvements de descente et de montée sont rapides comme cela arrive fréquemment au théâtre après la fin de chaque acte, ou avant le commencement de l'acte. De plus, il est important que ces marches ne soient pas de nature différente de celle des planchers, des loges, des couloirs, et de celle de la scène, pour les danseuses principalement, qui pourraient glisser par suite de ces modifications du sol qui, d'ailleurs, s'il était en pierre, donnerait à leurs pieds si légèrement chaussés une impression de froid désagréable, et peut-être nuisible. Il faut donc que ces sortes d'escaliers soient en bois.

Mais le bois est inflammable, et, en cas d'incendie, si les escaliers se détruisent, la retraite est supprimée aux personnes séjournant à ce moment dans le bâtiment; il faut donc s'arranger pour que les escaliers en bois soient moins sujets à la combustion. C'est ce que j'ai cherché à faire en prenant un système mixte : j'ai construit, sur des espèces de limons en fer à I, une paillasse ayant la forme des marches, et qui, elle-même, peut servir à la descente et à la montée ; puis, c'est sur cette paillasse bien arrasée que j'ai placé les marches pour former giron (les contre-marches étant en tôle). De cette façon, tout l'ensemble est bien moins sujet à prendre feu : le plâtre, parce qu'il résiste fortement à l'incendie ; les bois, parce qu'ils n'ont que la surface extérieure exposée, et que l'inflammation dans ces conditions est bien moins prompte et moins à craindre. Si même ces marches se carbonisaient, le bois détruit, il resterait encore à peu près la forme des marches en fer et en plâtre, qui pourraient au besoin livrer passage aux fuyards.

Au surplus, les escaliers, entourés de murs de pierre de tous côtés, sont fort peu exposés à l'incendie ; de sorte que l'on peut être à peu près convaincu que, en cas de sinistre, le sauvetage pourrait toujours être effectué. Je dirai de plus que ces escaliers sont doubles, c'est-à-dire que les révolutions droites et successives se croisent en allant en sens inverse, en donnant, par le profil général de l'ensemble, à peu près la figure de ces jouets d'enfants, composés de petits bois assemblés en losanges et sur lesquels on fait marcher de petits soldats, en rapprochant ou écartant les branches du bas.

Ces révolutions doubles, qui se communiquent à chaque étage par un large palier, forment donc, en somme, malgré leur réunion, deux escaliers différents, qui peuvent être suivis soit dans tout leur parcours, soit dans telle ou telle partie de révolution que l'on veut, pour passer à son choix de l'une à l'autre. Or, comme il y a deux escaliers semblables, soit donc quatre, plus deux autres escaliers demi-circulaires aux extrémités des couloirs latéraux des loges, plus un grand escalier central conduisant de la scène au dehors, on voit qu'il y a sept escaliers mis à la disposition du personnel du théâtre ; c'est-à-dire, en tenant compte de leur largeur, une place suffisante pour que vingt-cinq personnes au moins puissent passer de front. On juge d'après cela combien les dégagements sont faciles, et l'on voit que, si un incendie se manifestait du côté de l'administration, chacun aurait des moyens de le fuir avec une grande facilité.

Mais je dois constater encore que, à part la scène qui contient assez de matières inflammables pour produire un violent foyer d'incendie, le reste du théâtre, escaliers, foyers, galeries, pavillons et administration ne peuvent théoriquement être atteints par les flammes, quelle que soit leur intensité. Les danseurs peuvent donc s'habiller en paix dans leurs loges, sans craindre un accident, qui pourrait causer peut-être une panique, mais qui serait sans danger pour leur personne.

DE L'ASCENSEUR DES DÉCORS.

L'ascenseur des décors et des chevaux n'est autre qu'une grande cage suspendue par deux points d'attache, équilibrée par des contre-poids, maintenue par des guides, et mue par un treuil, système Bernier. Cette grande cage peut contenir douze chevaux et le chargement d'un chariot de transport des décors; la charge qu'il peut élever est de 12,000 kilogrammes environ, et le temps de l'ascension à la hauteur de douze mètres est de vingt-cinq minutes à une demi-heure. Si le treuil Bernier était actionné par un moteur à vapeur, au lieu d'être à bras d'homme ainsi qu'il l'est d'après les demandes de l'ancien chef machiniste, l'ascension pourrait se faire en cinq minutes; mais, tel qu'il est installé, le monte-charge suffit aux services de la cavalerie et des décorations. Je n'ai pas à décrire ici les détails de toute la construction de cet appareil, ainsi que des armatures diverses qu'il comporte; c'est de la mécanique plutôt que de l'architecture, et je me ferais des envieux si j'avais l'air d'être un homme universel.

Il resterait encore à parler des services de l'électricité appliquée aux effets scéniques; mais, si l'ascenseur est de la mécanique, l'électricité est de la physique : c'est assez pour que j'aie le prétexte de ne rien dire de cette installation, qui est du reste remarquable, dirigée qu'elle a été par M. Dubosq, dont j'ai déjà dit la science pratique dans un chapitre précédent.

J'ai donc fini tout ce que j'avais inscrit sur ma liste,

et ne vois plus rien à dire, à moins de me perdre dans les infiniment petits. Je passe donc tout de suite au chapitre suivant qui a été imprimé avant que celui-ci ne fût écrit, de sorte que l'entrée en matière a l'air de faire double emploi; mais ces quelques lignes vous feront voir au moins que je trouvais déjà le sujet épuisé, et que je cherchais à remplir ce volume par une prose qui ne fût pas mienne. De cela je suis certain d'être pardonné.

DES ŒUVRES D'ART DE L'OPÉRA

J'emprunte à l'excellent travail de mon ami Charles Nuiter les pages qu'il vient de publier, dans l'inventaire général des richesses d'art de la France, en ce qui touche le nouvel Opéra.

Ce travail, fait avec le soin et la conscience dont le très-savant archiviste est coutumier, donnera à lui seul plus de renseignements techniques que je n'en ai mis dans tout le cours de cet ouvrage. Aussi ceux qui préfèrent les documents exacts aux discussions artistiques me sauront certainement gré de l'emprunt que Nuitter m'a autorisé à lui faire.

Dans tous les cas, j'y ai trouvé, moi, un moyen assez pratique pour arriver à terminer ce second volume, que je ne savais plus guère comment remplir.

HISTOIRE.

L'édifice du nouvel Opéra n'a pas de passé, mais nous croyons qu'il ne sera pas sans intérêt de donner quelques détails sur les différentes salles que, sous différents noms, l'Académie de musique a occupées depuis son origine.

C'est à la date du 28 juin 1669 que Louis XIV accorda à Pierre Perrin le privilége d'établir à Paris une académie, « pour y représenter et chanter en public des opéras et représentations en musique et en vers françois ».

Perrin, poëte et pauvre, dut chercher des associés pour son entreprise. Il s'entendit avec le marquis de Sourdeac, connu pour son habileté à construire les machines théâtrales, et le sieur de Champeron fut le bailleur de fonds. Sourdeac et Champeron passèrent, le 8 octobre 1669, un bail avec M. de Laffemas, et louèrent pour cinq ans, moyennant 2,400 livres de loyer, le jeu de paume *de la Bouteille,* situé en face de la rue Guénégaud, sur l'emplacement de la maison qui porte actuellement le n° 42 rue Mazarine, et le n° 43 rue de Seine.

D'après Castil-Blaze, la salle aurait été construite par Guichard, intendant des bâtiments du duc d'Orléans. Nous n'avons pu trouver aucune preuve à l'appui de cette assertion, ni savoir au juste à qui Castil-Blaze l'a empruntée. Du reste, il est probable qu'au point de vue artistique, cette salle n'offrait rien de remarquable.

L'ouverture eut lieu au mois de mars 1671. Le succès fut vif et durable. Sourdeac et Champeron ayant tout mis en œuvre pour évincer Perrin de l'entreprise, celui-ci céda son privilége à Lully.

Un ordre du Roi fit cesser, le 30 mars 1672, les représentations de l'Opéra dans la salle de la rue Mazarine.

Plus tard, de 1673 à 1688, cette salle fut louée aux comédiens français, puis elle redevint un jeu de paume dont il subsistait encore quelques vestiges il y a une trentaine d'années.

Lully, pour n'avoir pas à subir les exigences de Sourdeac, qui, en vertu de son bail, détenait la salle de la rue Mazarine, fit construire par Vigarani une salle de spectacle dans un autre jeu de paume, rue de Vaugirard, du côté du palais du Luxembourg, entre ce palais et la rue des Francs-Bourgeois-Saint-Michel.

Cette salle, inaugurée le 15 novembre 1672, avait un caractère essentiellement provisoire. On prétend même que l'Opéra revint donner quelques représentations à la salle de la rue Mazarine.

Bientôt l'Académie royale de musique devait être plus convenablement logée. Molière étant mort le 16 février 1673, le Roi donna à Lully la salle du Palais-Royal, occupée alors par la troupe de Molière.

Cette salle avait été construite en 1637 par Lemercier, d'après les ordres du cardinal de Richelieu, dans l'aile droite du Palais-Royal, alors Palais-Cardinal, à peu près à la place où est actuellement percée la rue de Valois.

Rien, au dehors, n'en signalait l'existence. C'était une salle de fêtes où le public n'était pas admis, et où l'on avait accès par l'intérieur du palais. Vingt-sept degrés sur lesquels on plaçait des siéges en occupaient à peu près toute la longueur, et formaient un amphithéâtre terminé par un portique composé de trois arcades, auquel venaient se relier deux balcons dorés, posés l'un sur l'autre de chaque côté. Le plafond, peint par Le Maire (probablement Jean Lemaire dit Legros Lemaire), représentait une longue ordonnance de colonnes corinthiennes portant une voûte enrichie de rozons.

C'est là que l'on représenta *Mirame*. En novembre 1660, la troupe de Molière y transporta son théâtre. On avait dû modifier l'œuvre de Lemercier. Les galeries avaient été transformées en étages de loges; pour donner accès au public, on avait construit un escalier à la droite du bâtiment, dans le cul-de-sac appelé Court Orry. De nouvelles modifications furent opérées lorsque Lully s'installa dans cette salle en 1673. La toiture fut surélevée; on éleva aussi le théâtre, afin de donner plus de profondeur aux dessous, pour le jeu des machines.

L'ouverture eut lieu le 15 juin 1673. C'est dans cette salle que furent donnés, en 1716, les premiers bals de l'Opéra. La décoration de la salle de bal était l'œuvre de Servandoni.

En 1732, la salle fut restaurée et ornée de peintures dues à Lemaire[1]. Au-dessus de la loge du roi, le buste d'Apollon, au-dessus de la loge de la reine, le buste de Minerve, étaient suivis, sur la même ligne des panneaux des deuxièmes loges, des bustes des plus célèbres poëtes. Le rideau du théâtre présentait une composition dont les

---

1. Parfait, dans son *Dictionnaire des Théâtres* (additions et corrections, 1756) parle de deux Lemaire dont il n'indique pas les prénoms : le premier, peintre, architecte et décorateur, *mort depuis plusieurs années;* le second, fils du précédent, *actuellement vivant.* C'est le père, probablement, qui, en 1732, avait restauré la salle de l'Opéra.

figures étaient d'environ 7 pieds. Apollon y paraissait au milieu d'une gloire, sur le devant de l'autel des sacrifices, accompagné des différents génies et des Muses. Les armes du Roi formaient le couronnement de la bordure.

Cette salle fut détruite par l'incendie, avec une partie du Palais-Royal, le 6 avril 1763. Après Lully, l'Académie royale de musique y avait été dirigée par Francine, son gendre (1687), tantôt seul, tantôt avec divers associés; Guyenet (1704), Francine et Dumont (1712), Besnier, Chomat, Duchesne et Laval de Saint-Pont, syndics des créanciers de l'Opéra (1713), Destouches (1728), Gruer (1730), Lecomte et Lebœuf (1731), Thuret (1733), Berger (1744), Rebel, Francœur, de Tréfontaine (1747), Rebel et Francœur sous l'autorité du prévôt des marchands (1749), Royer (1754) et Levasseur (1755), dans les mêmes conditions; Rebel et Francœur (1757).

Pendant la construction d'une nouvelle salle, l'Opéra fut logé provisoirement aux Tuileries.

Dans l'aile construite par Louis Levau, entre le pavillon de Marsan et le pavillon central, avait été établie une salle de spectacle. Cette salle, achevée vers la fin de 1660, avait eu pour architecte Amandini. Vigarani en construisit les machines et les décorations. Le plafond était enrichi de sculptures dorées, et de peintures exécutées par Noël Coypel, sur les dessins de Lebrun.

Après avoir servi à des fêtes lors du mariage de Louis XIV et pendant l'enfance de Louis XV, la salle fut occupée par Servandoni, qui y fit représenter, de 1738 à 1754, des pantomimes ou spectacles en machines. Elle fut dès lors désignée sous le nom de *salle des Machines*.

C'est sur l'emplacement de la scène seulement, que

Soufflot, après l'incendie de l'Opéra, construisit une salle et un théâtre à peu près semblables à ceux qui venaient d'être détruits. La partie de la *salle des Machines* réservée aux spectateurs, et dont la décoration était une des plus riches que l'on connût, devint un magasin où l'on entassa les décors de l'Opéra.

La construction de la salle provisoire coûta 409,455 livres. L'Opéra y donna ses représentations du 24 janvier 1764 au 23 janvier 1770. Pendant cette période, à la direction de Rebel et Francœur succéda, en 1767, celle de Berton et Trial qui, en 1770, s'adjoignirent Dauvergne et Joliveau.

Ce même théâtre fut ensuite occupé par les Comédiens français, de 1770 à 1782, puis par les Bouffons italiens, de 1790 à 1791. C'est sur son emplacement que fut établie la salle des séances de la Convention ; plus tard, vers 1804, Percier et Fontaine construisirent dans la même partie du palais une salle de spectacle, une salle d'assemblée pour le conseil d'État et une chapelle.

Le 26 janvier 1770 eut lieu l'ouverture de la nouvelle salle construite par Moreau, au Palais-Royal. L'emplacement était à peu près le même que celui de l'ancienne salle. Celle-ci s'étendait davantage sur la droite. On peut s'en faire une idée assez exacte en prolongeant par la pensée l'architecture de l'aile droite actuelle du Palais-Royal, qu'elle continuait (moins les colonnes toutefois), jusqu'à la maison qui porte actuellement le n° 200, dans la rue Saint-Honoré. Au-dessus des sept larges arcades du rez-de-chaussée régnait un balcon de fer de près de 100 pieds de long, de l'exécution du sieur Deumier; au premier étage, le foyer était éclairé par sept grandes fenêtres.

Les ornements de la façade avaient été exécutés par Vassé, sculpteur du roi.

Le plafond de la salle, supporté par un entablement enrichi de groupes dus également au ciseau de Vassé, avait été peint par Durameau; il représentait les Muses et les Talents rassemblés par le génie des Arts, précédant Apollon qui paraissait sur son char.

C'est pour cette salle que Caffieri avait sculpté les bustes de Quinault, Lully et Rameau.

Le 8 juin 1781, un nouvel incendie détruisit la salle de Moreau; elle avait coûté 2,381,533 livres.

Les directeurs qui se succédèrent dans cete salle furent : Berton, Dauvergne et Joliveau (1771); les mêmes, associés à Rebel (1773), puis sans lui (1775), Berton seul (1776), Buffault et Berton (1777), Devismes du Valgay (1778), Devismes et Buffault (1779), Berton et Dauvergne (1780), Dauvergne, Gossec et le Comité (1781).

La construction d'une salle provisoire fut décidée. L'Opéra, pendant ce temps, donna des représentations de ceux de ses ouvrages qui exigeaient le moins de mise en scène, sur le petit théâtre des Menus-Plaisirs, rue Bergère. C'est sur l'emplacement de cette salle qu'est construite la salle actuelle des concerts du Conservatoire. Les représentations y commencèrent le 14 août 1781.

De là, l'Opéra passa dans une salle construite avec une rapidité exceptionnelle sur l'emplacement du magasin de l'Opéra, boulevard Saint-Martin. Lenoir, par sa soumission du 21 juillet 1781, s'était engagé à terminer la construction en soixante-cinq jours; les travaux commencèrent le 2 août, et l'inauguration eut lieu le 27 octobre, par une représentation gratuite.

En y comprenant la valeur du terrain et le prix de deux maisons, acquises pour établir le foyer du public, les dépenses s'élevèrent à 1,258,651 livres 9 sous 1 dernier.

Les représentations de l'Opéra eurent lieu dans cette salle jusqu'au mois d'août 1794. Les directeurs furent: Dauvergne (1782), Jansen et le Comité (1784), Dauvergne, Francœur neveu et le Comité (1785), Francœur, sous l'autorité de la municipalité (1791), Francœur et Cellerier (1792), le Comité des artistes (1793).

L'Académie de musique, devenue Académie royale avec Lully, n'avait pas changé de titre jusqu'en 1791. Le 24 juin 1791, elle prit le titre d'*Opéra*. Elle s'appela ensuite tour à tour : *Académie de musique,* le 29 juin; *Académie royale de musique,* le 17 septembre; *Académie de musique,* le 15 août 1792; *Opéra,* le 12 août 1693, et *Opéra national,* le 27 vendémiaire an II (18 octobre 1793). Les dates indiquent suffisamment les événements politiques qui amenèrent ces fréquents changements de titre, avec lesquels nous n'en avons pas fini.

Louis, l'illustre architecte du théâtre de Bordeaux et du théâtre des *Variétés amusantes* (depuis Théâtre-Français), avait construit, en 1793, pour la citoyenne Brunet Montansier, un vaste théâtre qui occupait, rue de la Loi, toute la surface actuelle du square Louvois.

Ce théâtre parut plus convenable que la salle du boulevard Saint-Martin, et l'Opéra s'en empara, en vertu d'un décret du 27 germinal an II.

L'aspect extérieur de la salle était sévère : au rez-de-chaussée, onze arcades ; au premier étage, les onze fenêtres du foyer du public ; au-dessus, onze fenêtres plus petites, éclairant une salle qui pouvait servir de lieu de réunion à des clubs ; une extrême sobriété d'ornementation. Au dedans, la salle présentait la disposition justement admirée, qui devait être conservée dans la salle de la rue Lepeletier. Huit colonnes accouplées, formant avant-corps, supportaient quatre grands arcs doubleaux, au-dessus desquels la coupole reposait sur un riche entablement. Le même parti a été adopté par l'architecte du nouvel Opéra. C'est dans cette salle que, à l'inauguration de l'Opéra, le public trouva pour la première fois des sièges au parterre.

Quelques modifications de détail furent apportées par Raymond et Brongniart en l'an V, par Delannoy en 1808. Enfin la salle venait d'être complétement restaurée par Debret en 1820, quand, le 13 février, le duc de Berry fut mortellement frappé à la porte du théâtre. A la suite de cet attentat, il fut décidé que la salle ne servirait plus à des représentations théâtrales, et qu'elle serait démolie.

Voici quelle avait été, dans cette salle, la série des directeurs de l'Opéra : an IV, La Chabaussière, Parny, Mazade, Caillot ; an V, le Comité des artistes ; an VI, Francœur, de Nesle, Baco ; an VIII, Devismes, Bonet de Treiches, puis Cellerier ; an IX, Bonet de Treiches ; an X, Cellerier ; 1802, Morel Lemoyne ; 1803, Bonet ; 1807, Picard ; 1815, Choron, Persuis ; 1817, Courtin, Persuis ; 1819, Viotti.

Le théâtre y reçut tour à tour les dénominations suivantes : an II, 20 thermidor (7 août 1794), *Théâtre des Arts;* an V, 10 ventôse (28 février 1797), *Théâtre de la République et des Arts;* 1802 (24 août), *Théâtre de l'Opéra,* 1804 (29 juin), *Académie impériale de musique;* 1814 (3 avril),

Académie de musique; 1814 (5 avril), Académie royale de musique; 1815 (21 mars), Académie impériale de musique; 1815 (8 juillet), Académie royale de musique.

Réduit de nouveau à s'installer dans des salles provisoires, l'Opéra donna des représentations à la salle Favart. Cette salle, construite en 1782, par Heurtier, pour la Comédie italienne, avait été modifiée par de Wailly en 1783, par Bienaimé en 1797, et restaurée par Peyre et David en 1814. L'Académie royale de musique l'occupa du 19 avril 1820 au 11 mai 1821.

Plus tard, cette salle, restaurée par Lecointe et Hittorf, pour le Théâtre italien, fut incendiée et reconstruite en 1840 par Charpentier.

L'Opéra donna aussi, en 1821, quelques concerts et deux représentations dans la salle Louvois.

Cette salle, située place Louvois, avait été bâtie par Brongniart. Elle fut ouverte le 16 août 1791. Elle fut restaurée en 1801, par Peyre et Clément. Le Théâtre-Italien y joua de 1804 à 1808, et de 1819 à 1825. Pendant cette dernière période, il fut administré par la Direction de l'Opéra.

M. de Choiseul, après avoir cédé l'hôtel et les jardins sur l'emplacement desquels fut construite la salle Favart, avait acquis de l'autre côté du boulevard l'hôtel bâti par Carpentier pour M. Bouret, et qui avait passé ensuite au fameux financier de La Borde. Sous la Révolution, cet hôtel servit à des ventes publiques de meubles. Plus tard, on y installa le ministère de la guerre, et, en 1812, le ministère du commerce et des manufactures. L'état-major de la garde nationale y fut aussi établi. Ce vaste hôtel, dont le jardin s'étendait jusqu'à la rue Lepeletier, se trouvait sans destination en 1820. On y transporta l'Opéra. Une salle provisoire fut construite par M. Debret, sur l'emplacement du jardin ; les appartements et les dépendances de l'hôtel furent utilisés pour le service et l'administration.

La façade sur la rue Lepeletier présentait deux étages de portiques, chacun de neuf arcades ; au rez-de-chaussée, deux avant-corps étaient surmontés de terrasses. L'étage principal, décoré de huit colonnes ioniques, portant autant de statues adossées à l'attique, présentait une imitation du portique de la basilique de Vicence. Quant à l'aspect de la salle, Debret avait conservé l'ordonnance de Louis, et les colonnes, la menuiserie des loges, une partie de la charpente étaient les matériaux mêmes de la salle démolie. L'ouverture eut lieu le 16 août 1821.

En 1854, MM. Visconti et Rohault réparèrent la salle, sans y apporter de notables modifications. En 1863, de nouveaux travaux eurent lieu. C'est à cette époque que le plafond de la salle fut peint par MM. Lenepveu et Boulanger.

Ce plafond présentait quatre groupes principaux, reliés par des figures debout.

Au-dessus de la scène, Apollon, personnifiant le génie de l'art, était entouré des Muses. A sa droite, un Amour tenait l'arc et le flambeau ; Polymnie semblait déclamer ; à sa gauche, Uranie, le front constellé, était couchée ; puis venaient Calliope assise, Clio, Thalie, Melpomène. A la droite de Polymnie, Euterpe, Érato, Terpsichore. Ensuite, le groupe de la musique personnifiée par trois femmes : l'une, au milieu, debout, tenant la harpe ; les deux autres, assises ; celle de gauche, la musique chantante, jouant d'un instrument à archet ; celle de droite, la musique dansante, jouant de la *zampogna*. Une femme jouant du tambourin, un homme et une femme (la danse pastorale), une nymphe et un Amour (la danse amoureuse), reliaient le groupe de la musique au groupe de la danse, placé au fond de la salle, et formé par Thalie, Aglaé, Euphrosyne dansant; plus loin, un faune suivi de sa lionne représentait la danse bachique; un groupe de deux hommes armés, la pyrrhique ou danse guerrière. Une sorcière attisait un foyer, près duquel se dressaient des serpents; des chauves-souris voltigeaient autour de sa tête. Ensuite, le groupe de droite était composé d'une femme debout représentant la Tragédie, ayant à sa gauche Tisiphone, à sa droite Mégère et Alecto; plus à droite, une ombre, debout, rejoignait la figure de Melpomène, que nous avons déjà citée.

Toutes ces figures avaient été peintes par M. Lenepveu, à l'exception des sept figures de la danse amoureuse, des Grâces, de la danse bachique et de la danse guerrière, qui étaient l'œuvre de M. Gustave Boulanger.

Le foyer du public était orné des bustes suivants :

Du côté de la salle : Halévy, Cherubini, Lesueur, Lully, Quinault, Mehul, Sacchini, Gluck, Beethoven, J.-J. Rousseau.

Du côté de la rue Le Peletier : Meyerbeer, Adam, Voltaire, La Fontaine, Homère, Spontini, Paer, Rameau, Racine, Philidor, Molière, Étienne.

La plupart de ces bustes, rangés, comme on le voit, dans un ordre peu méthodique, étaient en plâtre. Le Lully et le Quinault étaient d'anciens marbres. Le Gluck était l'œuvre de Houdon.

Au vestibule d'entrée, on avait placé, depuis 1846, une statue en marbre de Rossini, assis, de M. A. Étex.

Le foyer des artistes du chant était décoré des portraits de Donizetti, de M*m*e Branchu, et de Laïs dans son rôle d'Anacréon.

Les bustes, la statue de Rossini et les tableaux ont été détruits lors de l'incendie qui éclata dans la nuit du 27 au 28 octobre 1873.

Il ne resta rien du théâtre ni de la salle. Le feu, malgré son intensité, respecta presque complétement les anciens bâtiments de l'hôtel Choiseul. Toute la partie située sur la rue Drouot demeura intacte. Le fronton de la façade, qui de ce côté donnait sur la grande cour d'honneur, était orné de figures représentant des enfants jouant avec un lion et un tigre. Ces figures étaient l'œuvre du sculpteur Sébastien Adam dit Adam le cadet; elles avaient été exécutées vers 1755.

L'Opéra fut dirigé, dans la salle de la rue Lepeletier, par Habeneck (1821), Duplantys (1824), Lubbert (1828), Véron (1831), Duponchel (1835), Duponchel et Ed. Monnais (1840), Léon Pillet (1841), Duponchel et Roqueplan (1847), Roqueplan (1849), Alphonse Royer (1856), M. Émile Perrin (1862), M. Halanzier (1871).

Pendant ce temps, ce théâtre porta successivement les dénominations suivantes :

1821, *Académie royale de musique*; 1830 (4 août), *Théâtre de l'Opéra*; 1830 (10 août), *Académie royale de musique*; 1848 (26 février), *Théâtre de la Nation*; 1848 (29 mars), *Opéra, Théâtre de la Nation*; 1850 (2 septembre), *Académie nationale de musique*; 1851 (2 décembre), *Académie impériale de musique*; 1854 (1er juillet), *Théâtre im-*

périal de l'Opéra ; 1870 (4 septembre), *Théâtre national de l'Opéra*.

Après l'incendie, l'Opéra donna des représentations dans la salle Ventadour.

Cette salle, construite en 1828 par MM. Hervé et Guerchy, avait été successivement occupée par le théâtre de l'Opéra-Comique, le Théâtre-Nautique, la Renaissance, et le Théâtre-Italien. En 1868, le Théâtre-Lyrique y avait aussi donné des représentations, aux jours laissés libres par la troupe italienne. La même combinaison permit à l'Opéra de s'y installer provisoirement le 19 janvier 1874, et jusqu'à l'ouverture de la nouvelle salle.

Les terrains sur lesquels le nouvel Opéra est construit appartenaient, vers le milieu du siècle dernier, aux religieux mathurins. Dès 1769, ils en cédèrent une partie, à titre de bail emphytéotique, à plusieurs particuliers, parmi lesquels se trouvait le sieur Sandrié, qui donna son nom au passage que la construction du nouvel Opéra et de ses abords fit disparaître, ainsi que la rue Basse-du-Rempart, l'hôtel d'Osmond[1], etc.

C'est par un décret du 29 septembre 1860, qu'a été déclarée d'utilité publique la construction d'une nouvelle salle d'opéra, sur un emplacement sis entre le boulevard des Capucines, la rue de la Chaussée-d'Antin, la rue Neuve-des-Mathurins et le passage Sandrié.

---

1. Il résulte de documents conservés à la Bibliothèque de la ville de Paris, que, par acte du 16 février 1769, approuvé et confirmé par lettres patentes données à Compiègne le 17 août 1722, les religieux mathurins ont cédé à bail, pour quatre-vingt-dix-neuf ans, à M. François-Jérôme Sandrié, charpentier, entrepreneur de bâtiments, un terrain de nature de marais, contenant quatre arpents dix toises de superficie, situé aux Porcherons, dans la rue Neuve-des-Mathurins, du côté de la Chaussée-d'Antin.

Un arrêté du 29 décembre suivant ouvrit un concours et en détermina les conditions. Un délai d'un mois était accordé aux concurrents.

Le jury était ainsi composé : M. le comte Walewski, ministre d'État, président; MM. Lebas, Gilbert, Caristie, Duban, de Gisors, Hittorff, Lesueur, et Lefuel (membres de l'Académie des beaux-arts, section d'architecture), et MM. de Cardaillac, Questel, Lenormand, et Constant Dufeux (membres du conseil général des bâtiments civils)..

Cent soixante et onze projets furent présentés et exposés. Le jury n'accorda pas le grand prix, mais distingua cinq de ces projets, et désigna celui qui portait le n° 6 pour le premier prix de 6,000 francs; le n° 34, pour le prix de 4,000 francs; le n° 17, pour le prix de 2,000 francs; les n°ˢ 29 et 38, chacun pour un prix de 1,500 francs.

Les auteurs de ces projets étaient MM. Ginain (n° 6), Crepinet et Botrel (n° 34), Garnaud (n° 17), Duc (n° 29), Ch. Garnier (n° 38).

Le jury, en outre, exprima le vœu qu'un nouveau concours fût ouvert entre les auteurs des cinq projets récompensés.

A la suite de ce concours définitif, le projet de M. Charles Garnier fut choisi à l'unanimité, et l'exécution lui en fut confiée. Le rapport concluait en ces termes : « Le travail de cet architecte a été jugé réunir des qualités rares et supérieures, dans la belle et heureuse distribution des plans, l'aspect monumental et caractéristique des façades et des coupes.

« Ancien pensionnaire de l'Académie de France à Rome, M. Garnier, qui se recommandait déjà par ses succès académiques et ses excellentes études des monuments de l'Italie et de la Grèce, a acquis les connaissances pratiques qui lui permettent de remplir avec distinction la glorieuse mission qui lui sera confiée. L'exécution de son projet promet une salle d'opéra digne de Paris et de la France. »

Il serait superflu de constater combien ces prévisions du rapport ont été justifiées par l'achèvement de l'édifice, et à quel point le public a confirmé le jugement du jury.

Les travaux, commencés en août 1861, interrompus pendant les événements de 1870 et de 1871, étaient loin d'être achevés lorsque, dans la nuit du 28 au 29 octobre 1873, la salle d'opéra de la rue Lepeletier fut détruite par l'incendie.

Les travaux du nouvel Opéra reçurent une active impulsion. L'achèvement de certaines parties du monument (le pavillon ouest et le glacier), fut différé, et l'inauguration eut lieu le 5 janvier 1875, par une représentation par ordre, dans laquelle on exécuta différents fragments d'opéras et de ballets [1]. A la sortie, l'architecte, reconnu, fut acclamé par la foule des spectateurs.

La série ordinaire des représentations commença le vendredi 8 janvier.

BIBLIOGRAPHIE.

Outre le *Mercure de France* (aux diverses dates), les *Spectacles de Paris* (almanachs de théâtre publiés par

---

[1]. Premier et deuxième actes de *la Juive;* scène de la bénédiction des poignards, des *Huguenots;* premier tableau du deuxième acte de *la Source;* ouverture de *la Muette de Portici* et de *Guillaume Tell.*

Duchesne), et les *Mémoires secrets pour servir à l'histoire de la république des lettres en France,* par Bachaumont (t. I, II, IV, V, XI, XVII, XIX, XX, XXI, XXV), les principales sources sont les suivantes :

Histoire de l'Académie royale de musique depuis son établissement jusqu'à présent (1738), par Parfait. (Man. Bib. nat. n° 12355 du fonds français.)

Histoire du Théâtre-Français depuis son origine, par les frères Parfait, 1745, in-12.

Histoire de l'Opéra, par Travenol et Durey de Noinville, 1757, in-8°.

Lettre sur la danse et les ballets, par Noverre 1760, in-18.

Lettre à la grecque (sur la salle de l'Opéra), 1764, in-12.

Description historique de la ville de Paris, par Piganiol de La Force, 1765, in-12.

Concours pittoresque pour l'embellissement de l'Opéra, 1770, in-8°.

Observations sur la construction d'une nouvelle salle de l'Opéra, par Noverre, 1781, in-8°.

Lettres sur l'Opéra, par M. C..., 1781, in-12.

Essai sur l'architecture théâtrale, par Patte, 1782, in-8°.

Essai sur l'art de construire les théâtres, leurs machines et leurs mouvements, par le C. Boullet, machiniste du théâtre des Arts, an IX (1801), in-8°.

De la nouvelle salle de l'Opéra, 1821, in-8°.

Sur le Nouvel Opéra et les édifices à péristyle, par Alexandre, 1821, in-8°.

Lettre à madame de B... sur la nouvelle salle de l'Opéra, précédée de stances à J. Debret, 1821, in-8°.

Description du nouveau théâtre italien, par un amateur, 1821, in-8°.

Lettres à Sophie sur la danse, par Baron, 1825, in-8°.

Le Palais-Royal, 1829, in-8°.

Architectonographie des théâtres de Paris, ou parallèle historique et critique de ces édifices, par Donnet et Orgiazzi, 1821, in-8°, et atlas, continué par J.-A. Kaufman, 1837.

Souvenir de la vie et des ouvrages de F.-F. Delannoy, 1839 in-fol.

L'Académie impériale de musique, par Castil Blaze, 1839, in-8°.

Parallèle des théâtres modernes de l'Europe, avec les machines, par Clément Contant, 1842, in-fol. reproduit en 1859, avec un texte par J. de Philippi.

L'amateur d'autographes, revue historique et biographique, par Gabriel Charavay, 1861 et suiv. (Articles relatifs à la salle des machines, t. II, III, IV.)

Revue universelle des Arts. Les créateurs de Paris, par Jules Cousin.

Concours pour le grand Opéra de Paris, par César Daly (*Revue de l'architecture et des travaux publics,* 22ᵉ année). 1861, in-4°.

Mémoires pour le concours de l'Opéra (janvier 1851), par les auteurs du projet n° 131, in-4°.

Critique sur le concours ouvert pour l'édification du nouveau théâtre de l'Opéra, projet qu'il a fait naître, et compte rendu des journaux, par un membre du jury... public, 1861, in-8°.

Le Groupe de la Danse, de M. Carpeaux, jugé au point de vue de la morale, ou essai sur la façade du Nouvel Opéra, par de Salelles, 1869, in-8°.

Le Théâtre, par Charles Garnier, 1874, in-8°.

Peintures décoratives pour le foyer public de l'Opéra, par Paul Baudry, de l'Institut, exposées à l'École nationale des beaux-arts, par E. About, 1874, in-8°.

Le Nouvel Opéra de Paris, par de Calonne (extrait de la *Revue britannique*), 1874, in-8°.

Sur les fondations du Nouvel Opéra de Paris (communication faite à la Société d'encouragement pour l'industrie nationale, séance du 9 avril 1875), par Baude, in-4°.

Peintures décoratives de Paul Baudry, au grand foyer de l'Opéra, étude critique, avec préface de Théophile Gautier, par Émile Bergerat, 1875, in-18.

Visite au Nouvel Opéra, par P. Cézano, 1875, in-8°.

Les Treize Salles de l'Opéra, par Albert de Lasalle, 1875, in-12.

Le Nouvel Opéra, par Charles Nuitter, 1875, in-8°.

Le Nouvel Opéra, par Alphonse Royer (publication de *l'Univers illustré*), 1875, in-folio.

Le Nouvel Opéra, poëme, hommage à M. Ch. Garnier, par Ali Vial de Sabligny, 1875, in-8°.

Le Nouvel Opéra, le monument, les artistes, par X. V. Z., 1875, in-12.

Le Nouvel Opéra de Paris, par Ch. Garnier, 1876, et suiv., gr. in-8°, album in-folio.

EXTÉRIEUR

FAÇADE PRINCIPALE.

Un perron de dix marches en pierre de Saint-Ylie conduit à un rez-de-chaussée en liais de Larris, percé de cinq arcades, décoré de quatre statues et de quatre médaillons. De chaque côté est un avant-corps, percé d'une arcade semblable et orné de deux groupes en pierre. Au-dessus s'étend la *loggia,* dont les seize colonnes monolithes en pierre de Ravière ressortent sur un fond en pierre rouge du Jura. Ces colonnes sont reliées par des balcons en pierre polie de l'Échaillon, portés par des balustres en marbre vert de Suède; elles sont accompagnées par autant de colonnes en marbre fleur de pêcher, aux chapiteaux en bronze doré de deux ors. Ces dernières colonnes soutiennent des *claustra* en pierre du Jura, dont les œils-de-bœuf sont ornés de bustes en bronze doré. Chacun des avant-corps est surmonté d'un fronton sculpté. L'attique est enrichi de sculptures dont le fond est incrusté de mosaïques dorées. Sur toute la façade et sur les avant-corps en retour règne une rangée de masques en bronze doré. Enfin, au-dessous des bandeaux, en marbre de brocatelle violette, s'élèvent à chaque angle des groupes en bronze doré.

Au-dessus de la façade on aperçoit la coupole de la salle revêtue de bronze, et, au delà, le grand mur de la scène s'élevant à une hauteur de 45 mètres, et surmonté aux angles et au sommet de groupes en bronze.

Les groupes qui décorent, au rez-de-chaussée, les

avant-corps de la façade sont, dans l'ordre suivant, en commençant par la gauche :

L'Harmonie ;

La Musique instrumentale ;

La Danse ;

Le Drame lyrique.

L'Harmonie. — Groupe. — Pierre. — H. 3^m,30. — L. du socle : 1^m,75. — Par M. JOUFFROY (François).

Trois figures.

L'Harmonie est montée sur un tertre, au pied duquel sont déposées deux palmes et deux couronnes. Elle a les ailes déployées. Entièrement drapée, elle lève le bras droit en faisant un geste déclamatoire, et du bras gauche elle tient serrées contre sa poitrine une palme et une couronne.

A droite, une femme drapée, — la Poésie, — le bras droit pendant ; elle tient de la main gauche un papier qu'elle lit. Elle est de profil, adossée à la figure principale.

A sa gauche, une femme vue de face, — la Musique, — drapée, le coude gauche et la main droite appuyés sur une haute lyre, tient dans la main gauche relevée une flûte.

Derrière les figures, divers attributs : à droite, un masque tragique, un cor de chasse, des cymbales, une flûte de Pan ; à gauche, une guitare, un tambour de basque, un tympanon.

La Musique instrumentale. — Groupe. — Pierre. —

H. 3ᵐ,30. — L. du socle : 1ᵐ,75. — Par M. Guillaume (Eugène).

Sept figures.

Le génie de la Musique est monté sur un tertre; posé sur la jambe gauche, la droite légèrement fléchie, le haut du corps nu, les ailes déployées, de la main droite levée et tenant un rouleau, il semble commander à l'orchestre; de la main gauche il tient la lyre. A ses pieds, une branche de laurier.

A droite, une femme drapée joue du violon, la tête tournée et les yeux levés vers le bras du génie, qui lui marque la mesure.

A gauche, une femme drapée, la tête ceinte d'un diadème antique, joue de la double flûte.

Au premier plan, deux enfants ailés déroulent une banderolle sur laquelle devaient être écrites les premières mesures de l'ouverture de *Guillaume Tell*. L'enfant de droite est assis sur le socle les jambes croisées, la tête de face; celui de gauche, assis sur le tertre, regarde l'autre enfant.

De chaque côté, derrière les deux femmes, apparaît un enfant. L'un, à gauche, accoudé sur une urne fluviale; l'autre, à droite, les joues gonflées, derrière une touffe de feuilles d'un palmier, auquel est suspendue une lame de bois sonore, premier instrument de musique; ces deux enfants personnifient les harmonies de la nature; l'un, le bruit de la source, et l'autre, le bruit du vent.

La Danse. — Groupe. — Pierre. — H. 3ᵐ,30. — L. du socle : 1ᵐ,75. — Par Carpeaux (Jean-Baptiste).

Neuf figures.

Au centre, le génie de la Danse, nu, s'enlevant les ailes déployées, agite le tambour de basque de la main droite, et, de la main gauche levée, semble exciter les danseuses.

Devant lui, deux danseuses nues se tiennent chacune par la main gauche. Celle de droite, le corps de profil renversé à droite, la tête de face, souriante, les genoux légèrement fléchis, tient de la main droite une guirlande qui retombe et encadre la composition. Celle de gauche est vue de face.

Entre la danseuse de droite et le génie, on distingue au second plan deux danseuses; l'une soutient par la taille la danseuse de droite, dont la chair fléchit sous ses doigts; l'autre, plus près du génie, le corps à peine visible, avance la tête et semble vouloir se glisser dans le groupe; elle pose sa main gauche sur l'épaule gauche de sa compagne.

Plus à droite, au second plan, on aperçoit la tête railleuse, légèrement inclinée, du dieu des jardins dont la gaîne est adossée au mur.

Derrière la femme de gauche, une autre, de profil, dansant sur la jambe gauche, donne la main gauche à la danseuse du premier plan, et la main droite à une femme, au deuxième plan, à peine visible.

Devant le génie, entre les jambes des danseuses, un Amour souriant, à demi couché, tient la marotte levée de la main gauche, et s'appuie de la droite sur son carquois placé à terre, à côté de son arc détendu.

Par terre, sur le devant, une rose. Au fond, à gauche, un masque à peine ébauché.

Certaines parties de ce groupe sont inachevées. Sur la jambe gauche d'une des danseuses, on distingue encore les points du praticien.

On se souvient des ardentes polémiques dont le groupe de la Danse fut l'objet. Vers la fin de 1869, un arrêté ministériel ordonna que ce groupe serait retiré de la place qu'il occupe, et transporté dans l'intérieur du bâtiment.

Un nouveau groupe de la Danse fut commandé à GUMERY (Charles-Alphonse); l'artiste avait achevé son modèle, quand la mort vint le frapper.

Ce groupe est composé de trois figures : la Danse, ailée, vêtue d'une courte tunique, le pied gauche sur un tertre, la jambe droite en avant, tient d'une main le thyrse, et de l'autre le tambour de basque. La tête est levée dans un mouvement plein d'animation et de gaieté. De chaque côté, danse une nymphe demi-nue. Celle de gauche, presque de face, la main droite à la hanche, le bras gauche relevé sur la tête, la jambe gauche en arrière; celle de droite de profil, posée sur la jambe droite, le bras gauche levé.

Le Drame lyrique. — Groupe. — Pierre. — H. $3^m,15$. L. du socle : $1^m,75$. — Par M. PERRAUD (Jean-Joseph).

Quatre figures.

La Vengeance, le sein à demi nu, les ailes déployées, le flambeau dans la main gauche levée, brandissant de la main droite une hache dont le fer est caché par sa tête couronnée de serpents, foule aux pieds le corps du traître, couché à terre, la tête renversée sur le devant du socle, le bras gauche étendu, le droit replié, une blessure à la poitrine.

A gauche, un homme nu, la figure énergique, le pied gauche appuyé sur le bras étendu du traître, relève de la main gauche la draperie qui le voilait, et tient de la main droite le glaive de gladiateur qui vient de le frapper.

A droite, la Vérité, drapée, le corps de profil, la tête de face, le front levé, la main gauche repliée sur la poitrine demi-nue, tient de la main droite un miroir où se réfléchit la figure du coupable.

Le fond est occupé par une stèle.

Sur le perron sont placées quatre figures :

L'Idylle. — Statue. — Pierre. — H. 2^m. — L. du socle : 0^m,80. — Par M. Aizelin (Eugène).

Demi-nue ; de la main gauche elle tient une guirlande de fleurs, et ramène sous le sein les plis de sa tunique. Dans la main droite elle tient le bâton pastoral. A ses pieds, à gauche, un chalumeau.

La Cantate. — Statue. — Pierre. — H. 2^m. — L. du socle : 0^m,80. — Par M. Chapu (Henri-Michel-Antoine).

La tête couronnée de lauriers, drapée, les bras et le sein droit nus, la tête de face, le regard au ciel, elle est posée sur la jambe droite, la jambe gauche fléchie en arrière. Le bras gauche ramené sur la poitrine, le bras droit le long du corps, elle tient des deux mains un rouleau déployé, dont elle semble réciter le contenu.

Le Chant. — Statue. — Pierre. — H. 2^m. — L. du socle : 0^m,80. — Par MM. Dubois (Paul) et Vatrinelle (Ursin-Jules).

Une femme drapée, la tête de face, tient un papier de la main droite : la main gauche est relevée par un geste calme.

Le Drame. — Statue. — Pierre. — H. 2^m. — L. du socle : 0^m,80. — Par M. Falguière (Jean-Alexandre-Joseph).

Une femme couronnée de lauriers, drapée, la tête pensive, s'appuie des deux mains sur une *testudo* posée à terre.

Les tympans du rez-de-chaussée sont décorés de médaillons représentant quatre têtes de profil. Ce sont :

Bach.	*Haydn.*
Pergolèse.	*Cimarosa.*

Diam. 0^m,75. — Par Gumery (Charles-Alphonse).

Les deux premières têtes sont tournées vers la droite; les deux dernières vers la gauche.

Les œils-de-bœuf de la façade renferment des bustes en bronze doré.

H. 1^m,20. — Par MM. Chabaud (Louis-Félix) et Évrard.

A gauche, en retour :

Scribe, 1791-1861.

Sur la façade, dans l'ordre suivant, à partir de la gauche :

Rossini, 1792-1868.
Auber, 1782-1871.
Beethoven, 1770-1827.
Mozart, 1756-1791.

Meyerbeer, 1794-1864.
Halévy, 1799-1862.
Spontini, 1774-1851.

A droite, en retour :

Quinault, 1635-1688.

Les bustes d'Auber, Beethoven, Mozart, Spontini, Meyerbeer, sont dus à M. CHABAUD. Ceux de Scribe, Rossini, Halévy, Quinault, ont été exécutés par M. ÉVRARD.

Les Masques, au bas des consoles en pierre du Jura, sont de M. BARRIAS (Ernest).

Les avant-corps de la façade sont ornés de frontons.

Fronton ouest. — Bas-relief. — Pierre. — H., 2^m,25. — L., 9 mètres. — Par M. PETIT (Jean).

Au centre, sur un écusson, on lit : *Architecture. Industrie*. De chaque côté, une femme est assise de profil. Celle de gauche, drapée, tient de la main droite un compas doré, et, de l'autre main, un rouleau. A ses pieds, un Génie, une flamme dorée au front, tient un flambeau dont la flamme est également dorée ; près de lui, un chapiteau. La femme de droite, demi-nue, parée d'un collier, tient de la main droite une navette, et de l'autre un marteau ; ces divers accessoires sont dorés. Un Génie, une flamme dorée au front, lui présente un vase doré. Près de lui, une ruche, une roue d'engrenage.

Fronton est. — Bas-relief. — H., 2^m,25. — Larg., 9 mètres. — Par M. GRUYÈRE (Théodore-Charles).

Au centre, sur un écusson, on lit : *Peinture. Sculpture*. De chaque côté, une femme est assise de profil; toutes deux sont drapées. A droite, la Peinture tient le pinceau de la main droite, et la palette de l'autre main. Un Amour est à ses pieds. A gauche, la Sculpture tient le marteau d'une main, et le ciseau de l'autre. Un Amour est à ses pieds; près de lui, un buste. Les accessoires sont dorés.

L'attique est orné de quatre médaillons avec figures décoratives.

Médaillons. — Pierre. — H., $3^m,30$. — L., $2^m,20$. — Par M. MAILLET (Jacques-Léonard).

Un Amour nu, la tête penchée en avant, les bras levés, soutient, sur ses ailes recourbées, un médaillon circulaire, surmonté de la couronne impériale. De chaque côté du médaillon, une femme ailée. Celle de droite, presque nue, la tête de face ornée d'un diadème, posée sur la jambe gauche, la jambe droite fléchie, tient un flambeau de la main gauche; le bras droit est relevé, appuyé sur le médaillon; la main droite, tombante, tient une palme. La femme de gauche a le bras gauche dans la même attitude. Posée sur la jambe droite, la jambe gauche croisée par devant; son bras droit, tombant le long du corps, tient une trompette. La tête est couronnée. Une draperie légère laisse découverts le bras, le sein droit et la jambe gauche. A terre, divers attributs, une couronne, des rouleaux.

Le même motif est répété quatre fois, chaque figure étant reproduite alternativement à gauche et à droite du médaillon.

Les Sculptures d'ornements qui entourent les médaillons de l'attique, ainsi que tous les ornements de la façade, sont de M. Louis Villeminot.

L'attique est également décoré de masques, en bronze doré; ces masques sont la dernière œuvre de Klagmann (Jean-Baptiste-Jules). Ils sont au nombre de cinquante-trois, reproduisant douze types de masques antiques, comiques et tragiques.

Enfin l'attique supporte divers groupes en bronze doré :

Groupes.— Bronze doré. — H., 7^m,50.— L. du socle, 5^m,50. — Par Gumery (Charles-Alphonse).

A gauche :

L'Harmonie.

Trois figures

L'Harmonie, la tête radiée, les ailes déployées, drapée, étend le bras droit d'un geste noble, et tient la lyre du bras gauche.

A droite et à gauche sont assises, presque accroupies, deux femmes, demi-nues, ailées, tenant une trompette sur les genoux.

A droite :

La Poésie.

Trois figures.

La Poésie, la tête radiée, les ailes déployées, drapée,

tient le sceptre de la main gauche, et, de la main droite, une couronne et un rouleau.

A droite et à gauche sont assises, presque accroupies, deux femmes demi-nues, ailées, tenant chacune une couronne à la main.

Pégases du grand pignon de la scène. — Groupes. — Bronze. — H., 5 mètres. — L. du socle, 2^m,50. — Par M. LEQUESNE (Eugène-Louis).

Une femme, à demi drapée, vue presque de dos, la tête de profil, retient d'une main Pégase qui se cabre; l'autre main est levée. Devant le cheval, un trophée d'instruments de musique : harpe, lyre, tambour de basque, etc., une guirlande.

Au sommet du pignon :

Apollon, la Poésie et la Musique. — Groupe. — Bronze. — H., jusqu'au sommet de la lyre, 7^m,50. — L., 4 mètres. — Par M. MILLET (Aimé).

Apollon, les épaules couvertes d'une légère draperie qui retombe derrière lui, élève, des deux mains, la lyre au-dessus de sa tête.

A droite, la Poésie assise, complétement drapée, la tête légèrement tournée à gauche, tient le style de la main droite levée, prête à écrire, et une tablette de la main gauche.

A gauche, la Musique, la tête de face, assise, la jambe droite repliée, appuie la main gauche sur un tambour de basque qu'elle tient, de la main droite, posé sur le genou droit. Elle est vêtue de la tunique laconienne fendue; les jambes nues sont chaussées de cothurnes.

FAÇADES LATÉRALES

Les façades latérales, dont un pavillon occupe le centre, sont percées, de chaque côté de ce pavillon, au rez-de-chaussée, de cinq grandes fenêtres cintrées, dont les balustrades sont en pierre de Sampan. Les balustrades des fenêtres du premier étage sont en marbre vert de Suède. Le second étage, correspondant aux œils-de-bœuf de la façade, est orné entre chaque fenêtre de bustes de musiciens, placés dans une niche circulaire dont le fond est revêtu de marbre rouge du Jura. Au-dessus, court, sous la corniche, un bandeau de marbre de Serravezza. Le chéneau est en bronze.

La frise du mur latéral de la scène est décorée de guirlandes, au-dessous desquelles sont placés des œils-de-bœuf dont les uns, pleins, sont garnis d'un fond de mosaïque; les autres sont fermés par un grillage en fonte représentant une lyre.

Les deux pavillons, destinés à des usages différents, ne sont pas d'une construction semblable. Celui de l'est est percé d'arcades à jour, pour la descente à couvert des voitures. Celui de l'ouest, qui, à l'origine, devait former une dépendance de la loge du chef de l'État, est muni d'une double rampe carrossable qui aurait permis aux voitures de s'arrêter dans un vestibule clos et couvert, situé à la hauteur des loges du rez-de-chaussée. A l'entrée de la double rampe s'élèvent des colonnes rostrales en granit d'Écosse ; chacune des entrées de ce pavillon est ornée de deux cariatides.

Les pavillons est et ouest sont ornés de chaque côté d'un fronton en pierre sculptée.

Les façades latérales sont entourées d'une balustrade en pierre polie de Saint-Ylie, avec balustres en marbre bleu turquin. Cette balustrade est surmontée de vingt-deux statues lampadaires, et de huit colonnes en marbre bleu turquin foncé.

COTÉ OUEST.

Cariatides du pavillon ouest. — Statues. — Pierre. — H., 3^m,80. — Diam. du socle, 0^m,80. Côté nord. — Par M. MOREAU (Mathurin).

Elles occupent la partie nord.

Figures drapées, symétriques. Un bras, tombant le long du corps, tient une palme de bronze ; l'autre bras, nu, élevé, tient une couronne de bronze. Les deux couronnes se rejoignent à la clef de l'arcade.

Cariatides du pavillon ouest. — Statues. — Pierre. — H., 3^m,80. — Diam. du socle, 0^m,80. — Par M. ROBERT (Élias).

Elles occupent la partie sud.

Figures drapées, symétriques. D'un bras, elles tiennent élevées des palmes de bronze, qui s'entre-croisent à la clef de l'arcade ; l'autre bras est plié, la main appuyée sur la hanche.

Les frontons d'entrée du vestibule, supportés par ces

cariatides, étaient ornés, à l'origine, d'aigles en bronze, de M. ROUILLARD (Pierre-Louis). Ces emblèmes ont disparu au mois de septembre 1870.

A la même époque, on se borna à voiler les aigles de bronze, aux ailes déployées, des colonnes rostrales placées à l'entrée des rampes du pavillon. Ces aigles sont de M. JACQUEMART (Henri-Alfred).

Les bustes des façades latérales sont pour la partie sud-ouest, en commençant du côté de la façade :

| Cambert. | Rousseau. | Piccini. |
| Campra. | Philidor. | Paësiello. |

Bustes. — Pierre. — H., 1^m,20. — Par M. ITASSE (Adolphe).

Partie nord-ouest. En commençant du côté du pavillon :

| Cherubini. | Nicolo. | Bellini. |
| Méhul. | Weber. | Adam. |

Bustes. — Pierre. — H., 1^m,20. — Par M. DENÉCHAUX (Séraphin).

Deux frontons décorent les façades latérales aux extrémités.

Fronton sud-ouest.

La Musique et la Danse. — Bas-relief. — Pierre. — H., 2^m,25. — L., 9 mètres. — Par M. OTTIN (Auguste-Louis-Marie).

Au centre, sur un écusson, on lit : *la Musique, la Danse*.

A droite, une femme assise, demi-nue, dans une attitude inspirée, joue de la lyre.

A gauche, une femme assise, demi-nue, la tête tournée à droite, arrondit les bras, en jouant des castagnettes.

Aux pieds de chacune des deux figures se tient un Amour.

Le Chant et la Poésie. — Bas-relief. — Pierre. — H., $2^m,25$. — L., 9^m. — Par M. Cabet.

Au centre, sur un écusson, on lit : *le Chant, la Poésie*.

A gauche, une femme demi-nue, assise, s'appuie sur la main gauche qui tient un rouleau; la main droite est levée par un geste oratoire. A ses pieds, un Amour joue de la double flûte.

A droite, une femme demi-nue, assise, la tête levée d'un air inspiré, tient des tablettes de la main gauche, et de la main droite une plume qu'elle approche de l'encrier que lui présente un Amour placé à ses pieds.

Deux frontons décorent le pavillon ouest. Chacun de ces frontons porte, au milieu, les armes impériales, et, de chaque côté, une figure à demi couchée.

Fronton nord. — Bas-relief. — Pierre. — H., $2^m,25$. — L., 9 mètres. — Par Travaux (Pierre).

De chaque côté du motif central, une femme ailée, demi-nue; un Amour est à ses pieds. Auprès de l'Amour de droite, on distingue une chouette, une statuette de

Minerve; auprès de l'autre, qui tient un compas dans sa main appuyée sur un livre, des manuscrits, des rouleaux.

Fronton sud. — Bas-relief. — Pierre. — H., 2^m,25. — L., 9 mètres. — Par POLLET (Joseph-Michel-Ange).

De chaque côté du motif central, une femme assise, le torse droit. Celle de droite, demi-nue, tient une palme dans la main gauche. Celle de gauche tient, de la main droite, un écusson ovale sur lequel on lit : *Sapientia principis*.

COTÉ EST.

Les bustes des façades latérales sont, pour la partie sud-est, en commençant du côté de la façade :

Monteverde.	Jomelli.	Grétry.
Durante.	Monsigny.	Sacchini.

Bustes. — Pierre. — H., 1^m,20. — Par M. WALTER (Joseph-Adolphe-Alexandre).

Partie nord-est. En commençant du côté du pavillon :

Lesueur.	Boïeldieu.	Donizetti.
Berton. (*Henri-Monton 1767-1844*)	Hérold.	Verdi.

Bustes. — Pierre. — H., 1^m,20. — Par M. BRUYER (Léon).

Deux frontons décorent les façades latérales aux extrémités.

Fronton sud-est :

La Comédie et le Drame. — Bas-relief. — Pierre. — H., 2^m,25. — L., 9 mètres. — Par M. GIRARD (Noël-Jules).

Au centre, sur un écusson, on lit : *la Comédie, le Drame.*

A gauche, une femme assise, demi-nue, souriante, tient le masque comique de la main droite, et les verges de la satire de la main gauche. A ses pieds, un Amour.

A droite, une femme assise, vêtue d'une légère draperie, tient la torche de la main gauche et le poignard de la main droite. A ses pieds, un petit Génie lève les bras par un geste d'épouvante.

Fronton nord-est :

La Science et l'Art. — Bas-relief. — Pierre. — H., 2^m,25. — L., 9 mètres. — Par M. MANIGLIER (Henri-Charles).

Au centre, sur un écusson, on lit : *la Science, l'Art.*

A gauche, une femme demi-nue, la main droite posée sur son genou replié, appuie la main gauche sur un globe terrestre. Un petit Génie lui présente un rouleau de la main gauche, et tient un flambeau de la main droite.

A droite, une femme demi-nue, assise, presque de face, porte la main au front d'un air pensif; la main gauche est levée. Un petit Génie lui présente une tablette; près de lui, une palette; près de la femme, un masque comique.

Deux frontons décorent le pavillon est. Chacun de ces frontons porte, au milieu, une horloge et, de chaque côté, une figure à demi couchée.

Fronton sud. — Bas-relief. — Pierre. — H., 2^m,25.
— L., 9^m. — Par M. Truphème (François).

A droite, une femme avec des ailes de papillon, la tête de profil, tournée vers la gauche, vêtue d'une légère draperie, s'appuie du coude droit contre le motif central. Le bras gauche est pendant et ramené vers le centre. A ses pieds, un Amour tient un tambour de basque dans la main droite, et élève une coupe de la main gauche; près de lui, la marotte de la folie.

A gauche, une femme demi-nue, avec des ailes de papillon, la tête de profil, tournée vers la droite, le coude gauche relevé contre le motif central, s'appuie sur le bras droit. A ses pieds, un Amour joue des castagnettes; près de lui, un thyrse, une flûte de Pan.

Fronton nord. — Bas-relief. — Pierre. — H., 2^m,25.
— L., 9^m. — Par M. Sobre.

Deux femmes, sans ailes, sont à demi couchées. Celle de droite, presque nue, le torse de face, la tête couronnée de lierre, tournée vers la gauche, tient de la main droite une guirlande de fleurs qui se relie au motif central, et, du bras gauche replié, elle tient un thyrse. A ses pieds est un Amour élevant une coupe de la main droite, la main gauche appuyée sur un tambour de basque; près de lui, une flûte de Pan.

La femme de gauche, la tête de face, couronnée, se tient adossée au motif central; le coude gauche relevé, la main pendante. De la main droite elle tient le burin. A ses pieds, un Amour, une étoile au front, le bras droit appuyé sur un chapiteau, élève un flambeau de la main gauche.

Lampadaires. — Statues. — Bronze. — H., 2^m,25. — L. du socle, 0^m,55. — Par M. Chabaud (Louis-Félix).

Ces statues sont au nombre de vingt-deux. Elles sont placées sur les balustrades et présentent deux types : *l'Étoile du matin* et *l'Étoile du soir*.

L'une des statues, du bras gauche, ramène sur son front un voile qui pend par derrière, et, du bras droit levé, soutient le lampadaire placé sur sa tête. La jambe droite est croisée devant la jambe gauche.

L'autre statue, du bras droit, ramène sur son front un voile qui flotte derrière elle, et, du bras gauche, elle soutient le lampadaire placé sur sa tête. Elle est appuyée sur la jambe droite placée un peu en arrière; la tête est un peu tournée à droite.

FAÇADE POSTÉRIEURE.

Une porte monumentale et deux portes, fermées par une simple grille, donnent accès dans la cour de l'administration.

Le mur postérieur de la scène est percé d'une grande arcade qui, du neuvième au douzième étage, éclaire de vastes paliers.

Les masques, qui terminent les piliers de cette grande arcade, sont de M. Chabaud. Ils représentent la *Tragédie* et la *Comédie*, ils mesurent 1^m,50. La tête de Minerve, en pierre, haute de cinq mètres, qui orne la clef de l'arcade, est du même artiste. C'est encore lui qui a modelé les masques des couronnements de cheminées.

INTÉRIEUR

VESTIBULES.

En pénétrant dans le vestibule de la façade principale, dont le sol est revêtu d'un dallage à grands compartiments, le public aperçoit, en face, quatre statues assises, représentant quatre compositeurs des écoles française, italienne, allemande et anglaise. Chacun d'eux porte le costume de son temps. Au-dessus de ces statues sont sculptées les armes de la ville natale de chaque compositeur.

Ces figures devaient être exécutées en marbre; pour le moment, c'est le modèle en plâtre qui est mis en place.

Rameau. — Statue. — Plâtre. — H., 1^m,90. — L. du socle, 1^m,20. — Par M. ALLASSEUR (Jean-Jules).

Assis, de face, drapé dans un manteau retombant sur les genoux, il lit le manuscrit du *Traité de l'Harmonie*, qu'il tient de la main gauche. Le coude gauche est appuyé sur le bras du fauteuil. La main droite, reposant sur le bras du fauteuil, tient une plume.

Sous le fauteuil, à droite, des partitions, un archet; à gauche, un violon, des lauriers.

Lulli. — Statue. — Plâtre. — H., 1^m,90. — L. du socle, 1^m,20. — Par M. SCHŒNEWERK (Alexandre).

Assis, de face, le regard haut, inspiré, la main droite sur le genou gauche, la jambe droite repliée en arrière, il tient un manuscrit dans la main gauche. Le bras gauche est accoudé sur un volume manuscrit, posé sur le fauteuil ; on y lit les titres des principaux opéras de Lulli : *Alceste, Thésée, Roland, Armide.*

Sur le sol, à droite, des manuscrits.

Gluck. — Statue. — Plâtre. — H., 1^m,90. — L. du socle, 1^m,20. — Par M. CAVELIER (Jules-Pierre).

Assis, de face, vêtu d'une pelisse fourrée, la jambe gauche un peu en arrière. De la main gauche, il tient un manuscrit appuyé sur le genou gauche. La main droite, levée, tient la plume. La tête levée, le regard dirigé vers la droite, il semble chercher une inspiration.

A gauche, sur le socle, une lyre et des couronnes ; sous le fauteuil, des partitions.

Haendel. — Statue. — Plâtre. — H., 1^m,90. — L. du socle, 1^m,20. — Par M. SALMSON (Jean-Jules).

Assis, de face, la jambe droite repliée, le coude gauche au bras du fauteuil, il tourne la tête vers la gauche. Le bras droit levé, tenant la plume de la main droite, il semble saisir une mélodie et se préparer à l'écrire.

Sous le fauteuil, d'un côté, une lyre et des lauriers ; de l'autre, la partition du *Messie.*

En face de chacune de ces statues, un groupe de lanternes repose sur des gaînes de marbre de Beyrède.

De chaque côté de ce vestibule, on en trouve un autre, de forme octogonale, communiquant avec les galeries latérales et dont les motifs de sculpture décorative ont été exécutés par M. HURPIN.

Par chacune des baies du vestibule principal, dix marches, en marbre vert de Suède, donnent accès à un second vestibule, destiné au service du contrôle, orné de huit panneaux décorés de plaques en marbre de Sarrancolin, et sculptés par MM. Kneth et Chabaud.

De là, on voit en face de soi le grand escalier.

Les spectateurs, qui sont descendus de voiture sous le pavillon est, arrivent au même point par un autre chemin.

Après avoir traversé une galerie close, où une double série de portes intercepte les courants d'air, ils pénètrent dans un vaste vestibule circulaire, situé juste au-dessous de la salle.

La voûte de ce vestibule est supportée par seize colonnes cannelées, en pierre du Jura, ornées de chapiteaux en marbre blanc d'Italie, qui forment tout autour un portique garni de bancs.

Le centre de la voûte est occupé par un zodiaque, entouré de douze têtes rappelant les signes du Zodiaque, et de quatre têtes rappelant les quatre points cardinaux. Le tout est sculpté par M. Chabaud.

Une inscription circulaire, dont les lettres enlacées semblent au premier aspect former des arabesques, contient le nom de l'architecte et les dates de la construction de l'édifice.

Au milieu du vestibule est placée une statue dont le socle est entouré d'un divan.

Mercure. — Statue. — Plâtre bronzé. — H. 1^m,50. — Par Duret (Francisque).

Mercure, posé sur la jambe droite, la gauche appuyée

sur un petit tertre, tient de la main gauche une lyre que la main droite vient de faire vibrer.

A gauche de ce vestibule, trois galeries mènent au grand escalier.

Les galeries de droite et de gauche aboutissent aux premières rampes, qui, par vingt marches, conduisent à la hauteur du vestibule du contrôle.

La galerie du milieu aboutit au-dessous de la voûte du palier central du grand escalier. Là, au milieu d'un bassin d'où s'élancent en branches recourbées des appareils d'éclairage, est placée sur un trépied qui baigne dans le bassin :

La Pythonisse. — Bronze. — H. totale avec le trépied, 2^m,90. — Par MARCELLO (pseudonyme de la duchesse COLONNA DE CASTIGLIONE).

A la base du trépied s'enroulent des serpents.

La Pythonisse, assise, demi-nue, la jambe droite ramenée sous la gauche pendante, se penche, en s'appuyant sur le bras droit posé en arrière, à l'angle du trépied. Elle regarde à droite, le bras gauche tourné en dedans, la main ouverte par un geste défensif. Des serpents s'enroulent dans sa chevelure inculte.

GRAND ESCALIER.

Les marches du grand escalier sont de marbre blanc de Serravezza ; elles sont bordées par une balustrade en onyx, dont les deux cent vingt-huit balustres, en marbre rouge antique, reposent sur des socles de marbre vert de Suède. Les voûtes du palier central et les colonnes qui les soutiennent, construites en pierre de l'Échaillon, sont ornées d'attributs et d'ornements divers, au milieu de délicates arabesques.

A la hauteur du vestibule de la façade, la rampe centrale de l'escalier aboutit à un palier qui donne accès par une porte monumentale aux baignoires, à l'amphithéâtre et à l'orchestre, puis, par les rampes latérales, à l'étage des premières loges et du foyer.

Aux abords de la rampe centrale sont placées, de chaque côté, des figures décoratives supportant des appareils d'éclairage.

Côté ouest.

Figures décoratives. — Groupe. — Galvanoplastie. — H., 2^m,60. — Diam. du socle, 0^m,90. — Par M. Carrier-Belleuse (Albert-Ernest).

Trois figures.

Au centre une femme demi-nue tient sur la tête, de la main gauche, un lampadaire à six branches, de quatre lumières chacune. De la main droite, placée à la hauteur de la hanche, elle tient un faisceau de sept lumières. Devant elle, une femme demi-nue, vue de dos, assise sur le socle, la tête tournée à droite, tient de la main droite une coupe d'où sort un autre faisceau de sept lumières, qui se trouve à la même hauteur que le premier; de la main gauche, qui tient une couronne, elle s'appuie sur le socle. Une draperie, retenue par une riche ceinture d'orfévrerie, couvre la jambe droite et retombe sur l'onyx du piédestal. Derrière, un enfant nu, courant, le pied droit à terre, tient de la main gauche un faisceau de sept lumières.

Côté est.

Figures décoratives. — Galvanoplastie. — H., 2^m,60. — Diam. du socle, 0^m,90. — Par M. CARRIER-BELLEUSE (Albert-Ernest).

Au centre, une femme demi-nue tient sur la tête, de la main droite, un lampadaire à six branches, de quatre lumières chacune; de la main gauche, elle tient un faisceau de sept lumières. Devant elle, une femme assise, de face, la tête tournée à gauche, tient, de la main droite levée, un faisceau de sept lumières, qui se trouve à la même hauteur que le premier; elle s'appuie de la main gauche sur un tambour de basque, posé sur le socle; la jambe gauche, nue, est repliée sous la jambe droite, couverte d'une draperie qui retombe sur le socle; le pied, nu, est pendant. Par derrière, un enfant nu, dansant, cambré à droite, tient de la main gauche un faisceau de sept lumières, et, de la main droite, relève la draperie de la figure centrale.

La porte monumentale du palier central, exécutée avec des marbres précieux, est décorée de deux cariatides, qui soutiennent un fronton au-dessus duquel deux enfants, en marbre blanc, s'appuient sur les armes de la Ville de Paris.

Côté ouest.

La Tragédie. — Statue. — Marbre et bronze. — H., 2^m,60. — L. du socle, 0^m,70. — Par M. THOMAS (Gabriel-Jules).

Le corps est en bronze, les draperies sont en marbre. La tête est ceinte d'un diadème doré; les bras sont nus; le bras droit, accoudé sur la base de l'une des grandes colonnes de l'escalier, tient une épée à lame argentée, la pointe appuyée sur le soubassement de la colonne; la main gauche est posée à la hanche, le poing fermé. Un masque tragique est placé sur le soubassement. La tunique et la robe sont de marbre vert de Suède; le manteau et la chlamyde, de marbre jaune. La jambe droite, nue depuis le genou, s'appuie à droite sur le pied fléchi. La ceinture et le cothurne sont dorés.

Côté est.

La Comédie. — Statue. — Marbre et bronze. — H., 2^m,60. — L. du socle, 0^m,70. — Par M. Thomas (Gabriel-Jules).

Le corps est en bronze, les draperies sont en marbre. La tête, dont les cheveux sont nattés, est couronnée de lauriers dorés. La main droite, ouverte, repose sur la hanche. La main gauche, relevée, tient une harpe dorée, appuyée sur le soubassement de la colonne voisine. La robe et la tunique sont de marbre jaune; la chlamyde est de marbre vert de Suède; les sandales sont dorées.

Les bronzes de ces deux cariatides ont été exécutés par M. Christofle. La marbrerie, comme toute celle de l'escalier, a été faite par MM. Drouet et Lozier.

Au-dessus du fronton, que supportent les deux cariatides que nous venons de décrire :

Enfants. — Statues. — Marbre. — Hauteur totale avec le blason aux armes de la Ville de Paris, 1^m,50. — Par M. Jules Thomas.

Ces enfants, au nombre de deux, soutiennent d'un bras la couronne murale ; l'autre bras tient l'écusson décoré des armes de la Ville de Paris.

Au premier étage, tout autour de la cage de l'escalier, s'élèvent trente colonnes monolithes de marbre Sarrancolin, aux bases et aux chapiteaux en marbre blanc de Saint-Béat. Du côté de l'avant-foyer, ces colonnes sont accouplées par groupe de quatre; sur les autres faces, elles sont accouplées par deux, et, au droit de chaque colonne, sur le mur correspondant, est placé un pilastre en marbre fleur de pêcher, ou en brèche violette. Ces colonnes et ces pilastres soutiennent les archivoltes des arcades de la voûte.

Autour de la cage de l'escalier, devant le soubassement de chaque groupe de colonnes, sont placés des candélabres portant cinq lumières.

La voûte est percée de douze pénétrations en forme d'arcades, correspondant aux arcades inférieures. Les têtes d'enfants des tympans des arcades ont été sculptées par M. CHABAUD (Louis-Félix), qui a également sculpté les huit têtes des dessus de portes, représentant des types d'habitants des quatre parties du monde.

L'entre-colonnement qui, du côté du foyer, s'ouvre jusqu'à la hauteur des arcades, est, sur les autres faces, relié par des balcons qui correspondent à chacun des étages de la salle. Au premier étage, ils avancent sur la cage de l'escalier, par un encorbellement dont les balustres de spath-fluor, et les dés, de marbres divers, supportent une rampe en onyx d'Algérie. Au second et au troisième étage, ces balcons sont en bronze ; au-dessus, ils sont en marbre de Campan et en pierre de Saint-Ylie, et supportent des pots à feu éclairant la partie supérieure de l'escalier.

Les sculptures de la partie inférieure de l'escalier ont été exécutées par M. Corboz ; à partir du niveau des premières loges, elles sont de M. Choiselat (Ambroise).

La voûte, percée d'une lanterne qui, pendant le jour, suffit à éclairer toutes les parties de l'escalier et permet d'en apprécier toutes les splendeurs, est décorée de quatre grands caissons représentant des sujets allégoriques.

Côté nord :

Le Triomphe d'Apollon. — Toile marouflée. — H. 5^m. — L. à la base : 15^m. — Au sommet : 4^m. — Par Pils (Isidore-Alexandre-Auguste).

Trois figures.

Apollon, le carquois sur l'épaule, est debout sur son char, traîné par quatre coursiers qui occupent toute la partie gauche de la composition. Derrière le dieu, on aperçoit le disque enflammé du soleil.

Au centre, une femme ailée planant au-dessus d'Apollon, le couronne de la main gauche, et tient la trompette de la main droite.

A droite, une pythonisse vêtue d'une draperie bleu foncé, la main droite au front, d'un geste inspiré, tient le livre du destin ouvert sur ses genoux. A ses pieds sont déposés d'autres livres, le masque tragique et le masque comique. A sa droite fume le trépied de Delphes, près duquel se dresse le serpent symbolique.

Côté est :

Minerve combattant la force brutale devant l'Olympe

réuni. — Toile marouflée. — H. 5ᵐ. — L. à la base : 15ᵐ. — Au sommet : 4ᵐ. — Par Pils (Isidore-Alexandre-Auguste).

Dix-huit figures.

A droite, une divinité ailée, drapée de jaune, couronne Minerve qui, personnifiant la lutte de l'intelligence contre la force matérielle, fait reculer Neptune armé de son trident. La déesse, la tête couverte du casque d'or, revêtue de la cuirasse aux écailles d'or, tient avec un geste de menace la branche d'olivier de la main droite, et se couvre de l'égide de la main gauche. Un olivier est à ses pieds ; sur un des rameaux se tient la chouette.

A côté de Neptune, Amphitrite, vue de dos, apparaît au milieu des flots qui viennent se briser sur le rivage où se tient Minerve. Plus loin un cheval marin s'enfuit.

A gauche, au premier plan, Vulcain, vu de dos, son marteau dans la main droite, est à côté de Vénus, debout, tenant un miroir de la main gauche. Près de Vénus, à sa droite, se jouent trois Amours, l'un sous son bras à demi relevé, les deux autres voltigeant près de sa tête ; à sa gauche, l'Amour se tient debout, son carquois à ses pieds ; derrière lui, sur le char d'où la déesse vient de descendre, se tient le paon de Junon.

A gauche de Vulcain, un enfant tient un casque ; au-dessous sont entassés des armes, un casque, un bouclier, une masse d'armes, des lances.

Au centre, entre Vénus et Minerve, Junon, à demi vêtue d'une draperie bleue, offre l'ambroisie à un aigle placé à sa droite. Mercure est assis, le caducée dans la main droite.

Plus loin, on aperçoit vaguement d'autres groupes de divinités; au second plan, un dieu et une déesse; plus loin encore, trois figures dont l'une tient une lyre.

Côté sud :

Le Charme de la musique. — Toile marouflée. — H. 5^m. — L. à la base : 15^m. — Au sommet : 4^m. — Par PILS (Isidore-Alexandre-Auguste).

Dix-huit figures.

Au centre, Orphée, la tête radiée, jouant d'un instrument à archet, charme les animaux. Près de lui une femme demi-nue, drapée de vert, s'appuie sur une urne, emblème des sources de l'harmonie.

Un tigre, un lion se roulent aux pieds d'Orphée ; plus loin, un paon écoute ; Cerbère à la triple tête, à la queue de dragon semble vouloir escalader le nuage sur lequel Orphée est assis.

A gauche, l'Amour, versant à boire à un faune, personnifie la musique bachique.

La musique champêtre est représentée par une femme aux côtés de laquelle est assis un faune tenant un chalumeau.

Derrière eux un groupe de trois femmes demi-nues, dansant en se tenant par la main, représente la musique de danse.

A gauche, dans le lointain, on aperçoit deux nymphes, dont l'une tient un tambour de basque. Plus loin, une troisième semble accourir.

A la droite d'Orphée, la musique guerrière est représentée par des chevaliers armés de toutes pièces, qui s'avancent montés sur des chevaux bardés de fer. Au premier plan, un chevalier fait retentir la trompette. D'autres chevaliers le suivent, déployant des étendards ; le cortége se perd dans l'éloignement.

Côté ouest :

La Ville de Paris recevant le plan du nouvel Opéra. — Toile marouflée. — H. 5^m. — L. à la base : 15^m. — Au sommet : 4^m. — Par PILS (Isidore-Alexandre-Auguste).

Sept figures.

A droite, la Ville de Paris, représentée par une femme revêtue de la cuirasse, drapée de violet, est assise sur le vaisseau symbolique. L'écusson aux armes de Paris est à droite. Elle s'appuie de la main gauche sur un glaive nu, et de la droite semble accepter le plan qui lui est présenté.

A ses pieds est couchée une femme demi-nue représentant la Seine ; des fruits, des raisins, des fleurs, sont le symbole de la fertilité des régions qu'elle arrose.

A gauche, au premier plan, la Peinture, vue presque de dos, la tête de profil, vêtue d'une tunique blanche et d'un manteau de pourpre, tient la palette d'une main et le pinceau de l'autre. Derrière elle sont entassés des objets d'art, des armes, un bouclier, une hallebarde, un casque, des étendards.

Au-dessus, une femme vêtue d'une tunique jaune, assise, tenant un livre ouvert sur ses genoux, le bras droit appuyé sur une lyre, le masque tragique à ses pieds, personnifie l'alliance de la poésie et de la musique.

Plus à droite, une femme demi-nue, la Sculpture, tient le marteau de la main gauche, et de la main droite la statuette d'or de *Venus victrix,* debout sur une sphère d'azur. A ses pieds sont épars des tapis, des aiguières, des armes ciselées, des pièces d'orfévrerie, des porcelaines.

Vers le centre, une femme vêtue d'une draperie orange, personnifiant l'architecture, présente le plan du nouvel Opéra à la Ville de Paris.

Au-dessus, le Génie des beaux-arts, auprès de Pégase, élève son flambeau.

AVANT-FOYER.

L'avant-foyer se compose d'une galerie de vingt mètres de long, à chaque extrémité de laquelle se trouve un salon ouvert, qui communique avec les corridors du premier étage de la salle.

La galerie donne, d'un côté, sur le grand escalier, de l'autre sur le grand foyer. Cette dernière partie est ornée de huit pilastres en marbre fleur de pêcher, portant des arcades dans le tympan desquelles des enfants, assis sur la corniche, soutiennent des médaillons.

Premier tympan (côté est). — L. des tympans : 5^m. — H. $1^m,40$.

A gauche :

La Peinture en bâtiments. — Statue. — Plâtre. — H. $1^m,30$. — Par M. CHEVALIER (H.).

Un enfant ailé, nu, est assis sur la corniche, les jambes pendantes, les pieds croisés. Il tient le pinceau de la main droite; le bras gauche est accoudé sur le médaillon, la main gauche levée. La tête, de profil, est tournée à droite. Des deux côtés, accessoires du peintre en bâtiments : bidon à essences, brosses, règles, seau à couleurs, etc.

A droite :

La Fumisterie. — Statue. — Plâtre. — H. : 1ᵐ,30. — Par M. CHEVALIER (H).

Un enfant ailé, nu, est assis sur la corniche, la jambe repliée sous la droite pendante. La tête est tournée à gauche : le bras droit, relevé, est accoudé au médaillon. La main gauche, passée derrière un tuyau de cheminée, tient la raclette ; à gauche, accessoires de fumiste et de ramoneur.

Deuxième tympan (dans l'axe).

A gauche :

La Mosaïque. — Statue. — Plâtre. — H. : 1ᵐ,30. — Par M. MATHIEU-MEUSNIER (Roland.)

Un enfant ailé, presque nu, est assis, le pied droit posé sur la corniche, la jambe gauche pendante. La tête est de face, les cheveux sont frisés à la mode de l'antique Orient ; le bras gauche est appuyé sur l'écusson ; il tient de la main gauche un petit cube de mosaïque, de la main droite le marteau du mosaïste.

A droite :

La Mécanique. — Statue. — Plâtre. — H. : 1ᵐ,30. — Par M. MATHIEU-MEUSNIER (Roland.)

Un enfant ailé, presque nu, est assis, le pied gauche posé sur la corniche, le pied droit pendant. La tête est de face ; il tient, des deux mains, une roue d'engrenage placée à droite.

Troisième tympan (côté ouest).

A gauche :

La Couverture. — Statue. — Plâtre. — H. 1^m,30. Par M. GUITTON (Gaston-Victor-Édouard-Gustave).

Un enfant ailé, nu, est assis sur la corniche, le pied droit ramené sur la jambe gauche, la tête de profil, tournée à gauche ; la main droite, relevée, s'appuie sur un chéneau ; le bras gauche est accoudé à l'écusson ; la main gauche tient l'essette ; sur la corniche, le fourneau et les outils du soudeur.

A droite :

La Marbrerie. — Statue. — Plâtre. — H. 1^m,30. — Par M. GUITTON (Gaston-Victor-Édouard-Gustave).

Un enfant ailé, nu, est assis, le pied gauche sur la corniche, la jambe droite pendante, la tête tournée à droite ; le bras droit est accoudé à l'écusson ; dans la main droite, le marteau du marbrier. La main gauche tient le ciseau ; sur la corniche, à gauche, le maillet, le compas, un chapiteau.

Entre les pilastres, se trouvent alternativement trois portes de sept mètres de haut, donnant accès sur le grand foyer, et deux panneaux ornés de glaces. Sur les pieds-droits des extrémités, de chaque côté de la galerie, sont appendus, au milieu de palmes en bronze, quatre médaillons en émail.

Chacun de ces médaillons représente, sur un fond bleu, un instrument de musique de la France, de l'Égypte, de la Grèce, de l'Italie, entouré de feuillages caractéristiques.

Le nom du pays, en grec, est inscrit dans un cartouche, au-dessous de chacun de ces médaillons.

ΓΑΛΛΙΑ. — Médaillon sur émail. — Diam. 1ᵐ. — Par M. SOLLIER (Émile).

L'instrument caractéristique de la France est l'Oliphant.

ΑΙΓΥΠΤΟΣ. — Médaillon sur émail. — Diam. 1ᵐ. — Par M. SOLLIER (Émile).

L'instrument caractéristique de l'Égypte est le Sistre.

ΕΛΛΑΣ. — Médaillon sur émail. — Diam. 1ᵐ. — Par M. SOLLIER (Émile).

L'instrument caractéristique de la Grèce est la Lyre.

ΙΤΑΛΙΑ. — Médaillon sur émail. — Diam. 1ᵐ. — Par M. SOLLIER (Émile).

Les instruments caractéristiques de l'Italie sont le Tambour de basque et la Flûte de Pan.

Le sol de la galerie, comme celui de tout l'étage et des corridors de la salle est dallé de mosaïque.

La voûte est également entièrement revêtue de mosaïque.

Parmi toutes les splendeurs artistiques du nouvel Opéra, l'emploi de la mosaïque est un des moyens décoratifs auxquels l'architecte attachait le plus de prix et qu'il tenait le plus à réaliser.

Le nouvel Opéra en a montré, en France, le premier spécimen.

Le dallage des sols est formé de petits dés de marbre noyés dans un enduit de ciment. Le revêtement des voûtes de l'avant-foyer est exécuté au moyen de fragments de pâtes vitrifiées, colorées, ou garnies d'un fond d'or. Ce revêtement s'étend sur toutes les surfaces, suit toutes les courbes. La décoration comprend quatre grands caissons entourés d'ornements de toute sorte, d'instruments de musique, d'animaux, d'arabesques, etc.

Caissons de la voûte en mosaïque. — H. 2^m,80. — L. 1^m,55. Exécutés d'après les cartons de M. DE CURZON (Paul-Alfred), par M. SALVIATI. — Toutes les figures sont incrustées sur un fond d'or.

Premier caisson (côté est).

ΑΡΤΕΜΙΣ ΕΝΔΥΜΙΩΝ. — Mosaïque. — H. des figures : 2^m,50. — Par M. SALVIATI.

Diane, drapée de bleu, soutient Endymion, demi vêtu de pourpre. Il a les yeux fermés, le bras gauche pendant, le droit replié sur l'épaule de la déesse.

Deuxième caisson.

ΟΡΦΕΥΣ ΕΥΡΥΔΙΚΗ. — Mosaïque. — H. des figures : 2^m,50. — L. 0^m,00. — Par M. SALVIATI.

Eurydice, drapée de violet, ayant encore sur le visage la pâleur de la mort, suit Orphée, demi-drapé de rouge, qui la guide de la main droite et tient sa lyre de la main gauche.

Troisième caisson.

ΚΕΦΑΛΟΣ ΗΩΣ. — Mosaïque. — H. des figures : $2^m 50$. — Par M. Salviati.

L'Aurore, vêtue de rouge, une draperie bleue flottant au-dessus de sa tête, emporte dans ses bras Céphale nu.

Quatrième caisson (côté ouest).

ΨΥΧΗ.ΕΡΜΗΣ. — Mosaïque. H. des figures : $2^m,50$. — Par M. Salviati.

Psyché est drapée de bleu, couverte d'un voile blanc ; un papillon voltige au-dessus de sa tête. Mercure tient le caducée de la main gauche et soutient Psyché de la main droite.

Ces caissons ont été exécutés sur les cartons de M. de Curzon (Paul-Alfred). Toutes les figures sont sur fond d'or.

A l'extrémité de chaque voûte, une inscription en caractères byzantins épigraphiques est tracée en mosaïque. En voici le sens :

La mosaïque décorative a été appliquée, pour la première fois en France, pour l'ornementation de cette voûte et la vulgarisation de cet art.

Les figures peintes par Curzon *ont été exécutées par* Salviati ; Facchina *a exécuté les ornements ; l'architecture est de Charles* Garnier.

Dans chacun des salons ouverts, placés à l'extrémité de la galerie de l'avant-foyer, se trouvent deux tympans décorés de figures allégoriques, accoudées à un médaillon. Ces figures sont teintées d'un ton de vieil ivoire.

SALON OUVERT (du côté ouest).

Tympan, côté est. — H. 1^m,40. — L. 5 mètres.

A droite :

La Menuiserie. — Statue. — Plâtre. — H. 1^m,30. — Par M. DUBRAY (Vital-Gabriel).

Une femme demi-nue, les ailes déployées, la tête inclinée à gauche, est assise sur la corniche, la jambe droite pendante, la gauche repliée. Elle est chaussée de sandales. Le bras droit est accoudé sur le médaillon central ; de la main droite elle tient un serre-joint.

A gauche :

La Tapisserie. — Statue. — Plâtre. — H. 1^m,30. — Par M. DUBRAY (Vital-Gabriel).

Une femme demi-nue, les ailes déployées, est assise sur la corniche. La jambe gauche est repliée sous la jambe droite pendante. Elle est chaussée de brodequins. La main droite appuyée sur l'angle d'un divan capitonné, orné d'un gland, tient le marteau du tapissier ; la main gauche tient une torchère.

Tympan, côté sud. — H. 1^m,40. — L. 5 mètres.

A droite :

Le Gaz. — Statue. — Plâtre. — H. 1^m,30. — Par M. CUGNOT (Louis-Léon).

Une femme nue, les ailes déployées, est assise sur la corniche, la jambe droite repliée sous la jambe gauche pendante; les pieds sont nus. La tête, légèrement relevée, est tournée à gauche. Elle tient de la main droite l'allumoir ; la main gauche montre un candélabre allumé ; près du candélabre un compteur à gaz.

A gauche:

Le Pavage. — Statue. — Plâtre. — H. 1^m,30. — Par M. Cugnot (Louis-Léon).

Une femme, les ailes déployées, est assise sur la corniche, la jambe gauche repliée sous la jambe droite pendante ; les pieds sont nus. La tête est tournée à droite. Elle est vêtue d'une tunique serrée par un ceinturon auquel est attachée une gourde. La main droite tient la hie, près d'un tas de pavés ; le bras gauche est appuyé sur le médaillon central. Dans la main gauche le marteau du paveur.

SALON OUVERT (du côté est).

Tympan, côté est. — H. 1^m,40. — L. 5 mètres.

A droite :

La Charpente. — Statue. — Plâtre. — H. 1^m,30. — Par M. Delaplanche (Eugène).

Une femme demi-vêtue, les ailes déployées, est assise sur la corniche, la jambe droite croisée sur la jambe gauche pendante ; les pieds sont nus ; la tête est de face. Elle tient le compas de la main droite, la hache et la bisaiguë de la main gauche.

DES ŒUVRES D'ART DE L'OPÉRA.

A gauche :

La Terrasse. — Statue. — Plâtre. — H. 1^m,30. — Par M. Delaplanche (Eugène).

Une femme demi-vêtue, les ailes déployées, est assise sur la corniche, la jambe gauche pendante, le pied droit posé sur la corniche; les pieds sont nus; sa tête est tournée à gauche; elle tient de la main gauche le cordeau; de la main droite la pelle et la pioche.

Tympan, côté sud. — 1^m,40. — L. 5 mètres.

A droite :

La Serrurerie. — Statue. — Plâtre. — H. 1^m,30. — Par M. Barrias (Louis-Ernest).

Une femme demi-vêtue, les ailes déployées, est assise, la jambe gauche sur la corniche, la droite pendante; les pieds sont nus. Sa tête vue de face est coiffée d'une calotte d'acier. Elle tient de la main droite un marteau appuyé sur une enclume, et appuie le coude gauche sur un établi muni de son étau.

A gauche :

La Maçonnerie. — Statue. — Plâtre. — H. 1^m,30. — Par M. Barrias (Louis-Ernest).

Une femme demi-vêtue, les ailes déployées, est assise, le pied droit posé sur la corniche, la jambe gauche pendante; les pieds sont nus. Sa tête est tournée à droite. Elle tient de la main gauche le fil à plomb, et de la main droite une truelle. A gauche est placée une auge, recouverte de la taloche, sur laquelle sont posés des sacs de plâtre.

Au bout des salons ouverts, se trouvent encore de petits salons circulaires, communiquant avec le grand foyer. Du sommet de la voûte divergent des rayons qui, dorés du côté est et argentés du côté ouest, sont l'emblème du jour et de la nuit.

L'étamage des glaces qui ornent ces salons est également doré d'un côté et argenté de l'autre.

L'avant-foyer est éclairé par trois lustres d'un style byzantin.

GRAND FOYER.

Le grand foyer, long de cinquante-quatre mètres, sur treize de large et dix-huit de hauteur, est d'une tonalité générale de vieux or, l'ensemble étant recouvert d'un ton semblable à la couleur que prend l'ombre des dorures, et les parties saillantes étant seules dorées, ou rehaussées.

Du côté du grand escalier, trois grandes portes donnent accès dans le foyer. A droite et à gauche de la porte centrale de grandes glaces, de sept mètres de haut, s'élèvent à partir du sol. De l'autre côté, cinq grandes portes donnent accès sur la *loggia*.

De chaque côté du foyer dix colonnes accouplées sont couronnées par un entablement donnant naissance aux voussures.

A chacun des angles de l'entablement sont assis deux enfants.

Enfants aux angles de l'entablement. — Plâtre. — H. des figures : 2ᵐ,90. — Par M. Jules Thomas.

Chacun de ces enfants est assis, un pied posé sur la corniche, une jambe pendante. Ils sont dorés de deux ors.

Au-dessus de chaque colonne, vingt statues également dorées de deux ors, personnifient les qualités nécessaires à l'artiste. Sur le socle de chacune de ces statues le nom est inscrit en grec.

Ces statues sont les suivantes, en commençant à l'est, par l'angle gauche du foyer, du côté de la *loggia*.

L'Imagination. — Statue. — Plâtre. — H. 2ᵐ,50. — Par M. Bourgeois (Louis-Maximilien).

Drapée, la tête levée, le regard inspiré, elle lève le bras droit ; la main gauche est ramenée près du coude droit.

Sur le socle est écrit : Η ΕΙΔΩΛΟΠΟΙΑ.

La Beauté. — Statue. — Plâtre. — H. 2ᵐ,50. — Par M. Soitoux (Jean-François).

Demi-nue, de la main droite relevée, et de la main gauche, elle écarte le voile qui la couvre ; à ses pieds, un miroir, un coffret.

Sur le socle est écrit : Η ΚΑΛΛΟΣΥΝΗ.

La Grâce. — Statue. — Plâtre. — H. 2ᵐ,50. — Par M. Loison (Pierre).

Souriante, elle relève son voile de la main gauche levée ; la main droite écarte à demi la draperie qui couvre son sein.

Sur le socle est écrit : Η ΧΑΡΙΣ.

La Pensée. — Statue. — Plâtre. — H. 2ᵐ,50. — Par M. FRANCESCHI (Jules).

Drapée, la tête inclinée, et semblant méditer, elle a la main gauche levée, près du menton, le bras droit est plié, la main droite près de la hanche gauche.

Sur le socle est écrit : Η ΔΙΑΝΟΙΑ.

La Dignité. — Statue. — Plâtre. — H. 2ᵐ,50. — Par M. SANZEL (Félix).

Elle est drapée, la tête levée, de face; les bras croisés.

Sur le socle est écrit : Η ΕΥΠΡΕΠΕΙΑ.

L'Indépendance. — Statue. — Plâtre. — H. 2ᵐ,50. — Par M. VARNIER (Henri).

Drapée, la tête tournée à droite, tenant le style de la main droite relevée, et un manuscrit de la main gauche, elle personnifie l'écrivain.

Sur le socle est écrit : Η ΑΥΤΟΝΟΜΙΑ.

La Fantaisie. — Statue. — Plâtre. — H. 2ᵐ,50. — Par M. CHAMBARD (Louis-Léopold).

Couronnée de fleurs, posée sur la jambe droite, la jambe gauche croisée, du bras droit elle ramène à la hauteur de la hanche les plis de sa tunique ; la main gauche soutient la tête penchée dans une attitude de rêverie.

Sur le socle est écrit : Η ΦΑΝΤΑΣΙΑ.

La Passion. — Statue. — Plâtre. — H. 2ᵐ,50. — Par M. DEBUT (Didier).

Drapée, la main gauche placée sur le cœur, elle élève un flambeau de la main droite.

Sur le socle est écrit : H ΕΠΙΘΥΜΙΑ.

La Foi. — Statue. — Plâtre. — H. 2^m,50, — Par M. Oliva (Alexandre-Joseph).

Drapée, elle appuie la main droite sur un bouclier ; la main gauche levée montre le ciel.

Sur le socle est écrit : H ΠΙΣΤΙΣ.

L'Élégance. — Statue. — Plâtre. — H. 2^m,50. — Par M. Iselin (Henri-Frédéric).

Drapée, parée d'un collier, de la main droite pendante elle relève un pli de sa tunique ; la main gauche tient un éventail.

Sur le socle est écrit : H ΚΟΜΨΕΙΑ.

Première figure à l'angle nord-ouest :

La Philosophie. — Statue. — Plâtre. — H. 2^m,50. — Par M. Tournois (Joseph).

Elle est drapée, la main droite au menton dans une attitude pensive.

Sur le socle est écrit : H ΦΙΛΟΣΟΦΙΑ.

La Modération. — Statue. — Plâtre. — H. 2^m,50. — Par M. Gauthier (Charles).

Drapée, le bras droit ramené à gauche, elle tient un mors de la main gauche.

Sur le socle est écrit : H ΕΥΦΡΟΣΥΝΗ.

L'Espérance. — Statue. — Plâtre. — H. 2^m,50. — Par M. Bruyer (Léon).

La jambe droite à demi drapée, le sein gauche nu,

une étoile au front, elle s'appuie de la main droite sur l'ancre ; la main gauche levée tient une couronne.

Sur le socle est écrit : Η ΕΛΠΙΣ.

La Force. — Statue. — Plâtre. — H. 2ᵐ,50. — Par M. Eude (Louis-Adolphe).

Demi-nue, les épaules couvertes de la peau du lion, la main droite appuyée sur la hanche, de la main gauche baissée elle tient la massue

Sur le socle est écrit : Η ΡΩΜΗ.

La Sagesse. — Statue. — Plâtre. — H. 2ᵐ,50. — Par M. Taluet (Ferdinand).

Drapée, couverte de l'égide, elle tient le casque de la main gauche et le rameau d'olivier de la main droite baissée.

Sur le socle est écrit : Η ΣΟΦΙΑ.

La Volonté. — Statue. — Plâtre. — H. 2ᵐ,50. — Par M. Janson (Louis-Charles).

Drapée, le sein gauche demi-nu, le bras droit nu, baissé par un geste impératif, elle appuie la main gauche sur la poitrine.

Sur le socle est écrit : Η ΒΟΥΛΗΣΙΣ.

La Prudence. — Statue. — Plâtre. — H. 2ᵐ,50. — Par M. Frison (Barthélemy).

Drapée, de la main droite levée elle tient un miroir. Un serpent s'enroule autour de la main gauche pendante.

Sur le socle est écrit : Η ΦΡΟΝΗΣΙΣ.

La Tradition. — Statue. — Plâtre. — H. 2ᵐ,50. — Par M. Cambos (Jules).

Demi-nue, elle tient dans la main gauche une réduction de la Vénus de Milo ; la main droite baissée tient un compas et une règle graduée.

Sur le socle est écrit : H ΔΙΑΔΟΧΗ.

La Science. — Statue. — Plâtre. — H. 2^m,50. — Par M. Marcellin (Jean-Esprit).

Drapée, la main droite relevée, de la main gauche baissée elle désigne un point sur un globe terrestre ; sous le globe, un livre.

Sur le socle est écrit : H ΕΠΙΣΤΗΜΗ.

La Modestie. — Statue. — Plâtre. — H. 2^m,50. — Par M. Vilain (Victor).

De la main gauche relevée elle écarte à demi le voile placé sur sa tête, la main droite baissée tient un emblème.

Sur le socle est écrit : H ΕΥΚΟΣΜΙΑ.

Entre les colonnes accouplées qui supportent ces vingt statues, chacune des grandes portes monumentales est surmontée d'un panneau dans lequel est symbolisée la musique des différents pays.

La Musique personnifiée. — Dix panneaux ovales. — Toiles marouflées. — H. 2^m,20. — L. 1^m,60. — Par M. Paul Baudry.

Dans un ciel bleu, se jouent des enfants ayant en main des instruments de musique.

Côté nord.
Premier panneau.
Trois figures.

Instruments de musique : *cymbales, symphonie, pandura* (Perse).

L'un des enfants, vu la tête en bas, semble se précipiter.

Deuxième panneau.
Trois figures.
Instruments de musique : *psalterium, sistre, tintinnabulum* (Égypte).

Troisième panneau.
Trois figures.
Instruments de musique : *lyre, tympanon, syrinx, double flûte* (Grèce).

Quatrième panneau.
Trois figures.
Instruments de musique : *cornu, tuba, concha du Latium* (Rome).

Cinquième panneau.
Trois figures.
Instruments de musique : *trompette, triangle, tarabouka* (Barbares).

Côté sud.
Premier panneau.
Trois figures.

Instruments de musique : *cornemuse, harpe d'Érin* (Grande-Bretagne).

Deuxième panneau.
Trois figures.

Instruments de musique; *orgue, théorbe* (Germanie).

Un des enfants chante.

Troisième panneau.
Trois figures.
Instruments de musique : *tamburella, violon* (Italie).

Ce panneau fait face à l'entrée centrale du foyer ; un des enfants porte un cartouche dans lequel est écrit :

BAUDRY

(Paul-Jacques)

invenit et pinxit.

Quatrième panneau.
Trois figures.
Instruments de musique : *fifre, tambour, clairon* (France).

L'enfant qui sonne du clairon est assis sur un canon.

Cinquième panneau.
Trois figures.
Instruments de musique : *castagnettes, mandoline, tambour de basque* (Espagne).

L'enfant qui tient le tambour de basque est masqué.

Au-dessus de la corniche du foyer, se déroulent dans des compartiments douze voussures peintes ; les intervalles de ces compositions sont occupés par huit grandes figures détachées dont chacune représente une Muse. Ces voussures, ces Muses sont l'œuvre de M. Paul

BAUDRY. Enfin la voûte du foyer est décorée par trois grands plafonds.

PLAFOND.

Plafond central.

La Musique. — Toile marouflée. — H. 4^m,30. — L. 13^m,45. — Par M. Paul BAUDRY.

Vingt-deux figures.

Une décoration architecturale ornée de guirlandes encadre la composition en laissant voir le ciel.

Au centre, planent la Mélodie et l'Harmonie, ayant un violon pour attribut. A l'ouest, la Gloire drapée de rouge, tenant de la main gauche la trompette héroïque, leur offre une couronne de l'autre main. A l'est, la Poésie montée sur Pégase leur tend une lyre.

Toutes ces figures s'enlèvent et sont vues dans des raccourcis divers.

Entre les colonnes du portique, à l'ouest, apparaissent cinq génies. L'un, vu de buste, contemple les personnages du centre. Deux sont placés dans diverses attitudes sur les balustrades; deux autres, un à chaque extrémité, tiennent des lampadaires.

Même disposition au portique est.

Huit génies sont placés derrière les balustrades du centre, trois au nord, cinq au sud.

Plafond est.

La Tragédie. — Toile ovale marouflée. — H. 5^m,75. — L. 4^m,20. — Par M. Paul BAUDRY.

Quatre figures.

Au milieu d'un ciel d'orage, Melpomène, tenant le glaive, est assise sur un trépied. A ses pieds est un aigle.

A gauche, la Pitié, personnifiée par une femme en deuil, tend vers elle ses mains suppliantes.

A droite, l'Épouvante est représentée par une femme voilée qui, avec terreur, replie les bras par un geste défensif.

Au nord, la Fureur, une torche flamboyante dans la main gauche, le poignard dans la main droite, s'enfuit avec rage.

Plafond ouest.

La Comédie. — Toile ovale marouflée. — H. $5^m,75$. — L. $4^m,20$. — Par M. Paul BAUDRY.

Quatre figures.

Le ciel est pur ; au centre, Thalie, tenant les verges de la main droite, achève de dépouiller de la peau du lion un faune à la face grimaçante, qui tombe précipité, déjà atteint par les traits de l'Esprit, représenté par un génie ailé, qui tend son arc et s'apprête à le blesser de nouveau.

A l'ouest, l'Amour s'envole son arc à la main.

Voussures.

Côté est. Une voussure.

Le Parnasse. — Toile marouflée. — H. $4^m,10$. — L. $9^m,60$. — Par M. Paul BAUDRY.

Trente-cinq figures.

Au centre, Apollon, descendant de son char, reçoit la lyre que lui présentent deux des trois Grâces groupées à gauche, l'une vue de profil, l'autre de face, la troisième de dos. L'Amour plane au-dessus du groupe des trois Grâces.

Clio, tenant la trompette héroïque, présente à Apollon le groupe des musiciens.

Plus à gauche, Melpomène, vêtue de rouge, vue de dos, le masque relevé sur la tête, la main droite repliée sur la hanche, s'appuie de la main gauche sur la massue d'Hercule.

Érato est assise. Auprès d'elle sont placés des instruments de musique.

Au deuxième plan, Mercure apparaît, amenant les compositeurs célèbres : Meyerbeer, Rossini, Hérold, Auber, Boïeldieu, Méhul ; plus bas, apparaissent à mi-corps, Gluck, Beethoven, Mozart, Rameau, Haydn, Lulli.

Au-dessous d'Apollon, aux bords de l'Hippocrène, une nymphe est couchée. Près d'elle sont quatre enfants ailés. Celui de gauche étreint un cygne, le cygne de Mantoue. Celui du milieu remplit une coupe de l'eau de la source sacrée. A droite, l'un tresse des couronnes de laurier, l'autre vient de déposer un flambeau.

A droite, deux femmes tiennent les rênes des chevaux d'Apollon. Calliope s'appuie sur l'épaule de Thalie. Terpsichore, vue de dos, vêtue d'une robe verte, chaussée de brodequins blancs, contemple, comme elles, le groupe central. Euterpe, la double flûte à la main, montre Apollon à Polymnie qui se tient debout, pensive, la main gauche sur la tempe. Uranie est assise à terre. Dans l'angle du tableau, à peine visibles derrière les reliefs des corniches, apparaissent trois têtes pensives. On reconnaît le portrait du peintre, de son frère M. Ambroise BAUDRY et de M. Charles GARNIER.

Côté ouest. Une voussure.

Les Poëtes. — Toile marouflée. — H. 4^m,10. — L. 9^m,60. — Par M. Paul Baudry.

Vingt-cinq figures.

Au centre, sur les marches d'un temple dorique en construction, apparaît de face Homère, tenant de la main droite le recueil de ses chants divins. Derrière lui la Poésie élève sa lyre d'un geste triomphal.

A droite, Polygnote, vêtu d'une chlamyde verte, tenant la palette d'une main et les pinceaux de l'autre, représente la Peinture. Auprès de lui, la Poésie est personnifiée par Platon, drapé de rouge ; la Navigation par Jason. Un athlète nu, retenant un cheval vainqueur, rappelle les jeux du cirque.

Plus loin, à droite, Orphée, la tête flammée, tend sa lyre où se repose une colombe ; une autre colombe va l'y rejoindre.

A l'extrémité, une famille des premiers âges est réunie autour du foyer formé de branches sèches déposées sur le sol. L'aïeul accroupi attise le feu ; auprès de la mère, se pressent deux enfants ; le père la contemple. Un autre homme tend un arc.

A gauche, vers le centre, Achille lève le glaive de la main droite et tient la lance de l'autre main. Derrière lui, vu de dos, un vainqueur des jeux néméens s'éloigne, emportant le trépied agonal. Pindare, la lyre à la main, est auprès de Polyclète tenant de la main droite le marteau du sculpteur et une statuette de Minerve de la main gauche. Plus loin sont Amphion et Hésiode, la tête flammée, la lyre à la main.

Vers l'angle de la toile un architecte, vu de dos,

tient l'équerre de la main gauche. Un vieillard mesure un bloc de marbre, deux laboureurs conduisent leurs bœufs, près du joug placé à terre un mineur se repose, le pic à la main.

Côté nord. Cinq voussures.

Orphée et Eurydice. — Toile d'angle marouflée. — H. 3^m,90. — L. à la base, 4^m,35. — L. au sommet, 1^m,50. — Par M. Paul BAUDRY.

Trois figures.

A gauche, Orphée, sa lyre brisée à ses pieds, le genou droit à terre, étend les bras en implorant Mercure.

A droite, Eurydice, que la vie qui commençait à renaître abandonne déjà, semble s'évanouir et va tomber en arrière, soutenue du bras droit par Mercure qui, le caducée dans la main gauche, rappelle à Orphée l'arrêt de Pluton.

Cerbère hurle à l'entrée des enfers. Au fond, on aperçoit Ixion sur sa roue, des ombres drapées dans leur linceul, la barque de Caron.

Orphée et les Ménades. — Toile marouflée. — H. 3^m,90. — L. 4^m,35. — Par M. Paul BAUDRY.

Onze figures.

Orphée mort est étendu à terre; sa lyre est brisée. A gauche, une ménade lui appuie la main droite sur la face et va le frapper de la faucille qu'elle tient de la main gauche. Une autre ménade, vue de dos, danse en recourbant le thyrse; une troisième joue du tambour de basque.

A droite, une ménade, brandissant le poignard de la main gauche, tire violemment une corde nouée au coude du bras gauche d'Orphée. Une autre entraîne le corps par un lambeau de draperie. Une ménade, vue de dos, la tête renversée, joue du tambour de basque, une quatrième accourt, menaçante, les bras élevés au-dessus de sa tête.

Au fond, dansent deux nymphes chasseresses; une autre, l'arc à la main, poursuit un cerf. Deux biches fuient dans le lointain.

Le Jugement de Pâris. — Toile marouflée. — H. 3ᵐ,90. — L. 4ᵐ,35. — Par M. Paul BAUDRY.

Sept figures.

A gauche, Pâris, assis, le menton appuyé sur la main gauche, tenant la pomme de la main droite, contemple les déesses.

Derrière lui se tient Mercure, regardant aussi les trois rivales. Aux pieds du berger Pâris est couché un chien lévrier.

A droite, les trois déesses :

Vénus, au centre, retient de la main gauche l'Amour qui, vu de dos, achève de la dévoiler. Au-dessus de Vénus, une divinité ailée, tenant de la main gauche une palme, va placer de la main droite une couronne sur la tête de la déesse.

Pallas reprend ses vêtements; Junon, vue de dos, étend la main gauche vers Pâris avec un geste de menace; le paon est auprès d'elle.

Fond de paysage.

Jupiter et les Corybantes. — Toile marouflée. — H. 3ᵐ,90. — L. 4ᵐ,35. — Par M. Paul BAUDRY.

Neuf figures.

A gauche, une nymphe accroupie tient Jupiter enfant dans ses bras. Une nymphe assise, tenant un tambour de basque, contemple le jeune dieu, dont le berceau vide est au milieu du tableau.

Un corybante, vu de dos, se dresse sur un pied, faisant retentir les cymbales; près de lui, la chèvre Amalthée.

A droite, un corybante, armé d'une cuirasse, frappe le tambour.

Quatre corybantes, armés de boucliers et de glaives, dansent la pyrrhique.

Marsyas. — Toile d'angle marouflée. — H. $3^m,90$. — L. à la base, $4^m,35$. — L. au sommet, $1^m,50$. — Par M. Paul BAUDRY.

Cinq figures.

Marsyas, sa flûte brisée à ses pieds, est déjà lié à l'arbre. A sa droite, un des Scythes, juge du combat, resserre ses liens de la main gauche, et tient le couteau de l'autre main. De l'autre côté, au premier plan, un Scythe accroupi, vu de dos aiguise son couteau.

A gauche, Apollon debout, de profil, le bras gauche appuyé sur sa lyre, tend vers Marsyas la main droite avec un geste de menace.

Un génie couronne Apollon.

Côté sud. Cinq voussures.

Saül et David. — Toile d'angle marouflée. — H. $3^m,90$. — L. à la base, $4^m,35$. — L. au sommet, $1^m,50$; — Par M. Paul BAUDRY.

Cinq figures.

Saül, à demi couché dans sa tente, est soutenu d'un côté par une femme vue de dos (Michol), de l'autre par un jeune homme (Jonathas) tendant la main gauche vers David, qui, au dehors, à l'entrée de la tente, joue de la harpe.

Au pied du lit de Saül sont déposées ses armes.

Au fond, on aperçoit un camp. Un soldat est debout, la main appuyée sur son bouclier. Derrière les tentes, des palmiers.

Le Rêve de sainte Cécile. — Toile marouflée. — H. 3^m,90. — L. 4^m,35. — Par Paul BAUDRY.

Sept figures.

A droite est couchée sainte Cécile, vêtue d'une robe de brocart. A terre, devant le lit, divers instruments de musique, un triangle, un organon, deux violes, un tambour de basque.

A gauche, trois anges ailés, debout, tournés vers la sainte, chantent en lisant l'hymne sacrée. Le premier ange a le bras gauche passé sur l'épaule de l'ange du milieu, qui bat la mesure de la main gauche, et tient de l'autre main le rouleau de musique que le troisième ange tient de la main gauche.

Sur des nuages trois anges jouent de la viole.

Au fond, derrière une balustrade, apparaît le ciel étoilé.

Les Bergers. — Toile marouflée. — H. 3^m,90. — L. 4^m,35. — Par M. Paul BAUDRY.

Neuf personnages.

Un berger, assis au pied d'un arbre, joue de la flûte

de Pan. A droite, un berger l'écoute, debout, accoudé contre l'arbre. Une femme accroupie, vue de dos, trait une brebis; près d'elle, à terre, un chevreau, les pieds liés, est étendu sur le sol. C'est le prix destiné au vainqueur.

A gauche, quatre bergers écoutent. L'un, debout, tenant de la main gauche sa flûte appuyée sur la hanche; l'autre, assis, de profil; le troisième, de face, derrière celui-ci; le dernier assis à terre au premier plan, le genou droit replié dans ses mains jointes.

Au fond, à gauche, un berger joue de la musette; un autre l'écoute.

L'Assaut. — Toile marouflée. — H. $3^m,90$. — L. $4^m,35$. — Par M. Paul BAUDRY.

Treize figures.

Un chef d'armée, au front sévère, s'avance à cheval.

A droite, plane une divinité ailée qui semble crier : en avant!

Trois guerriers, armés l'un d'une lance, l'autre d'une épée, le troisième du bouclier et du glaive, s'élancent au combat.

L'un d'eux, celui du milieu, est saisi et menacé par un ennemi. Deux guerriers ennemis sont couchés à terre.

A gauche, deux guerriers sonnent de la trompette. Un autre porte des insignes, une Victoire ailée. Un quatrième, à cheval, déploie un étendard.

Salomé. — Toile d'angle marouflée. — H. $3^m,90$. — L. à la base, $4^m,35$. — L. au sommet, $1^m,50$. — Par M. Paul BAUDRY.

Cinq figures.

Hérode est couché sur son lit, accoudé sur le bras gauche. Derrière lui, Hérodiade passe un plat d'argent à un serviteur et lui commande d'aller chercher la tête de saint Jean-Baptiste.

Au pied du lit, une esclave accroupie, drapée de jaune, joue de la guitare.

A gauche, Salomé danse, légèrement drapée d'une tunique transparente. Elle est vue de dos, la tête renversée à droite ; ses mains agitent les crotales ; elle se cambre, les deux pieds glissant à terre, à la façon des danseuses orientales.

Huit Muses. — Toile marouflée. — H. $3^m,10$. — L. $1^m,50$. — Par M. Paul BAUDRY.

Les huit figures sont peintes sur fond d'or.

Côté nord.

Melpomène. — Vêtue d'une tunique rouge et d'une draperie bleue, le masque tragique relevé sur la tête, elle tient le genou droit dans ses mains enlacées ; la main droite tient le glaive.

Érato. — Elle est drapée de rose, sa main ramenée vers la poitrine semble vouloir cacher un papier.

Clio. — Vêtue d'une tunique rose et d'une draperie vert clair, elle tient la trompette héroïque ; sur ses genoux, les tablettes de l'histoire.

Uranie. — Vêtue de bleu clair, elle contemple le ciel. Elle tient la baguette. Près d'elle la sphère armillaire.

Côté sud.

Euterpe. — Le genou droit dans la main droite, elle appuie la tête sur le bras gauche relevé, tenant la flûte double.

Calliope. — Elle est vêtue d'une tunique jaune et d'une draperie bleu clair. Le *scrinium* antique est à ses pieds. Elle tient le style dans la main droite et vient d'écrire sur une tablette le vers :

O passi graviora! dabit Deus his quoque finem [1].

Terpsichore. — Elle est vêtue de blanc, de la main droite elle rajuste sa sandale.

Thalie. — Le menton appuyé sur la main droite, le coude sur le genou gauche, elle tient le bâton recourbé, attribut des personnages comiques.

Aux extrémités de la partie centrale du grand foyer se trouvent deux arcs doubleaux, ornés d'une clef composée d'une tête et de divers ornements. Les têtes représentent :

Mercure.

Amphitrite. — Hauts-reliefs. — Plâtre. — H. 1 mètre. — Par M. CHABAUD (Louis-Félix).

Au-dessous de chacun des panneaux ovales placés au-dessus des portes, sont dix têtes ornementales représentant :

Déesses de l'antiquité. — Haut-relief. — Plâtre. — H. 0^m,60. — Par M. CHABAUD (Louis-Félix).

[1]. Virgile.

Aux extrémités de la partie centrale du grand foyer sont placés deux grands salons octogones largement ouverts. Ils sont ornés de deux cheminées monumentales en marbre de couleur, qui supportent des cariatides, reproduites en galvanoplastie par MM. CHRISTOFLE et Cie.

Côté ouest :

Cariatides de la cheminée. — Statues. — Plâtre. — H. 2 mètres. — L. du socle : 0^m,40. — Par M. CORDIER (Charles).

Figure de gauche : Elle est posée sur la jambe droite, la gauche fléchie. La main droite fait résonner une lyre tenue de la main gauche.

Figure de droite : La jambe droite est croisée devant la gauche. La main droite, ramenée à gauche, tient un crayon; la main gauche, baissée, tient un manuscrit.

Côté est :

Cariatides de la cheminée. — Statues. — Plâtre. — H. 2 mètres. — L. du socle : 0^m,40. — Par M. CARRIER-BELLEUSE (Albert-Ernest).

Figure de gauche : Elle est posée sur la jambe droite, la gauche fléchie. Le bras gauche est ramené sur la poitrine ; le bras droit relevé tient un masque comique.

Figure de droite : Elle est posée sur la jambe gauche, la droite fléchie ; la main droite frappe un tambour de basque, tenu de la main gauche à la hauteur de la hanche.

Ces quatre cariatides sont drapées ; une jambe et les

bras sont nus, le corps est doré d'or vert, les draperies et les accessoires sont dorés d'or rouge.

Chacun des deux grands salons octogones est éclairé par quatre gaînes en marbre surmontées de bouquets de lumière, couronnant les têtes allégoriques en bronze. Les quatre types sont reproduits dans chaque salon.

Têtes des gaînes d'éclairage. — Bustes. — Bronze. — H. 0^m,50. — Par M. CHABAUD (Louis-Félix).

Côté sud-est.

Le Gaz. — Un manomètre garni des contre-poids de sa cuve sert de coiffure; des conduites de gaz s'arrondissent en collier; un bec allumé forme la broche.

L'Huile. — La coiffure est formée d'une lampe antique dont les chaînettes retombent sur le cou; par devant deux branches d'olivier en sautoir, garnies de leurs fruits.

Côté nord-est.

La Bougie. — Le couronnement d'une ruche forme la coiffure, complétée par des bougies allumées.

La Lumière électrique. — La coiffure est formée d'une pile à auges; des fils électriques retombent en spirales sur les épaules et s'enroulent en bobines sur la poitrine. Au front l'étincelle électrique.

La partie supérieure des salons est décorée de peintures se composant de trois grands tympans et d'un plafond ovale.

SALON OUEST.

Plafond ovale.

La Glorification de l'Harmonie. — Toile marouflée. — H. 6 mètres. — L. 2 mètres. — Par M. BARRIAS (Félix-Joseph).

Sept figures.

Au centre, on aperçoit au loin Apollon sur son char, la lyre en main, conduisant les astres qui gravitent autour du soleil dont le disque enflammé apparaît derrière le dieu.

A droite, c'est Mercure, puis Vénus désignée par ses colombes et par un Amour qui tire de l'arc.

A gauche, Diane, l'arc en main, le croissant au front, personnifie la lune, satellite de la terre, qu'on voit à côté d'elle, représentée par Cybèle, accompagnée du Lion.

A l'extrémité, Mars, le plus éloigné du soleil, est accoudé, ainsi que les autres astres sur une sphère azurée.

Tympans.

Côté nord.

La Musique champêtre. — Toile marouflée. — H. 3 mètres. — L. 5 mètres. — Par M. BARRIAS (Félix-Joseph).

Huit figures.

Les moissonneurs ont interrompu leur travail; c'est le repos de midi. Au centre, à l'ombre d'un hêtre, une jeune femme chante; un berger vêtu de rouge, assis au pied de l'arbre, l'accompagne en jouant de la flûte; à ses pieds un tambour de basque et une musette.

A gauche, un moissonneur est assis à terre. A ses côtés une femme se repose appuyée sur lui, les bras repliés sous la tête. Un autre moissonneur passe à celui-ci une coupe qu'il vient de remplir à une source.

A droite, une femme vêtue d'une tunique brune est étendue sur le dos, allaitant son enfant. Près d'elle un autre enfant, couché sur le gazon, souffle dans des pipeaux.

Côté ouest.

La Musique dramatique. — Toile marouflée. — H. 3 mètres. — L. 7 mètres. — Par M. BARRIAS (Félix-Joseph).

Treize figures.

Au centre, Orphée vêtu de rouge, assis sur le tombeau d'Eurydice, la *testudo* dans la main gauche, chante sa douleur.

Les nymphes, compagnes d'Eurydice, la pleurent et écoutent les chants désolés du poëte.

A droite, ce sont sept hamadriades ; l'une dont le corps suit la courbe gracieuse d'une branche d'arbre sur laquelle elle est couchée; une autre, le bras droit roidi contre elle, le poing fermé, s'appuie douloureusement sur une de ses compagnes.

A gauche, sur les bords d'un lac limpide, ce sont cinq naïades. L'une, vue de dos, de ses bras repliés en arrière se tord les cheveux avec désespoir; une autre écarte les roseaux pour mieux entendre Orphée; une troisième montre la tête hors de l'eau.

Côté est.

La Musique amoureuse. — Toile marouflée. — H.

3 mètres. — L. 5 mètres. — Par M. Barrias (Félix-Joseph).

Huit figures.

Au centre, sur une terrasse de marbre blanc, une jeune femme est couchée, mollement accoudée sur une esclave noire, étendue auprès d'elle. Elle écoute un chanteur, qui, devant elle, le genou droit à terre, la mandore dans la main gauche, appuie l'autre main sur son cœur.

A droite, trois jeunes gens accompagnent le chanteur. L'un, à genoux, joue du luth, les deux autres font résonner le théorbe et la double flûte.

A gauche, une femme demi-nue a le bras gauche appuyé sur l'épaule d'un jeune homme qui lui parle amoureusement à l'oreille.

SALON EST.

Plafond ovale.

Le Zodiaque. Toile marouflée. — H. 6 mètres. — L. 2 mètres. — Par M. Delaunay (Jules-Élie).

Cinq figures.

Le Zodiaque traverse la composition. Au-dessus du signe du Lion, seul visible, se tient un génie ailé, élevant de sa main gauche le laurier de Virgile.

A droite, deux génies tiennent des palmes et des couronnes de laurier.

A gauche, un génie ailé sonne de la trompette.

Au-dessus, la Muse de l'histoire, drapée de rouge, inscrit sur une tablette les noms des compositeurs célèbres.

Tympans.

Côté nord.

Orphée et Eurydice. — Toile marouflée. — H. 3 mètres. — L. 5 mètres. — Par M. Delaunay (Jules-Élie).

Trois figures.

Le peintre a voulu personnifier la Mélodie. Au centre, Eurydice âple encore, drapée de bleu clair, la tête couronnée d'asphodèles, suit Orphée, drapé de noir, qui la guide de la main droite, tenant sa lyre de l'autre main.

Orphée ne s'est pas encore retourné. A gauche, Mercure, le caducée en main, le suit et semble observer s'il tiendra sa promesse.

Au fond, on voit poindre l'aurore. A droite, un corbeau expirant, étendu à terre, semble indiquer les limites de l'empire de la mort.

Côté est.

Apollon recevant la lyre. — Toile marouflée. — H. 3 mètres. — L. 5 mètres. — Par M. Delaunay (Jules-Élie).

Neuf figures.

Sur le sommet du Parnasse ombragé de lauriers, Apollon est porté sur un nuage.

A sa droite, un génie ailé (la Musique) lui apporte la lyre.

Une femme nue, personnifiant à la fois le Printemps et la Mélodie, lui offre des fleurs.

Auprès d'elle, Uranie, drapée de bleu, tient un rouleau dans la main et personnifie l'Harmonie soutenant la Mélodie.

Un jeune homme, le chalumeau dans la main gauche, se penche et boit l'eau de l'Hippocrène. C'est tout à la fois le poëte et le musicien s'abreuvant aux sources du Parnasse.

A gauche, l'Amour présente à Apollon une couronne que lui offrent les Trois Grâces nues.

Côté sud.

Amphion. — Toile marouflée. — H. 3 mètres. — L. 5 mètres. — Par M. DELAUNAY (Jules-Élie).

Six figures.

A gauche, Amphion personnifiant le charme de la Musique, chante.

A sa voix des génies ailés construisent les murs et les temples de Thèbes ; déjà sont posés les chapiteaux des colonnes.

Cinq génies, dans des attitudes diverses, occupent toute la partie droite de la composition ; le dernier, dans le bas, tient une truelle.

Derrière les deux salons que nous venons de décrire, se trouvent encore deux autres salons plus petits, où de grandes glaces, placées sur les parois qui font face au foyer, réfléchissent à perte de vue les lumières et les lignes de l'ensemble.

Les plafonds de ces petits salons sont aussi ornés de peintures.

PETITS SALONS DU GRAND FOYER.

Deux plafonds.

Salon ouest.

Les instruments à cordes. — Toile marouflée. — H. $1^m,50$. — L. 4 mètres. — Par M. CLAIRIN. (Georges-Jules-Victor).

Quatre figures.

Un génie, aux longues ailes bleues, joue de la mandore vénitienne. Derrière lui, l'écoutant, apparaissent deux autres génies.

A gauche, un quatrième joue du violon.

Salon est.

Instruments à vent — percussions. — H. 1^m50. — L. 4 mètres. — Par M. CLAIRIN (Georges-Jules-Victor).

Trois figures.

Un génie ailé sonne de la trompette. Un autre agite de la main gauche le tambour de basque et de la droite les castagnettes.

Une troisième figure, en silhouette, sonne de la trompe recourbée.

La partie centrale du grand foyer est éclairée par deux rangs de cinq lustres fondus par M. LECOQ (Gustave).

La sculpture ornementale est de M. DARVANT (Alfred).

LOGGIA.

La *loggia* ou galerie ouverte, s'étend sur toute la longueur des salons octogones. Les sept grandes portes qui y donnent accès sont ornées de colonnes de marbre et couronnées par un cartouche et deux enfants :

Enfants. — Statues. — Pierre. — H. 1^m50. — Par M. GUMERY (Charles-Alphonse).

Deux enfants ailés, nus, assis chacun d'un côté du cartouche, le soutiennent des deux mains; une jambe est étendue, l'autre repliée. D'un côté, un masque tragique; de l'autre côté, un masque comique.

Le même motif est reproduit aux grandes portes des extrémités des façades latérales et des pavillons.

Le plafond de la *loggia* est formé de plates-bandes de diverses nuances, contenant des médaillons de 2 mètres 20 de diamètre, en mosaïque d'émaux, qui représentent des masques antiques, au milieu de divers attributs. Les cinq médaillons de la partie centrale ont été exécutés par M. Salviati, les deux autres par M. Facchina.

COULOIRS DE LA SALLE.

Ces couloirs, dallés en mosaïque vénitienne, de dessins plus ou moins riches, selon les étages, sont ornés de gaînes en marbre, destinées à porter des bustes.

Cette partie de la décoration n'a pu encore être achevée.

Il existe dix gaînes à l'étage de l'orchestre, vingt-deux à l'étage des premières loges, dix à l'étage des deuxièmes loges.

Quelques-unes seulement sont ornées de bustes; sur les autres, on a placé des vases provenant de la manufacture de Sèvres.

Étage de l'orchestre :

Habeneck. — Buste. — Terre cuite. — H. 0^m,70. — Par M. Chardigny (Pierre-Joseph).

Lesueur. — Buste. — Plâtre. — H. 0^m,85. — Par M. Auvray (Louis).

Niedermeyer. — Buste. — Bronze. — H. 0^m,70. — Par M. Denécheau (Séraphin).

Scribe. — Buste. — Marbre. — H. 0^m,75. — Par mademoiselle Dubois-Davesnes (Fanny-Marguerite).

Meyerbeer. — Buste. — Plâtre. — H. 0^m,75. — Par M. de Saint-Vidal (Francis).

Étage des premières loges :

Rossini. — Buste. — Plâtre. — H. 0^m,65. — Par Dantan.

Duport. — Buste. — Bronze. — H. 0^m,65. — Par M. Petit (Jean) 1855.

Théophile Gautier. — Buste. — Marbre. — H. 0^m,70. — Par M. Mégret (Louis-Nicolas-Adolphe).

Beethoven. — Buste. — Plâtre. — H. 0^m,75. — Par M. de Saint-Vidal (Francis).

Au même étage sont encore placés :

Deux bustes de femme. — Marbre. — H. 0^m,45. — Par M. Diebolt (Georges).

Ces deux bustes, donnés par l'auteur à l'Opéra, étaient placés sur une des cheminées du foyer de l'ancienne salle; ils ont pu être sauvés au moment de l'incendie.

SALLE.

L'architecte du nouvel Opéra, ainsi que nous l'avons déjà indiqué, a adopté, en principe, le même parti que Louis pour la salle de la rue Richelieu, dont les dispositions avaient été conservées dans la salle de la rue Lepeletier.

Les colonnes qui soutiennent la partie supérieure de la salle sont en échaillon poli, doré en divers points. Les bases des fûts sont ornées de sculptures qui ont été modelées par M. MURGEY, à l'exception du masque central, œuvre de M. CHABAUD (Louis-Félix).

Ces huit têtes, hautes de 0^m 45, représentent la *Peinture*, la *Sculpture*, la *Musique*, l'*Architecture*, le *Commerce*, l'*Industrie*, l'*Agriculture* et un *faune*.

AVANT-SCÈNE.

Les pilastres des loges d'avant-scène sont en pierre jaune d'Échaillon. Devant ces pilastres, et dans toute la hauteur des premières et deuxièmes loges, le motif principal est formé de cariatides soutenant un couronnement doré, représentant des enfants.

Côté est.

Deux cariatides. — Statues. — H. 2^m,90. — Par M. LE PÈRE (Alfred-Édouard).

Figure du côté gauche.

La main droite baissée tient une palme et une branche de rosier. La main gauche levée tient un manuscrit.

Figure du côté droit.

La main droite levée tient une couronne de fleurs. La main gauche baissée tient un tambour de basque.

Côté ouest.

Deux cariatides. — Statues. — H. 2^m,90. — Par M. CRAUK (Gustave-Adolphe-Désiré).

Figure du côté gauche.

La main droite, relevée à la hanche, tient une couronne; la main gauche baissée tient une palme.

Figure du côté droit.

La main gauche tient une couronne; la main droite baissée tient une palme.

Demi-nues, ces cariatides sont posées sur une gaîne de marbre brocatelle. Le corps est de bronze ; les draperies sont de marbre vert de Suède.

Enfants du couronnement. — Statues. — H. 1 mètre. — Plâtre. — Par M. DUCHOISEUIL.

Deux enfants dorés soutiennent un cartouche.

L'arc doubleau de l'avant-scène présente, au centre, une inscription tenue par des enfants ailés, volant.

Deux enfants. — Hauts-reliefs. — H. 1 mètre 75. — Par M. CHABAUD (Louis-Félix).

Ces figures d'enfants sont dorées.

L'inscription est celle-ci :

MUSÆ STAT HONOS ET GRATIA VIVAX.

Dans les compartiments de gauche sont deux têtes :
Vénus,
Diane. — Hauts-reliefs. — H. 0^m,80. — Par M. CHABAUD (Louis-Félix).

A la retombée de l'arc doubleau, couronnant l'entablement.

A l'est :
Côté gauche.

L'Épopée. — Haut-relief. — H. 0^m,80. — Par M. CHABAUD (Louis-Félix).

Elle est coiffée d'un casque sarrasin.

Côté droit.

La Féerie. — Haut-relief. — H. 0^m,80. — Par M. CHABAUD (Louis-Félix).

Elle est coiffée d'un voile que relève sa baguette féerique et que surmonte une couronne au milieu de laquelle brille une flamme.

A l'ouest :

Côté gauche.

L'Histoire. — Haut-relief. — H. 0^m,80. — Par M. CHABAUD (Louis-Félix).

Une plume passée en travers relève son voile.

Côté droit.

La Fable. — Haut-relief. — H. 0^m,80. — Par M. CHABAUD (Louis-Félix).

Elle est coiffée d'un masque relevé sur la tête.

Ces quatre Têtes sont argentées ; leurs accessoires sont dorés.

PLAFOND.

Au-dessous de l'entablement, chacun des quatre grands tympans de la salle est orné de deux Renommées dorées, les ailes étendues. Entre elles est placé un cartouche ; une riche guirlande passe derrière les deux femmes, et pend en plein relief au milieu et de chaque côté.

Tympan nord-ouest.

Renommées. — Hauts-reliefs. — Plâtre. — H. 4 mètres. — Par M. HIOLLE (Ernest-Eugène).

Figure de droite.

Demi-nue, la tête tournée à gauche. De la main gauche, elle tient une trompette ; de la main droite, la marotte de la Folie.

Figure de gauche.

Presque nue, la tête tournée à gauche. De la main

droite, elle tient une trompette ; de la main gauche, un tambour de basque.

Sur le cartouche est écrit : ΟΡΚΗΣΤΙΚΗ.

Tympans nord-est.

Renommées. — Hauts-reliefs. — Plâtre. — H. 4 mètres. — Par M. BARTHÉLEMY (Raymond).

Figure de droite.

Demi-nue, la tête tournée à droite. De la main gauche, elle tient une trompette ; de la main droite, un style et un rouleau sur lequel on lit : *Sophocle, Eschyle.*

Figure de gauche.

Demi-nue, la tête tournée à gauche ; une étoile au front. De la main droite, elle tient une trompette ; de la main gauche, une lyre.

Sur le cartouche est écrit : ΠΟΙΗΣΙΣ.

Tympan sud-est.

Renommées. — Hauts-reliefs. — Plâtre. — H. 4 mètres. — Par M. MERCIÉ (Michel-Louis-Victor).

Figure de droite.

Presque nue, la tête tournée à droite. De la main gauche, elle tient une trompette ; de la main droite, le marteau et le ciseau.

Figure de gauche.

Presque nue, la tête tournée à gauche. De la main droite, elle tient une trompette ; de la main gauche, une palette et des pinceaux.

Sur le cartouche est écrit : ΣΚΗΝΟΤΡΑΦΙΑ.

Tympan sud-ouest.

Renommées.— Hauts-reliefs.— Plâtre.— H. 4 mètres. — Par M. Samson (Justin-Chrysostome).

Figure de droite.

Demi-nue, la tête tournée à droite. De la main gauche, elle tient une trompette; de la main droite, une flûte de Pan.

Figure de gauche.

Demi-nue, la tête tournée à gauche. De la main droite, elle tient une trompette; de la main gauche, un triangle.

Sur le cartouche est écrit : ΜΟΥΣΙΚΗ.

L'entablement soutient un couronnement composé de douze œils-de-bœuf ornés de grilles en forme de lyre, et de douze panneaux à jour également grillés. Les œils-de-bœuf sont surmontés de Têtes modelées par MM. Walter et Bourgeois, et représentant :

Iris,	*Pandore,*	*Daphné,*
Amphitrite,	*Psyché,*	*Clytie,*
Hébé,	*Thétis,*	*Galatée,*
Flore,	*Pomone,*	*Aréthuse.*

Hauts-reliefs. — Plâtre. — H. 0^m,60. — Par MM. Walter (Joseph-Adolphe-Alexandre), et Bourgeois (Henri-Maximilien).

Au-dessus de ce couronnement, la coupole se compose d'une large voussure formée de vingt-quatre panneaux de cuivre, sur lesquels est peint le plafond de la salle.

Les Muses et les Heures du jour et de la nuit. — Peinture sur cuivre. Ce plafond est formé par une zone circulaire entourant la cage du lustre ; la circonférence extérieure de cette zone est de 53ᵐ,60 ; la circonférence intérieure mesure 18ᵐ,80 de développement et sa largeur est de 5ᵐ,60. — Par M. Lenepveu (Jules-Eugène).

Soixante-trois figures.

Dans l'axe de l'ouverture de la scène, au milieu d'une vive clarté qui détermine les lumières et les ombres de toute la composition, apparaissent au loin les chevaux qui guident le char du Soleil. On aperçoit l'extrémité du timon.

Entre les deux chevaux de gauche, un génie ailé tient une lyre ; au-devant des chevaux, un autre s'élance, une palme dans la main gauche, un flambeau dans la main droite.

Plus haut, l'Aurore demi-nue, drapée de rose, écarte des voiles roses dans les replis desquels se jouent six génies aux ailes bleues, groupés deux à sa droite, quatre à sa gauche.

A gauche, cinq femmes s'élèvent dans l'air en se donnant la main. La plus haut placée, très cambrée, vue de dos, la tête renversée, répand des fleurs ; elle est drapée de rose. Celle du milieu est drapée de bleu.

De chaque côté du char du Soleil, sur un plan plus rapproché, sont groupées les Muses.

A droite, sur un nuage sombre, Clio, vêtue d'une draperie bleu foncé, tient d'une main la trompette, de l'autre les tablettes de l'histoire. Uranie, vêtue de bleu céleste, tient un compas et mesure une sphère. Thalie tient, de la main gauche, le masque comique, et, de la main droite, les verges de la satire. Euterpe, assise sur un nuage, joue de la flûte. Erato, drapée de rose, s'élance dans l'espace, une lyre dans la main gauche ; un Amour, la tenant embrassée de la main droite, laisse tomber des fleurs sur la lyre. Erato donne la main à Terpsichore qui, dans une attitude de danse, fait voler autour d'elle un voile transparent.

A gauche du char du Soleil, sur des nuages sombres, est assise Polymnie, couronnée de lauriers. A côté d'elle, dans l'ombre, se tient Melpomène, vêtue d'une tunique rouge ; une draperie bleu foncé, agitée par le vent, au-dessus de sa tête ; un sceptre dans la main gauche, un poignard dans la main droite, elle regarde fixement devant elle ; à ses pieds, dans une chaudière, des substances magiques s'enflamment et éclairent d'une lueur sinistre cette partie de la composition. Deux hiboux se tiennent auprès de la chaudière.

Au-dessus, dans le ciel lumineux, Calliope, vêtue de blanc, sonne d'une trompette qu'elle tient de la main gauche, et tient une couronne de la main droite.

Plus à gauche, dans le haut, deux génies aux ailes bleues transparentes se jouent et tiennent la marotte de la Folie, l'un de la main droite, l'autre de la main gauche.

Au-dessous, trois enfants ailés s'enlèvent, enlacés, au milieu d'une draperie rouge ; l'un, de la main gauche, tient le thyrse sur l'épaule, et, de la droite, élève une coupe de cristal qu'un autre génie emplit de vin, de la main gauche, pendant que sa droite laisse échapper deux dés. L'enfant du milieu tient, de la main droite, le double masque tragique et comique, et, de l'autre main, saisit la taille du premier enfant.

Au bord de cadre, deux oiseaux passent, les ailes déployées. Un Amour, l'arc tendu, prêt à lancer la flèche, vise l'un d'eux.

Du côté opposé à l'ouverture de la scène, sont réunies les douze heures de la nuit. Trois femmes groupées, personnifiant l'orchestre, jouent de divers instruments. L'une, vêtue de bleu, la tête couverte d'un casque dont une chimère ailée orne le cimier, tient la trompette de la main droite, et semble sonner la charge, pendant que sa main gauche fait retentir les timbales.

Une autre, drapée de jaune, le front ceint de pampres, tient, de la main gauche, le tambour de basque, de l'autre un chapeau chinois.

A sa gauche, une femme demi-nue, drapée de rouge, tient une harpe antique dont le corps représente le sphynx égyptien. Un Amour l'embrasse au front; un autre, en se jouant, fait vibrer une des cordes de la harpe. Deux Amours jouent, l'un des cymbales, l'autre du cor de chasse.

Au-dessus de ce groupe, neuf femmes enlacées l'encadrent dans une courbe harmonieuse. La première, à droite, et la plus rapprochée, fait vibrer les cordes de la harpe égyptienne ; les autres s'enlèvent et s'éloignent progressivement, dans une ronde fantastique ; l'une des dernières se renverse en arrière, en se tordant les cheveux d'un geste désespéré.

Très loin, un cerf s'élance ; deux chasseurs, à peine visibles, le poursuivent.

Du côté droit de la salle, entre ces groupes et les Muses, Vénus, nue, est mollement couchée sur des nuages. Ses colombes sont à ses pieds. Un Amour lui présente un miroir ; un autre, sur les genoux duquel elle s'est accoudée, lui ceint le front d'une branche fleurie de myrte. A sa gauche, six Amours jouent de la flûte, de la mandoline, du violon, du triangle, de la double flûte et de la guitare.

Derrière Vénus, flotte une draperie de pourpre.

A sa droite, un enfant se joue dans l'air, portant sur la tête une corbeille ronde, pleine de fleurs. Au-dessous de la corbeille, se jouent deux Amours.

Au-dessous, trois enfants. L'un offre, de la main droite, un coffret précieux, et de l'autre, un collier de perles à Vénus. Un autre présente un diadème à la déesse. Le troisième ne montre que sa tête.

Plus à gauche, se retrouve le groupe des Muses que nous avons déjà décrit en commençant.

Le grand lustre central, de trois cent quarante lumières, modelé par M. Corboz, a été fondu et ciselé par MM. Lacarrière, Delatour et Cie.

Les voussures des quatrièmes loges ont été peintes par MM. Rubé et Chaperon ; les trophées dont elles sont ornées ont été composés par M. Poinsot.

Les ornements des balcons et du plafond de la salle ont été exécutés par M. Corboz.

GLACIER.

SALONS.

La partie du bâtiment réservée aux salons du glacier est actuellement inachevée.

Elle doit se composer d'un grand salon circulaire,

formant le premier étage du pavillon est : d'une grande salle dans l'axe de ce salon, et d'une galerie qui vient rejoindre les salons placés à l'extrémité du grand foyer.

Le salon circulaire devait être décoré de huit panneaux exécutés en tapisserie des Gobelins. Ces panneaux sont achevés.

Huit panneaux. — H. 3 mètres. — L. 1 mètre. — Par M. MAZEROLLE, Alexis-Joseph.

Les huit panneaux ont un fond bleu.

Premier panneau :

Le Vin. — Une femme demi-nue, drapée dans un manteau de pourpre, la tête tournée à droite, pressure de la main droite une grappe de raisin, dans une coquille qu'elle tient de l'autre main.

Cette figure est encadrée par des ceps de vigne; à terre est une amphore.

La tapisserie est signée : FLAMENT (Denis-Édouard), Gobelins, 1873.

Deuxième panneau :

Les Fruits. — Une femme, de profil, la tête tournée à droite, cueille une orange de la main gauche. La main droite soutient un panier rempli d'oranges.

La figure est encadrée par les rameaux d'un oranger; des oiseaux se jouent au milieu des branches.

Artiste tapissier : M. MARIE (E.), 1873.

Troisième panneau :

La Chasse. — Une femme demi-nue, de profil, chaussée de brodequins, vêtue d'une draperie orange, la tête tournée à gauche, tient, de la main gauche levée, un faisan; la droite, placée derrière le dos, tient un arc. A terre est un carquois.

Artiste tapissier : M. Greliche (A.), 1873.

Quatrième panneau :

La Pêche. — Une femme à demi vêtue d'une draperie vert clair, vue de dos, la tête coiffée de coquillages, soulève, de la main gauche, un filet. Elle tient, de la main droite, un panier plein de poissons.

Artiste tapissier : M. Maloisel (E.), 1873.

Cinquième panneau :

La Pâtisserie. — Une femme, vêtue de blanc, vue de face, les bras nus, coiffée du béret de toile du pâtissier, tient des deux mains un plateau garni de pâtisseries.

Autour d'elle, au milieu des épis et des fleurs des champs, voltigent des oiseaux.

Artiste tapissier : M. Collin (Florent-Jacques), 1874.

Sixième panneau :

Les Glaces. — Une femme, vue de face, à demi vêtue d'une tunique bleu clair, tient, de la main droite baissée, le seau à la glace, dans lequel est une bouteille de champagne. De la main gauche, elle soutient un petit plateau garni de glaces.

Artiste tapissier : M. Duruy (Camille), 1874.

Septième panneau :

Le Thé. — Une Chinoise, vêtue d'une jupe rose brodée et d'une tunique blanche à fleurs bleues, vue de profil, la tête tournée à droite, tient une boîte à thé, et en fait tomber les feuilles dans une théière.

La figure est entourée par des rameaux de l'arbre à thé, dans lesquels se jouent des oiseaux.

Artiste tapissier : M. HUPÉ (Antoine-Ernest), 1874.

Huitième panneau :

Le Café. — Une femme turque, vêtue de violet rouge doublé de jaune, est vue de face. La main droite levée tient une cafetière de cuivre émaillé ; la main gauche tient un plateau de cuivre, sur lequel est une tasse à café.

La figure est encadrée par des rameaux d'un caféier en fleurs.

Artiste tapissier : M. MALOISEL (E.), 1874.

Ces huit panneaux doivent être ainsi accouplés :

Le Vin et *les Fruits*, *la Chasse* et *la Pêche*, *la Pâtisserie* et *les Glaces*, *le Thé* et *le Café*.

Le grand salon, donnant accès au salon circulaire, devait être orné de quatre peintures représentant des paysages. Trois de ces toiles sont exécutées.

Paysages du glacier. — H. 3^m,75. — L. 2^m,70.

Paysage. — Par M. BENOUVILLE (Jean-Achille).

Dans un vallon, une naïade, vue de dos, est assise au bord d'un lac.

Paysage. — Par M. HARPIGNIES (Henri).

De grands arbres sur la lisière d'un bois, à l'automne ; un ruisseau serpente au milieu du paysage, où l'on distingue un berger et des moutons de très-petite dimension.

Paysage. — Par M. THOMAS (Félix).

Au fond, d'un côté un temple antique, de l'autre une

montagne. Sur le premier plan, un lac entouré de grands arbres. Un bateau est au bord du lac. A gauche, près d'un hermès, quatre nymphes, les unes vêtues, les autres demi-nues, sont groupées à l'ombre; près d'elles un chien. A droite, une nymphe danse en jouant du tambour de basque.

La galerie du glacier est ornée de douze panneaux représentant *les mois*.

Dans chacun de ces panneaux, au milieu d'attributs divers, un médaillon portant un signe du zodiaque est surmonté d'un cartouche dans lequel est inscrit le nom du mois. Le tout est soutenu par un motif de décoration dans le style italien, devant lequel sont groupées des figures de grandeur naturelle, dont les attributs allégoriques se rapportent au mois qu'elles représentent.

Côté gauche, en entrant par le grand foyer.

Janvier. — Toile marouflée. — H. 4^m,13. — L. 1^m,75. — Par M. Clairin (Georges-Victor).

Cinq figures.

L'année qui commence apparaît, une étoile argentée au front, écartant ses voiles. Elle est vêtue d'une tunique d'un blanc de neige. A côté d'elle, un génie apporte une corne d'abondance, symbole des promesses de la nouvelle année.

Dans le haut, trois enfants se jouent au milieu des ornements et des branches de sapin couvertes de givre. L'un, au-dessus du cartouche, est tout jeune et personnifie le premier jour de l'an; au-dessous de lui, un autre lance des boules de neige.

Février. — Toile marouflée.— H. 4^m,13.— L. 1^m,75. — Par M. Clairin (Georges-Jules-Victor).

Cinq figures.

Une femme vêtue d'un corsage rosé et d'une jupe vert d'eau se penche, et, de la main droite, verse du champagne dans une coupe que lui présente une petite esclave mauresque vue de dos; de la main gauche, elle soutient un plateau garni de fruits confits et de gâteaux.

En haut, trois enfants. Celui qui est au-dessus du cartouche tient ouvert un parapluie japonais; les deux autres, enveloppés de manteaux gris à capuchons, les jambes et les mains chaudement couvertes, personnifient la pluie et la neige.

Mars. — Toile marouflée. — H. 4^m,13. — L, 1^m,75. — Par M. Clairin (Georges-Jules-Victor).

Cinq figures.

Le carnaval est représenté par une femme masquée, vue de dos, vêtue d'un costume d'arlequine aux losanges lilas et bleu clair; de la main gauche, elle tient la marotte; de l'autre, elle agite le tambour de basque.

A droite, un jeune homme assis fait retentir les timbales.

En haut, trois enfants déguisés, l'un en polichinelle rouge tenant un mirliton, l'autre en pierrot, le troisième en paillasse bleu, jouent des cymbales.

Avril. — Toile marouflée. — H. 4^m,13. — L. 1^m,75. — Par M. Butin (Ulysse-Louis-Auguste).

Sept figures.

Une femme, vêtue d'une gaze transparente, se tient

droite, et des deux bras relevés, courbe au-dessus de sa tête une branche d'aubépine, sur laquelle se posent des hirondelles.

En bas, deux enfants assis; celui de gauche embrasse une colombe; celui de droite tient sur ses genoux un nid au milieu d'une touffe de fleurs.

En haut, trois enfants ailés poursuivent des tourterelles, un quatrième se tient accoudé sur le cartouche.

Au milieu des ornements sont placés des nids et des fleurs.

Mai. — Toile marouflée. — H. 4^m,13. — L. 1^m,75. — Par M. CLAIRIN (Georges-Jules-Victor).

Huit figures.

Une nymphe blonde, aux ailes bleues, de profil, à peine vêtue d'une gaze transparente, se balance, la tête renversée, en se tenant à une guirlande de fleurs dont elle aspire les parfums.

Autour d'elle, des têtes d'enfants aux ailes de papillons se jouent dans l'espace.

En haut, deux enfants sans ailes, couronnés de fleurs des champs, le filet de gaze à la main, font la chasse aux papillons.

Au-dessus du cartouche, une tête d'enfant aux ailes de papillon.

Juin. — Toile marouflée. — H. 4^m,13. — L. 1^m,75. — Par M. CLAIRIN (GEORGES-JULES-VICTOR).

Quatre figures.

Une femme aux cheveux noirs, demi-nue, assise, vêtue d'une jupe orange, tient sur ses genoux un grand panier rempli de fruits, et de la main droite, prend une branche de cerisier que lui tend un enfant.

Un autre enfant cueille des fruits. Un troisième apparaît au-dessus du cartouche.

Au milieu des ornements s'enroulent des branches de fruits; des oiseaux becquètent les cerises.

Côté droit.

Juillet. — Toile marouflée. — H. 4^m,13. — L. 1^m,75. — Par M. THIRION (EUGÈNE-ROMAIN).

Cinq figures.

Une femme assise, demi-nue, est vêtue d'une jupe rose et d'une tunique paille que relève entre les seins un collier de pierres précieuses. Elle tient sur ses genoux un plateau garni de fruits. Près d'elle, un enfant ailé, une baguette à la main, s'approche et vient goûter aux fruits.

En haut, trois enfants ailés.

Au milieu des ornements s'enroulent des guirlandes de fruits et de fleurs.

Août. — Toile marouflée. — H. 4^m,13. — L. 1^m,75. — Par M. THIRION (EUGÈNE-ROMAIN).

Cinq figures.

Une femme, personnifiant la moisson, est assise de face, couronnée d'épis, vêtue d'une tunique blanche et d'une jupe bleue. Sa main droite relevée est appuyée sur une faucille; de la main gauche, elle tient une gerbe sur ses genoux.

Près d'elle, à gauche, un enfant ailé tient une gerbe sur l'épaule.

En haut, trois enfants : deux tiennent des fléaux et battent le grain, le troisième s'appuie sur le cartouche.

Au milieu des ornements sont placés des roseaux, des guirlandes de fleurs des champs.

Septembre. — Toile marouflée. — H. 4^m,13. — L. 1^m,75. — Par M. Escalier (Nicolas).

Deux figures.

Une chasseresse demi-nue, de profil, vêtue d'une peau de bête que retient une ceinture de gaze verte dont les bouts voltigent autour d'elle, tient l'épieu de la main droite, et de l'autre main élève un oliphant qu'elle fait retentir.

A ses côtés, un levrier la regarde, prêt à s'élancer ; en bas, des oiseaux s'enfuient en rasant le sol ; en haut, à gauche, un enfant aux ailes bleues se précipite vers la chasseresse ; à droite, deux chiens poursuivent des oiseaux aquatiques et un cerf qui s'enfuient.

Octobre. — Toile marouflée. — H. 4^m,13. — L. 1^m,75. — Par M. Escalier (Nicolas).

Cinq figures.

Une bacchante, vue de face, souriante, est à peine vêtue d'une tunique aux reflets dorés que retient une ceinture rose, et autour de laquelle s'enroule une écharpe noire constellée d'or.

Le bras gauche levé tient le thyrse paré de raisins mûrs. Le bras droit est passé derrière le socle qui soutient un buste de Silène en bronze, et devant lequel sont suspendus un tambourin, une flûte de Pan et des pipeaux champêtres.

En bas, à gauche, un jeune égipan fait retentir les cymbales. En haut, trois enfants ailés ; celui de droite tient un cep garni de grappes ; celui de gauche tend une coupe de cristal au troisième qui, en riant, penche une amphore ciselée.

Novembre. — Toile marouflée. — H. 4^m,13. — L. 1^m,75. — Par M. Duez (Ernest-Ange).

Cinq figures.

Une danseuse, vêtue de la courte jupe de tarlatane, du maillot rose et des chaussons de satin chair, se tient sur la pointe gauche, la jambe droite levée. Son front est voilé d'une écharpe violette semée d'or.

Un enfant ailé se joue dans les plis de l'écharpe qu'un autre, la tête en bas, vu de dos, tire à lui de la main gauche, pendant que de l'autre main il tient une torche allumée. En haut, deux enfants, l'un à droite, l'autre sur le cartouche, lancent des flèches.

Décembre. — Toile marouflée. — H. 4^m,13. — L. 1^m,75. — Par M. Duez (Ernest-Ange).

Sept figures.

A droite, la Neige personnifiée, assise de profil, les épaules nues, frissonnante, les lèvres bleues de froid, répand des flocons de neige de la main droite levée.

En bas, trois enfants ; l'un, vu de dos, vêtu d'une draperie bleuâtre, tend les mains vers la neige qui tombe ; près de lui se tient un corbeau. Les deux autres enfants lancent des boules de neige.

En haut, trois enfants : deux lancent des boules de neige ; le troisième cherche à se mettre à l'abri.

Au milieu des ornements serpentent des branches de lierre couvertes de neige.

FOYERS.

FOYER DE LA DANSE.

Le foyer de la danse est situé derrière la scène. Il n'est pas ouvert au public ; toutefois, d'après les usages de l'Opéra, les abonnés des trois jours de la semaine y sont admis.

Le foyer est orné, de chaque côté, de six colonnes cannelées en spirale. Les deux premières et les deux dernières, à droite et à gauche, sont accouplées. Du côté de la scène, le foyer est entièrement ouvert. Le fond est revêtu de glaces dans toute son étendue. A droite et à gauche, sont placés, dans un riche encadrement, quatre panneaux allégoriques. Les têtes qui surmontent ces panneaux ont été modelées par M. CHABAUD. Elles représentent les traits de quatre danseuses de l'Opéra, Mlles Eugénie Fiocre, Léontine Beaugrand, Annette Mérante, et Blanche Montaubry.

Côté ouest.

La Danse guerrière. Toile marouflée. — H. 2^m,90. — L. 1^m,70. — Par M. BOULANGER (Gustave-Rodolphe).
Trois figures.

Trois guerriers, vus de face, armés du bouclier et du glaive, la tête couverte d'un casque, dansent la pyrrhique. Le guerrier du milieu, chaussé de cothurnes, est couvert d'une demi-cuirasse formée d'écailles d'or ; son casque est surmonté d'une chimère. La cuirasse de buffle du guerrier de gauche est ornée d'une tête de méduse.

La Danse champêtre. Toile marouflée. — H. 2^m,90. — L. 1^m,70. — Par M. BOULANGER (Gustave-Rodolphe).

Trois figures.

Trois femmes demi-nues dansent, formant une ronde gracieuse et tenant, au-dessus de leurs têtes, une guirlande de fleurs. La femme de gauche, vêtue d'une draperie bleue transparente, se cambre, la tête renversée ; elle tient élevée, de la main gauche, la guirlande que tient, de la main droite, la femme du milieu. Celle-ci, par un geste pudique, retient, de la main gauche, une draperie blanche. La danseuse de droite, à demi-nue, vue de profil, vêtue d'une draperie blanche, tient, de la main gauche, la guirlande de fleurs.

Au-dessus du premier de ces panneaux est inscrit, dans un médaillon, le nom de NOVERRE ; au-dessus du second, le nom de GARDEL, chorégraphes et maîtres de ballets de l'Opéra, à la fin du XVIIIe siècle.

Côté est.

La Danse bachique. Toile marouflée. — H. 2^m,90. — L. 1^m,70. — Par M. BOULANGER (Gustave-Rodolphe).

Trois figures.

Une bacchante demi-nue, le thyrse dans la main droite, laisse échapper la coupe et chancelle, la tête renversée, la jambe gauche fléchissant en arrière.

A gauche, une bacchante demi-nue joue avec un

serpent qu'elle tient des deux mains, d'un geste énergique et qui se replie derrière elle.

A droite, un faune, vu de face, la figure riante, danse en agitant le tambour de basque.

La Danse amoureuse. Toile marouflée. — H. 2^m,90. — L. 1^m,70. — Par M. Boulanger (Gustave-Rodolphe).
Trois figures.

Au milieu, danse une femme, vue de face, à demi vêtue d'une légère draperie, la taille serrée dans un corsage de brocart. Le corps cambré à droite, la tête penchée, elle lève le bras droit et donne la main à la femme de gauche, vue de dos, vêtue d'une draperie rose que retient une guirlande de fleurs tressée en ceinture. A droite, un homme danse, la flûte de Pan dans la main droite; il se penche et embrasse sur le front la danseuse du milieu, pendant que, de la main gauche, il saisit au vol un papillon.

Au-dessus du premier de ces panneaux est inscrit, dans un médaillon, le nom de Mazilier; au-dessus du second, le nom de Saint-Léon, maîtres de ballets et chorégraphes de l'Opéra, de nos jours.

Au-dessus des colonnes, règne une large et riche voussure ornée de lyres qui s'y découpent en plein relief, et de vingt statues d'enfants encadrant des médaillons où sont reproduits, en buste, les portraits des plus célèbres danseuses de l'Opéra, depuis son origine.

Vingt Enfants. — Statues. — Plâtre. — H. 2 mètres. — Par M. Chabaud (Louis-Félix).

Ces enfants, portant divers attributs, sont placés dans

l'ordre suivant, à partir du médaillon du centre, au-dessus de l'entrée du foyer :

Le premier et le onzième, ayant des cornes et des oreilles de satyre, jouent de la musette. Une gourde est pendue à leur cou.

Le deuxième et le douzième jouent de la flûte. Ils ont également les cornes et les oreilles du satyre.

Le troisième et le treizième jouent des cymbales.

Le quatrième et le quatorzième tiennent un bouclier et un glaive.

Le cinquième et le quinzième tiennent une mandoline. Ils ont des ailes de papillon.

Le sixième et le seizième portent l'épieu et la trompe de chasse.

Le septième et le dix-septième tiennent la trompette de la main droite, et le glaive de l'autre main.

Le huitième et le dix-huitième jouent d'un instrument à archet.

Le neuvième et le dix-neuvième jouent de la harpe.

Le dixième et le vingtième jouent du violon.

La série des vingt médaillons ovales renfermant des portraits de danseuses commence au-dessus de l'entrée du foyer de la danse, et comprend, en allant de gauche à droite, les portraits suivants :

Mademoiselle de La Fontaine (1681-1692). — Médaillon. — Toile marouflée. — H. 1^m,20. — L. 0^m,80. — Par M. BOULANGER (Gustave-Rodolphe).

En costume de théâtre, d'après un dessin conservé aux Archives de l'Opéra et provenant de la vente Soleirol.

Mademoiselle Subligny (1690-1705). — H. 1ᵐ,20. — L. 0ᵐ,80. — Par M. Boulanger (Gustave).

Elle est en costume de théâtre avec les mouches, d'après la gravure de Bonnart (Robert-François).

Mademoiselle Prévot (Françoise) (1705-1730). — Médaillon. — Toile marouflée. — H. 1ᵐ,20. — L. 0ᵐ,80. — Par M. Boulanger (Auguste).

Elle est en costume de théâtre, d'après le portrait original de Raoux (Jean), conservé au Musée de Tours.

Mademoiselle Sallé (1721-1740). — Médaillon. — Toile marouflée. — H. 1ᵐ,20. — L. 0ᵐ,80. — Par M. Boulanger (Gustave).

Elle est en costume de théâtre, d'après le portrait de Lancret (Nicolas).

Mademoiselle Camargo (Marie-Anne Cuppi) (1726-1735). — Médaillon. — Toile marouflée. — H. 1ᵐ,20. — L. 0ᵐ,80. — Par M. Boulanger (Gustave).

Elle est en costume de théâtre, d'après le portrait de Lancret (Nicolas).

Madame Vestris (Marie-Thérèse-Françoise) (1751-1767). — Médaillon. — Toile marouflée. — H. 1ᵐ,20. — L. 0ᵐ,80. — Par M. Boulnager (Gustave).

Elle est représentée en costume de théâtre.

Mademoiselle Guimard (Marie-Madeleine). — (1762-1789). — Médaillon. — Toile marouflée. — H. 1ᵐ,20. — L. 0ᵐ,80. — Par M. Boulanger (Gustave).

Elle est en costume de ville, d'après la gravure de Perreau, reproduisant un pastel du temps.

Mademoiselle Heinel (1768-1781). — Médaillon. —

Toile marouflée. — H. 1ᵐ,20. — L. 0ᵐ,80. — Par M. Boulanger (Gustave).

Elle est représentée en costume de théâtre.

Madame Gardel (Marie-Élisabeth-Anne Houbert) (1786-1816). — Médaillon. — Toile marouflée. — H. 1ᵐ,20. — L. 0ᵐ,80. — Par M. Boulanger (Gustave).

Elle est représentée en costume de théâtre.

Mademoiselle Clotilde (Clotilde-Augustine Malfleurais) (1793-1819). — Médaillon. — Toile marouflée. — H. 1ᵐ,20. — L. 0ᵐ,80. — Par M. Boulanger (Gustave).

Elle est en costume de ville, d'après le portrait gravé en tête de l'*Annuaire dramatique* de 1808.

Mademoiselle Bigottini (Émilie-Jeanne-Marie-Antoinette de la Wateline (1801-1823). — Médaillon. — Toile marouflée. — H. 1,20. — L. 0ᵐ,80. — Par M. Boulanger (Gustave).

Elle est en costume de ville, d'après le portrait lithographié de Vigneron (Pierre-Roch) (collection du *Corsaire*).

Mademoiselle Noblet (1817-1842). — Médaillon. — Toile marouflée. — H. 1ᵐ,20. — L. 0ᵐ,80. — Par M. Boulanger (Gustave).

Elle est en costume de ville, d'après le portrait lithographié de Grevedon (Pierre-Louis, dit Henri).

Madame Montessu (Pauline) (1821-1836). — Médaillon. — Toile marouflée. — H. 1ᵐ,20. — L. 0ᵐ,80. — Par M. Boulanger (Gustave).

Elle est en costume de ville, d'après le portrait lithographié (d'après nature), par Vigneron (Pierre-Roch).

Mademoiselle Julia (1823-1838). — Médaillon. — Toile marouflée. — H. 1ᵐ,20. — L. 0ᵐ,80. — Par M. Boulanger (Gustave).

Elle est en costume de ville, d'après le portrait lithographié de Deveria.

Madame Taglioni (Marie) (1828-1837). — Médaillon. — Toile marouflée. — H. 1ᵐ,20. — L. 0ᵐ,80. — Par M. Boulanger (Gustave).

Elle est représentée en costume de ville.

Mademoiselle Duvernay (1832-1837). — Médaillon. — Toile marouflée. — H. 1ᵐ,20. — L. 0ᵐ,80. — Par M. Boulanger (Gustave).

Elle est en costume de théâtre espagnol, d'après la lithographie anglaise de Lewis, 1837.

Mademoiselle Elssler (Fanny) (1834-1841). — Médaillon. — Toile marouflée. — H. 1ᵐ,20. — L. 0ᵐ,80. — Par M. Boulanger (Gustave).

Elle est en costume de théâtre espagnol, rôle de la *Gypsy*, d'après le portrait lithographique de Grevedon (Pierre-Louis, dit Henri).

Mademoiselle Carlotta Grisi (1841-1849). — Médaillon. — Toile marouflée. — H. 1ᵐ,20. — L. 0ᵐ,80. — Par M. Boulanger (Gustave).

Elle est en costume de théâtre, dans le rôle de *Giselle*.

Madame Cerrito (Francesca, dite Fanny) (1848-1855). — Médaillon. — Toile marouflée. — H. 1ᵐ,20. — L. 0ᵐ,80. — Par M. Boulanger (Gustave).

Elle est en costume de théâtre, dans le rôle de

Gemma, d'après le portrait lithographique d'Henry EMY.

Madame Rosati (Caroline) (1854-1859). — Médaillon. — Toile marouflée. — H. 1ᵐ,20. — L. 0ᵐ,80. — Par M. BOULANGER (Gustave).

Elle est représentée en costume de ville, d'après le portrait lithographié de PINÇON.

Au-dessus de la voussure que nous venons de décrire, le plafond est orné de caissons entourés de guirlandes de grelots et de fleurs, et encadré par une seconde voussure représentant un ciel d'été, dans lequel des enfants ailés poursuivent des oiseaux et des papillons. Cette voussure est divisée en quatre parties.

Voussure. — Toile marouflée. — H. 4 mètres. — L., côtés nord et sud, 9 mètres ; côtés ouest et est, 12 mètres. — Par M. BOULANGER (Gustave-Rodolphe).

Côté ouest. — Première partie.

Dans un ciel bleu, deux éperviers, un Amour poursuivant des papillons.

Côté nord. — Deuxième partie.

Un Amour sur le dos d'une cigogne. Oiseaux de mer.

Côté est. — Troisième partie.

Un paon, un perroquet, un lophophore, une hirondelle, deux Amours poursuivant des papillons, une autre hirondelle, deux pigeons, un canard sauvage.

Côté sud. — Quatrième partie.

Deux Amours poursuivant des papillons; une hirondelle, deux kakatoès, une pie.

FOYER DU CHANT.

Le foyer du chant est entouré de panneaux qui, d'après le projet de l'architecte, devaient être ornés des plus illustres chanteurs et cantatrices de l'Opéra.

Ces portraits n'ont point encore été exécutés.

ADIEUX AU LECTEUR

« Il n'est si bonne compagnie qui ne se quitte. » Nous devions donc nous quitter un jour ou l'autre ; tout comme le jour de gloire, ce jour est arrivé. Je l'ai attendu avec grande impatience et je ne vous ai pas caché, dans le courant de ce deuxième volume, avec quelle ardeur j'aspirais à sa fin. Je devrais donc être satisfait ; mais point ; la séparation me semble douloureuse, et je vais, je le sens, changer mes désirs en regrets.

« L'homme est un animal qui regrette », dit Doudan ; si j'en juge par moi-même, Doudan a diantrement raison. Je vais regretter les instants où j'écrivais et où pourtant je maudissais celui qui avait inventé l'écriture ! Je vais regretter les instants de pensers où je rêvais à ce que je pourrais vous dire, ce qui naturellement me conduisait à dire autrement que ce que j'avais rêvé. Je vais regretter enfin même les regrets que j'avais d'avoir commencé ma besogne et regretter surtout de l'avoir finie.

Je causais avec vous en ami; je vous disais les idées qui me passaient par la cervelle; je me plaignais de ceci ou de cela; je faisais à ma façon une petite guerre de tirailleur et, si je n'atteignais personne, j'avais au moins le plaisir de tirer quelques coups de fusil. A qui, maintenant, vais-je faire mes confidences? A qui vais-je ouvrir mon cœur? A qui dirai-je mes joies ou mes ennuis? Enfin, puisque, comme Sancho Pança, je commence avec deux sentences ou proverbes, je vais en dire un troisième en guise de consolation; à savoir qu'il faut souffrir ce qu'on ne peut empêcher.

Du reste, la séparation mettra encore quelque temps à s'effectuer, et j'ai quelques heures à être encore avec vous. Si j'avais bien et dûment rempli ce dernier volume, je n'aurais eu à y ajouter que deux bonnes paroles d'adieu et quatre mots de remerciement; mais ce volume n'est pas devenu aussi gros que l'autre, bien que j'aie fait quelques emprunts, et mon éditeur prétend que ça ferait mauvais effet de voir deux tomes inégalement pansus. Au lieu donc d'avoir seulement à vous serrer la main à mon départ, il faut que je continue la causette avec vous, puisque mon éditeur m'y oblige. N'importe ! je ne croyais pas que les livres fussent comme les anciens coucous qui ne prenaient leur essor que lorsqu'ils étaient bondés. Je mets donc encore ce dernier chapitre en *lapin* ; mais je pense qu'après cela le voyage pourra commencer.

Le difficile, chers lecteurs, n'est pas de vous dire seulement : Merci et au revoir. Dans le Petit Secrétaire de la conversation, on trouve des phrases de ce genre toutes faites, et je saurais au besoin les copier ; non, ce qui est difficile, c'est de vous dire cela en beaucoup de pages, de façon que, pourtant, je n'aie l'air ni d'un bavard ni d'un importun. On aime bien conduire ses amis au chemin de fer; on les accompagne jusqu'à leur wagon; on leur serre la main; on leur souhaite bon voyage. Tout est pour le mieux; mais, si le train ne part pas, on reste là, flanqué devant le compartiment, pendant que l'ami met son nez à la portière. On trouve le temps long, on recommence plus ou moins ses adieux et ses souhaits, et, si le train reste encore, si le départ tarde de plus de cinq minutes, on commence à devenir bête, puis énervé, puis grincheux; pour un peu on enverrait son ami au diable et l'ami en ferait autant de son côté. Dix minutes de plus, on deviendrait idiot et on partirait furieux contre cet imbécile, qui ne vous quitte pas au bon moment.

J'ai grand'peur que vous ne ressentiez cet effet-là; nous nous sommes mutuellement reconduits jusqu'à la fin du volume; il n'y a plus qu'à nous séparer, et toutes les paroles que je vous dirai maintenant seront paroles de fâcheux et de sot. Je le sais bien; mais que voulez-vous? Puisque mon éditeur me dit qu'il n'y en a pas encore assez, que le lest manque, et que l'esquif qui porte mon livre et sa fortune irait à la dérive s'il n'était pas plus chargé, il faut bien que je complète ma cargaison. Du reste, les reconducteurs habiles vont seulement jusqu'aux salles d'attente; faites comme eux, et quittez-moi maintenant, en me laissant tout seul penser à vous, qui m'abandonnez avec tant de prudence. Je mettrai tout de même ce lest demandé; mais, au moins, vous n'aurez pas crainte de le recevoir sur le pied.

Mais non, chers et bons lecteurs, vous ne voulez pas me quitter avant la vraie fin, et vous êtes assez robustes pour supporter mes interminables adieux et pour lire même la table des

noms que je mets en partant, comme on met
à la main un mouchoir, qu'on agite aussi
longtemps que les regards peuvent le suivre.

Seulement j'ai une crainte ; lorsque nous
nous serons séparés, aurez-vous encore un bon
souvenir pour moi ? Oublierez-vous tout à fait
nos amicales causeries et mettrez-vous ce livre
en un coin abandonné ? Je le redoute un peu ;
ce que je vous ai dit ne se relit guère (mettons que ça se lise), il n'y a pas là-dedans de ces
notions techniques qu'on est forcé de reprendre
à maintes fois pour les comprendre, de ces formules sévères que l'on apprend avec peine et
qu'on est forcé de réapprendre chaque jour si
l'on veut en conserver la trace. Non ; il suffit
d'une seule fois pour savoir ce que j'ai voulu dire
et rien ne vous attirera maintenant vers ce livre
sincère, qui vous a exprimé les idées d'un artiste,
n'ayant pas la prétention d'en faire des axiomes !

Ah ! certes, j'aurais pu, comme bien d'autres,
chercher à être incompréhensible pour paraître
savant ; je ne l'ai pas voulu ; ce n'est pas en professeur que j'ai désiré parler, mais bien en
camarade. Si j'avais eu la prétention de devenir
un pédagogue architectural, j'eusse pu, sans doute,
entremêler, entrelacer les A, les B et les X. A

quoi bon? mes confrères en savent autant et même plus que moi sur les sujets spéciaux, et mes leçons leur eussent semblé sinon ridicules, au moins inutiles. J'ai préféré parler à tous selon mon simple sentiment, être ainsi plus humain, plus vrai et moins impardonnable, surtout si je me trompe.

Songez donc! un chiffre mal mis, on m'accuse de légèreté; une erreur commise, on m'accuse d'ignorance; une théorie scientifique mal déduite, on m'accuse d'hérésie! Ne valait-il pas mieux causer avec vous comme dans l'intimité, vous dire mes appréciations, peut-être plus instinctives que raisonnées, et cacher le peu de science que je puis avoir pour faire mieux comprendre à chacun la science qu'il a?

D'ailleurs, il y a temps pour tout; si la corde de l'arc est toujours tendue, la flèche ne partira jamais. J'aime encore mieux lâcher cette corde sans trop viser un but étroit, que de rester toujours occupé à la raidir. Ma flèche ira peut-être bien loin de la cible; mais elle s'en rapprochera toujours plus que la flèche immobile.

Puisque je vous parlais ainsi sans morgue et sans méchante humeur, il était bien naturel que nos conversations n'eussent pas le pompeux d'un discours. J'ai cru qu'il n'était pas besoin d'égaler Bossuet pour vous parler tout le temps de moi; d'ailleurs il y avait bien certaines raisons qui m'eussent empêché de lutter avec lui, et j'espère bien que vous ne m'en voulez pas si je n'ai pas tout à fait le langage du xvii² siècle. Rien, en somme, ne force les gens à être grands orateurs pour être bons architectes; rien ne force les artistes à écrire comme des parnassiens pour faire comprendre leurs idées et à être académiciens, pour les faire partager.

Si donc, chers lecteurs, vous avez parfois trouvé que je me laissais entraîner par quelques boutades, il ne faut pas que cela vous conduise à penser que je vous parle légèrement. Loin de là; ce que je vous dis est sérieux, très sérieux, absolument sérieux; du moins, c'est mon avis, et je pense qu'il y a encore plus de logique dans mes assertions et mes appréciations que dans plus d'un ennuyeux bouquin ayant la prétention de corriger les hommes et les choses. Non, non, je le répète, si je vous ai parlé avec entrain, sans préparation aucune, et tel que les idées me venaient, il ne faut point pour cela m'accuser de légèreté. La surface était peut-être un peu mince; mais, vraiment, le fond avait son poids;

car je sens bien que j'ai dans les talons des boules de plomb qui m'empêchent de trop m'éparpiller.

L'écume des vagues est légère, puisque le vent la soulève ; mais les flots qu'elle recouvre sont pesants ; la fumée est légère ; mais le bois qui la produit est résistant ; la plume est légère ; mais elle sert pourtant à enlever l'aigle. Je ne suis ni la mer, ni la forêt, ni l'aigle, hélas! je ne suis qu'un architecte! Mais je crois que, sous les légers propos qui parfois s'échappent de mon esprit, se cachent le plus souvent quelques bons enseignements et quelques solides vérités, que vous avez peut-être déjà reconnus, ou qui, du moins, pourront se reconnaître un jour.

Tout homme qui écrit ce qu'il pense et comme il pense répand toujours, parmi les nullités qui peuvent se trouver sous sa plume, quelques semences de bonne qualité qui devront germer par la suite.

Je ne nie pas que parmi ces pages quelques théories aient pu vous paraître absurdes ; mais vous savez que les paradoxes du présent sont souvent les vérités de l'avenir. Si donc vous m'avez trouvé quelquefois d'une logique aventureuse, dites-vous bien que ce n'est peut-être qu'une affaire de temps et que les idées ont de singulières évolutions.

Vous aurez même pu déjà modifier vos jugements depuis le jour où j'ai commencé ce livre ; car il y a cinq ans passés que j'écrivais le premier feuillet ; mais, quant à moi, je ne saurais m'en plaindre ; je n'avais alors plus rien à faire, pas même un mur à badigeonner ! Je pouvais donc prendre la plume lorsque mon désir m'y amenait. Aujourd'hui, il en est tout autrement : les affaires artistiques sont revenues; les journées sont courtes; la fatigue souvent grande, et la paresse obligatoire vient me saisir à mes quelques heures de repos. D'ailleurs, le sujet principal me semblait épuisé ; l'intérêt du moment était passé ; et d'un côté, désireux de remplir ma tâche, de l'autre la trouvant trop persistante, je poursuivais ma vie entre le plaisir de remettre au lendemain un travail important et le remords de ne pas l'accomplir. J'aurais dû, pourtant, me rappeler qu'il faut battre le fer pendant qu'il est chaud. Aujourd'hui, j'ai grand'peur qu'au lieu d'avoir frappé le fer, je n'aie réussi qu'à me taper sur les doigts.

Mais vous ne voyez donc pas ? Le disque est tourné; la voie est libre; le train part, et je suis forcé de vous quitter tout de suite, sans plus causer avec vous. Je vous laisse donc, chers lecteurs, et, pour que mon éditeur ne m'accuse pas encore d'avoir économisé le lest, je vais faire imprimer en grosses lettres notre dernière conversation, ainsi que j'ai fait pour la première. Les gens myopes pourront, de cette façon, lire au moins le commencement et la fin de nos entretiens, et j'ai dans l'idée que quelques presbytes feront de même..... Au revoir, au revoir.

Paris de Montereau (*première station du rapide*), 8 h. 33 soir.

DUCHER et Cie, éditeurs, rue des Écoles, 51, Paris.

Suis parti; écris plus rien à livre; si trouvez pas assez gros, imprimez *Sottises politiques;* sera bien rempli.

Amitiés,

Charles GARNIER.

De passage.

LISTE DES ENTREPRENEURS

AYANT COLLABORÉ AUX TRAVAUX DU NOUVEL OPÉRA

Nota. — Les entrepreneurs dont les noms sont en gros caractères sont ceux qui ont été employés jusqu'à la date de l'inauguration, le 6 janvier 1875. Les noms en caractères plus petits se rapportent aux entrepreneurs qui ont été employés depuis cette époque.

Nature des travaux.	Noms des entrepreneurs.
Terrasse	LESIEUR.
Maçonnerie	A. VIOLET. Dunand et Cⁱᵉ.
Serrurerie	CLAIRIN ET ESCANDE. Magnier.
Menuiserie	PASCAL. DESCHAMPS. Simonet.
Couverture et plomberie	GUÉRIN. Chantreau.
Charpente	DUBRUJEAUD. Chazelle.

Nature des travaux.	Noms des entrepreneurs.
Pavage	ESNAULT.
	CURTET.
Bitume et asphalte	COMPAGNIE GÉNÉRALE.
Chauffage et ventilation	D'HAMELINCOURT.
Fumisterie.	PIGEONNAT.
Égouts	BOULIGAUD.
Conduites d'eaux	FORTIN-HERMANN.
Marbrerie	LANGLOIS.
	DROUET ET LOZIER.
	LOUVET.
	DERVILLÉ.
	MACDONALD, FIELD ET Cie.
	HENRAUX.
	MARGA.
	BIRON.
	CANTET FRÈRES.
	VEUVE HENRY BEX.
Mosaïque	FACCHINA ET CRISTOFOLI.
	MAZZIOLI ET DEL TURCO.
	SALVIATI.
Miroiterie.	SAINT-GOBAIN.
	CHAMOUILLET.
Bronze et galvanoplastie	OUDRY.
	CHRISTOFLE ET Cie.
	MATIFAT.
	THIÉBAUT.
	DENIÈRE.
	FEDITE.
	LACARIÈRE ET DELATOUR.
	RENOU.

Nature des travaux.	Noms des entrepreneurs.
Bronze et galvanoplastie	BARÉ. ROMAIN. LANGUEREAU. DURENNE.
Cuivre repoussé	MONDUIT, BÉCHET ET Cie.
Gaz	LECOQ FRÈRES.
Tapisserie	BELLOIR ET VAZELLE.
Horlogerie	LEPAUTE.
Machinerie	BRABANT. MATAYER.
Corderie	YON. BESNARD ET GENEST. BODIN.
Grillage	MICHAU.
Monte-charge	GAUTHIER.
Mécanique	FLAUD.
Échafaudages volants	BOUVIER.
Orgue	CAVAILLÉ-COLL.
Sonneries électriques	BOIVIN.
Éclairage électrique (scène)	DUBOSQ.
Lettres, inscriptions	HUGEDÉ.
Puisatiers	GASTON.
Papier bitumé	LETACQ.
Bâches	CHAPON.
Pompes	LETESTU. MALO ET BELLEVILLE.
Contrôle et rondes de sapeurs	COLLIN ET WAGNER.

LISTE DES ENTREPRENEURS.

Nature des travaux.	Noms des entrepreneurs.
Papeterie	{ CHEVALIER. COQUELIN. }
Autographies	{ NEUHAUS. MILLET. }
Photographies	DURANDELLE.

TABLE

PAR ORDRE ALPHABÉTIQUE

DES

NOMS PROPRES CITÉS DANS LES DEUX VOLUMES[1]

ABBAYE-DU-VAL (Pierre dure de l'). — II-82.
ABÉMA (Mme). — Ses peintures dans la galerie du glacier, I-511.
ABERDEEN (Marbre d'). — I-19.
ABOUT (Edmond). — II-269.
ACADÉMIE DE FRANCE, à Rome. — II-267.
ACADÉMIE DE MÉDECINE, à Paris. — II-84.
ACADÉMIE DE MUSIQUE, à Paris. — II-50, 260, 261.
ACHILLE. — II-323.
ADAM, musicien. — Son buste dans la salle Le Peletier, II-264.
— Son buste sur une des façades latérales, II-285.
ADAM, le Cadet, sculpteur. — II-265.
ADONIS. — I-294.
AGLAÉ. — II-264.
AIZELIN, sculpteur statuaire. — La statue l'*Idylle* sur la façade, I-430 et II-277.
ALASSEUR, sculpteur statuaire. — La statue de Rameau, dans le vestibule, I-224 et II-291.
ALCMÈNE. — I-444.
ALECTO. — II-264.
ALEXANDRE. — II-269.
ALEXANDRA (Théâtre), à Saint-Pétersbourg. — Épaisseur des murs en rapport avec le cube des constructions, II-278.
ALGÉRIE. — II-298.

---

[1]. Les chiffres romains indiquent le volume, les chiffres arabes la page.

ALLEMAGNE. — I-184, 196, 264 et II-2.
AMALTHÉE. — II-326.
AMANDINI, architecte. — Auteur de la salle de spectacle des Tuileries, II-257.
AMÉRIQUE. — I-406.
AMOUR. — II-300, 301, 321, 322, 325, 333, 337, 347, 348, 349, 366.
AMPHION. — II-323, 337.
AMPHITRITE. — I-255 et II-300, 345.
ANGLETERRE. — I-184 et II-2.
ANSTRUDE. — Pierre dure de Bourgogne, II-80, 81, 82, 83, 85, 88.
ANTILLY (Pierre d'). — II-82.
ANTOINE, architecte. — Eut Louis pour rival, I-315.
ARC DE L'ÉTOILE, à Paris. — I-431.
ARCHIMÈDE. — I-249.
ARCUEIL (Pierre d'). — II-82.
ARÉTHUSE. — II-345.
ARÉTIN (L'). — I-440.
ARTABAN. — I-466.
ARTAGNAN. — I-362.
ARTAXERXÈS. — II-55.
APOLLON. — I-76, 113, 114, 174, 237, 290, 305, 344 et II-256, 257, 259, 263, 282, 299, 321, 322, 324, 326, 333, 336, 337.
ATHÈNES. — I-16, 19, 264.
AUBER, musicien. — Son buste sur la façade, I-91, 92 et II-299, 322.
AURORE. — II-308, 346.
AUVRAY, sculpteur statuaire. — Le buste de Lesueur, II-339.
AVIGNON. — I-505.

BACHAUMONT. — II-269.
BACH, musicien. — Son médaillon sur la façade, II-278.

BAGNEUX (Pierre de). — II - 82.
BANQUE DE FRANCE. — La galerie dorée, I - 43.
BARNUM. — II - 461.
BARON, artiste dramatique. — II - 269.
BARRIAS, peintre artiste. — Ses travaux dans le grand foyer, I - 239. — Ses peintures dans l'un des salons octogones, II - 333 et suiv.
BARRIAS, sculpteur statuaire. — Les statues décoratives de l'avant-foyer, I - 280. — Une causerie à propos du grand escalier, I - 350. — Les masques en pierre de la façade, II - 279. — Statues la *Serrurerie* et la *Maçonnerie* dans les petits salons, II - 311.
BARTHÉLEMY, de Nancy. — Inventeur d'un nouveau système de décoration théâtrale, II - 19, 29, 31.
BARTHÉLEMY, sculpteur statuaire. — Les grandes figures du tympan de la salle, I - 133. — Les statues de l'avant-foyer, I - 280. — Les Renommées du tympan nord-est de la salle, II - 344.
BASTILLE (La), à Paris. — II - 84.
BATIGNY, architecte. — I - 503, 505.
BAUDE. — II - 269.
BAUDRY (Paul). — II - 269.
BAUDRY, architecte. — I - 503, 505, 508. — Son portrait dans une des voussures du grand foyer, II - 322.
BAUDRY, peintre artiste. — Ses idées à propos de la décoration d'un plafond, I - 176. — Ses peintures dans le grand foyer, I - 227 et suiv. et II - 320 et suiv. — Comment il faut voir ces peintures, I - 246. — Leur coloris, I - 248. — Cité, I - 351, 356, 486. — Les peintures et l'éclairage par le gaz, II - 174, 175, 176.
BAYREUTH (Théâtre de). — I - 116, 197.
BEAUGRAND (Léontine), danseuse. — Son buste au foyer de la danse, II - 359.

BÉCHET, entrepreneur. — Construction de la coupole en cuivre, I-167, 302, 303, 304.

BEETHOVEN, musicien. — Son buste sur la façade, I-92 et II-279. — Son buste salle Le Peletier, II-264. — Cité, II-322. — Son buste dans les couloirs de la salle, II-340.

BELGIQUE. — I-20, 184, 372.

BELLINI, musicien. — Son buste sur une des façades latérales, II-285.

BELLOIR, tapissier. — I-250.

BÉNARD, architecte. — I-503, 505.

BENOUVILLE, peintre artiste. — Paysage dans la galerie du glacier, II-352.

BERGER, directeur de l'Opéra. — II-257.

BERGERAT. — II-269.

BERLIN. — I-316. — Le nouveau théâtre de l'Opéra, II-78.

BERNARD, architecte. — Auteur présumé du théâtre de Marseille, I-142.

BERNARD, architecte. — I-503, 505.

BERNE (Suisse). — I-505.

BERNIER. — Le grand ascenseur, II-253.

BERNIN (Le). — Ses statues, I-110. — Cité, I-360, 361, 362.

BERRY (Duc de). — II-261.

BERTON, musicien. — Directeur de l'Opéra, II-258, 259. — Son buste sur une des façades latérales, II-287.

BESNIER, directeur de l'Opéra. — II-257.

BEULÉ, ministre. — I-457.

BEYRÈDE (Marbre de). — I-369 et II-292.

BIBIENA, architecte. — Devrait avoir son buste à l'Opéra, I-212.

BIBLIOTHÈQUE de la Piazzetta. — I-21.

BIENAIMÉ, architecte. — La salle Favart et le Théâtre-Italien, II-262.

BIGOTTINI (Mlle). — Son buste au foyer de la danse, II-364.

BLOCHE, sculpteur ornemaniste. — Ornement de la coupole en

cuivre, I-303. — Ornement du couronnement du chéneau, I-414.
BOCCACE. — I-383.
BOÏELDIEU, musicien. — Son buste sur une des façades latérales, II-287. — Cité, II-322.
BOILEAU, poëte. — Une comparaison, I-269.
BOLIVIE. — I-217.
BONET, directeur de l'Opéra. — II-261.
BONET DE TREICHES, directeur de l'Opéra. — 261.
BONNART. — II-363.
BONNAT. — I-478.
BORDEAUX. — I-315. — Le grand théâtre, II-78.
BOSSUET. — I-37.
BOTREL, architecte. — Lauréat du concours pour l'Opéra, II-267.
BOUCHARDY, auteur dramatique. — I-361.
BOUILLET. — I-366.
BOURDIER. — I-374.
BOUDOY, architecte. — I-503, 505.
BOULANGER (Gustave), peintre artiste. — Plafond de la salle, I-44. — Voussures du foyer de la danse, I-60. — Encadrement des panneaux. I-65. — Portraits des danseuses, I-67. — Les quatre panneaux, I-68 et II-359 et suiv. — Appréciation de son talent, I-68. — Son exposition de tableaux, I-100. — Le plafond de la salle, I-127. — Cité, I-356, 434. — Ses peintures à la salle Le Peletier, II-263, 264.
BOULLET. — II-269.
BOUGUEREAU, peintre artiste. — I-351.
BOURDIN. — I-274.
BOURET. — II-262.
BOURGEOIS, sculpteur statuaire. — Statue l'*Imagination* dans le foyer, I-278 et II-313. — Les têtes du couronnement de la salle, II-345.
BOURGOGNE. — Ses pierres dures, I-228 et II-80, 83.

BOURSE (La). — I-3-13, 327. — Prix du mètre cube de construction, II-75.
BRABANT, machiniste membre de la commission d'études de la machinerie théâtrale, II-9. — Un nouveau système de plancher pour la scène d'un théâtre, II-34, 35, 36, 43. — Cité, II-214.
BRANCHU (Mme). — Son portrait à la salle Le Peletier, II-265.
BRAUVILLIERS (Pierre dure de). — II-80.
BRONGNIART, architecte. — Les salles du boulevard Saint-Martin et de la place Louvois, II-261, 262.
BRUN. — Un nouveau procédé d'éclairage, II-152.
BRUNET-MONTANSIER. — II-260.
BRUYER, sculpteur statutaire. — Statue l'*Espérance*, dans le grand foyer, I-28 et II-315. — Bustes sur l'une des façades latérales, II-287.
BUFFAULT, directeur de l'Opéra, II-259.
BUONAROTTI, statuaire. — I-429.
BUTIN, peintre artiste. — Panneau *Avril*, dans la galerie du glacier, II-354.

CABANEL, peintre artiste. — Refuse de se charger des peintures du grand escalier, I-350, 351.
CABET, sculpteur. — Ornement des façades latérales, I-473 et II-286.
CAFFIERI, sculpteur. — Bustes de Quinault, Lulli et Rameau, II-259.
CAILLOT, directeur de l'Opéra. — II-261.
CAIN, sculpteur. — Les aigles du pavillon du chef de l'État, I-303, 304.
CAILLAUX, ministre des travaux publics. — I-158 et II-182.
CAIRE (Le). — I-505.
CALLIMAQUE. — I-378.
CALLIOPE — II-263, 322, 330, 347.

DES NOMS PROPRES CITÉS DANS LES DEUX VOLUMES. 389

CALONNE (De). — II-269.

CAMARGO, danseuse.—Son portrait au foyer de la danse, II-363.

CAMBON, peintre décorateur. — Membre de la commission d'études de la machinerie théâtrale, II-9.

CAMBOS, sculpteur statuaire.—Statue la *Tradition*, dans le grand foyer, I-258 et II-316.

CAMPAN (Marbre de). — I-369 et II-298.

CAMPRA, musicien. — Son buste sur une des façades latérales, II-285.

CARCEL. — Son procédé d'éclairage, II-132.

CARDAILHAC (De), directeur des bâtiments civils. — Concours qu'il a donné à l'édification de l'Opéra, I-284. — Membre de la commission d'études de la machinerie théâtrale, II-9. — Cité, II-70. — Membre du jury du concours, II-267.

CARISTIE, architecte. — Membre du jury du concours, II-267.

CARLO-FELICE (Théâtre), à Gênes.—Épaisseur des murs en rapport avec le cube des constructions, II-78.

CARON. — II-324.

CARPEAUX, sculpteur statuaire. — Les danseuses, I-70. — Le buste de l'auteur, I-256. — Cité, I-344, 360. — Statue la *Flore,* aux Tuileries, I-431.—Son groupe de la *Danse,* I-423 et suiv. et II-274. — Cité, I-473, 482 et II-269.

CARPENTIER, architecte. — II-262.

CARRIER-BELLEUSE, sculpteur statuaire. — Cariatides de la cheminée est du grand foyer, I-256 et II-331. — Cité, 363,- 364, 365 et 366. — Groupe de figures décoratives à l'entrée du grand escalier, II-295.

CARVALHO (Mme), chanteuse. — Son avis sur l'acoustique de la salle, I-189.

CASTIL-BLAZE, musicien. — II-254, 269.

CAVELIER, sculpteur statuaire. — Statue de Glück dans le vestibule, I-224 et II-272. — Cité, I-432.

CÉCILIA MÉTELLA. — Son tombeau, I-471.

CELLERIER, directeur de l'Opéra. — II-260, 261.

CÉPHALE. — II-308.

CERBÈRE. — II-301, 324.

CERRITO (Mlle), danseuse. — Son buste peint au foyer de la danse, II-365.

CEZANO. — II - 269.

CHABAUD, sculpteur ornemaniste. — Sculptures du foyer de la danse, I-64, 65 et II-361. — Statues lampadaires de la balustrade, I-97, 98 et II-290. — Impression que produisent ces statues, I-100. — Statues d'enfants, têtes et autres ornements dans la salle, I-134 et II-342 et suiv. — Travaux divers dans le grand foyer et les salons octogones, I-255, 256 et II-330, 332. — Les torchères du grand foyer, I-259. — Les masques des coupoles en cuivre, I-303. — Le Zodiaque et la voûte du salon circulaire, I-318, 319 et II-293. — Les panneaux et les têtes d'enfants du grand vestibule, I-402 et II-293. — Têtes sur la façade extérieure, I-414. — Têtes sur les cheminées, I-420. — Bustes sur la façade, II-278. — Masques des piliers de la façade postérieure, II-290 — Têtes d'enfants dans la voûte du grand escalier, II-298. — Têtes surmontant les grands panneaux du foyer de la danse, II-359. — Masque central du faîte des colonnes de la salle, II-341.

Ensemble de ses travaux; appréciation de son talent, I-477 et suiv.

CHAMBARD, sculpteur statuaire. — Statue la *Fantaisie*, dans le grand foyer, I-258 et II - 314.

CHAMBÉRY. — I-455.

CHAMPAGNE. — I-238.

CHAMPERON. — II-254.

CHAPERON, peintre décorateur. — Peinture des voussures des quatrièmes loges, I-134 et II-349. — Peinture des coupoles des salons circulaires, I-298. — Le rideau d'avant-scène, I-385, 386.

CHAPSAL. — I-122.
CHARAVAY. — II-269.
CHARDIGNY, sculpteur. — Le buste d'Habeneck, II-339.
CHARPENTIER, architecte. — La salle Favart et le Théâtre-Italien, II-262.
CHARTREUSE de Parme. — I-21.
CHATEAU-LANDON (Pierre de). — II-81.
CHATELET (Théâtre du). — Son système de chauffage, II-119.
CHATILLON (Pierre de). — Son prix, II-82.
CHENNEVIÈRES (De). — II-384.
CHÉRUBIN. — I-383.
CHERUBINI, musicien. — Son buste salle Le Peletier, II-264. — Son buste sur une des façades, II-285.
CHÉNIER, poëte. — Une comparaison, I-269.
CHEVALLIER, sculpteur statuaire. — Statues décoratives, la *Peinture en bâtiment* et la *Fumisterie*, dans l'avant-foyer, I-280 et II-303, 304.
CHOISELAT, sculpteur. — Ornement de la partie supérieure du grand escalier, I-367, 368 et II-299.
CHOISEUL (De). — II-262, 265.
CHRISTOFLE, orfévre. — Bronzes des deux cariatides du grand escalier, I-366 et II-297. — Galvanoplastie des cariatides des grandes cheminées du foyer, II-331.
CHOMAT, directeur de l'Opéra. — II-257.
CHIFFART, peintre artiste. — A propos des peintures du grand escalier, I-351.
CHORON, directeur de l'Opéra. — II-261.
CHAPU, sculpteur statuaire. — Statue la *Cantate*, devant la façade, I-430 et II-277.
CIMAROSA, musicien. — Son médaillon sur la façade, II-278.
CIPOLLIN (Marbre). — I-369.
CLAIRIN, peintre artiste. — Plafonds des petits salons du grand foyer, I-240 et II-327. — Cité, I-352, 354, 355, 484. —

Panneaux peints dans la galerie du glacier : *Janvier, Février, Mars, Mai, Juin,* II-353, 354, 355.

CLAIRIN, serrurier. — II-209.

CLÉMENT, architecte. — La salle de la place Louvois, II-262.

CLIO. — II-263, 322, 329, 346.

CLOTILDE (Mlle), danseuse. — Son buste peint au foyer de la danse, II-364.

CLUNY (Musée de). — I-250, 345.

CLYTIE. — II-345.

COLLIN, artiste des Gobelins. — Un des panneaux en tapisserie de la galerie du glacier, II-351.

COLONNA (Duchesse de). — (*Voy.* MARCELLO.)

CONFLANS (Pierre de). — II-82, 85, 88.

CONGO. — II-217.

CONSERVATOIRE DE MUSIQUE. — La salle, II-239.

CONSTANT-DUFEUX, architecte. — Membre du jury du concours, II-267.

CONTANT. — II-269.

CORBOZ, sculpteur ornemaniste. — Lyres sur la façade, I-80. — Ornements des balcons et du plafond de la salle, I-133 et II-349. — Les candélabres porte-affiches, I-291. — Cité, I-344, 346, 347, 357, 368. — Le grand lustre central de la salle, II-349. — Ornements de la partie inférieure du grand escalier, II-299.

CORDIER, sculpteur statuaire. — Cariatides de la cheminée ouest du grand foyer, I-256, 257 et II-331. — Cité, I-359.

CORNEILLE, poëte. — I-316.

CORRÈGE (Le). — Une comparaison, I-269.

COUSIN (Jules). — II-269.

COYLIN (De). — Un homme poli, II-54.

COYPEL, peintre. — Plafond de la salle des Tuileries, II-257.

CRAUCK, sculpteur statuaire. — Cariatides des avant-scènes, côté ouest, I-134 et II-341.

CRÉPINET, architecte. — Lauréat du concours, II-267.
CROUY (Pierre de). — Son prix, II-82.
CUGNOT, sculpteur statuaire. — Statues décoratives de l'avant-foyer, *Gaz* et *Pavage,* I-280 et II-308, 309.
CUMBERT, musicien. — Son buste sur une des façades latérales, II-285.
CUMONT (de), ministre des beaux-arts. — I-159, 160.
CUPIDON. — I-237.
CURZON, peintre artiste. — Cartons des caissons de la voûte en mosaïque de l'avant-foyer, I-275, 277, 278 et II-307.
CYBÈLE. — II-333.

DALY (César), architecte. — II-269.
DAMOCLÈS. — II-213.
DANTAN, sculpteur statuaire. — Le buste de Rossini, II-340.
DANTE, poëte. — Une comparaison, I-269.
DAPHNÉ. — II-345.
DARVANT, sculpteur ornemaniste. — Les lyres de la façade, I-80. — Sculpture ornementale du grand foyer, I-254, 255 et II-338. — Ornements sculptés de l'avant-foyer, I-280.
DAUVERGNE, directeur de l'Opéra. — I-258, 259, 260.
DAVID, architecte. — La salle Favart et le Théâtre-Italien. — II-262.
DAVID. — II-326, 327.
DAVID D'ANGERS. — Le fronton du Panthéon, à Paris, I-431.
DEBRET, architecte. — La salle Le Peletier, I-44. — Modifications qu'il fait subir à la conception de Louis, I-124, 126, 128. — Il devrait avoir son buste à l'Opéra, I-212. — Cité, I-258. — La salle de la Porte-Saint-Martin et la salle Le Peletier, II-261, 263. — Cité, II-269.
DEBUT, sculpteur statuaire. — Statue la *Passion,* dans le grand foyer, I-258 et II-314.

DELACOUR, fabricant. — Le grand lustre de la salle, II-349.
DELANNOY, architecte. — La salle de la Porte-Saint-Martin, II-261. — Cité, II-269.
DELAPLANCHE, sculpteur statuaire. — Statues décoratives de l'avant-foyer : la *Charpente* et la *Terrasse*, I-280 et II-310, 311.
DELATOUR, fabricant. — Les candélabres porte-affiches, I-291. — Cité, I-381.
DELAUNAY, peintre artiste. — Peintures dans un des salons octogones du grand foyer, I-239, 240 et II-336.
DÉMOSTHÈNE, orateur. — Une comparaison, I-269.
DENICHAUX, sculpteur statuaire. — Bustes sur une des façades latérales, II-285. — Buste de Niedermeyer, II-333.
DENIÈRE, fondeur. — Fonte, en bronze, du groupe d'Apollon, I-112.
DERVILLÉ et Cie. — I-269, 371.
DESPLÉCHIN, peintre décorateur. — Membre de la commission d'études de la machinerie théâtrale, II-9.
DESTOUCHES, directeur de l'Opéra. — II-257.
DEUMIER, serrurier. — Balcon en fer de la salle du Palais-Royal, II-258.
DEVERIA, peintre. — II-365.
DAVISMES, de Valgay, directeur de l'Opéra. — II-259, 261.
DIANE. — II-307, 333, 342.
DIEBOLT, sculpteur statuaire. — Deux bustes de femmes dans les couloirs de la salle. — II-340.
DOMINIQUIN (Le), peintre. — Sa conception d'un plafond, I-176. — Voussures peintes d'un escalier, I-350. — Cité, I-483.
DONNET. — II-269.
DONIZETTI, musicien. — Son portrait à la salle Le Peletier, II-265. — Son buste sur une des façades latérales, II-287.
DON JUAN. — I-383.
DOUDAN. — I-369.

DOUX (Mme), peintre artiste. — Panneau dans la galerie du glacier, I-511.

DROUET, marbrier. — I-380. — Dallage du vestibule, I-402. — Marbres du grand escalier, II-297.

DUBAN, architecte. — Excellent conseil qu'il donne, I-242. — Ses idées à propos de la galerie d'avant-foyer, I-281. — Inspecteur général des travaux, I-282, 284. — Membre du jury du concours, II-267.

DUBOIS, sculpteur statuaire. — Statue le *Chant*, devant la façade, I-430 et II-278.

DUBOIS-DAVENNES, sculpteur statuaire. — Buste de Scribe, II-339.

DUBOSCQ. — Un nouveau système d'éclairage électrique, II-150, 151, 251.

DUBRAY (Vital). — Statues décoratives dans l'avant-foyer : la *Menuiserie* et la *Tapisserie*, II-309.

DUC, architecte. — Ses excellents conseils, I-242, 243, 244, 245. — Cité, I-284, 437. — Un des lauréats du concours, II-267.

DUCHESNE, directeur de l'Opéra. — II-257, 269.

DUCHOISEUL, sculpteur ornemaniste. — Grandes figures des tympans de la salle, I-134. — Statue d'enfant dans la salle, II-342.

DUEZ, peintre artiste. — Panneaux : *Novembre* et *Décembre*, dans la galerie du glacier, I-511 et II-358.

DUMAS, écrivain. — I-508.

DUMONT, directeur de l'Opéra. — II-257.

DUPLANTYS, directeur de l'Opéra. — II-265.

DUPONCHEL, directeur de l'Opéra. — II-265.

DUPONT. — Son buste dans les couloirs de la salle, II-360.

DURAMEAU, peintre. — Plafond de la salle du Palais-Royal, II-259.

DURANTI, musicien. — Son buste sur une des façades latérales, II-287.

DURET, sculpteur statuaire. — Le danseur napolitain, I-318. — Statue de Mercure dans le vestibule circulaire, II-293.
DUREY DE NOINVILLE. — II-269.
DUNY, artiste des Gobelins. — Un des panneaux en tapisserie de la galerie du glacier, II-351.
DUVERNAY (Mᴸˡᵉ), danseuse. — Son buste peint au foyer de la danse, II-315.

ÉCHAILLON (Pierre de l'). — I-19, 448, 456, 466 et II-107, 272, 295, 340, 341.
ÉCOLE DES BEAUX-ARTS, à Paris. — I-26.
ÉCOSSE. — I-19, 184, 372.
ÉGYPTE. — I-84, 278 et II-16, 305, 306, 318.
ELIAS-ROBERT, sculpteur statuaire. — Cariatides du pavillon ouest, I-473 et II-284.
ELSSLER (Mˡˡᵉ), danseuse. — Son buste peint au foyer de la danse, II-365.
ÉLYSÉE (Palais de l'). — II-56, 57.
ÉMY (Henri). — II-365.
ENDYMION. — II-307.
ÉPERNON (D'). — I-383.
ÉPINAL. — I-257 et II-56.
ERATO. — II-263, 322, 329, 347.
ÉRIN. — II-318.
ERWIN DE STEINBACK. — I-315.
ESCALIER, peintre artiste. — Panneaux : *Septembre* et *Octobre*, dans la galerie du glacier, I-511 et II-357.
ESCHYLE. — II-344.
ESPAGNE. — I-184, 264, 278, 406 et II-319.
ESQUIRON. — Nettoyage du groupe Carpeaux, I-449.
ESSLER. — I-442.
ÉTEX, sculpteur statuaire. — Une statue de Rossini, II-265.
ÉTIENNE, écrivain. — Son buste à la salle Le Peletier, II-264.

EUBÉE. — Le marbre cipollin, I-210.
EUDE, sculpteur statuaire. — Statue la *Force,* dans le grand foyer, I-258 et II-316.
EUPHROSINE. — II-364.
EUROPE. — I-357.
EURYDICE. — II-307, 324, 334, 335, 336.
EUTERPE. — II-263, 322, 330, 347.
EUVILLE (Roche d'). — I-371, 375, 376 et II-80, 81, 82, 83, 85, 88.
EVRARD, sculpteur statuaire. — Buste sur la façade, I-111.
EXPOSITION UNIVERSELLE (Palais de l'). — I-304, 404 et II-238.

FACCHINA, mosaïste. — Ses travaux à l'avant-foyer, I-272, 275, 277 et II-308. — Mosaïque dans le plafond de la loggia, II-339.
FALGUIÈRES, sculpteur statuaire. — Statue l'*Harmonie,* devant la façade, I-430 et II-278.
FAURE, chanteur. — Son avis sur l'acoustique de la salle, I-189. — Cité, I-509.
FAVART (Salle). — II-262.
FINLANDE. — I-20.
FIOCRE (Eugénie), danseuse. — Son buste peint au foyer de la danse, II-359.
FLAMENT, artiste des Gobelins. — Panneaux et tapisseries de la galerie du glacier, II-350.
FLORE. — II-345.
FLORENCE. — II-19, 42, 270 et II-101.
FONTAINE, architecte. — II-258.
FOUCAULT, ingénieur. — Un nouveau système de décoration théâtrale, II-18, 29.
FRANCE. — I-24, 39, 84, 176, 184, 211, 217, 264, 269, 274, 275, 276, 277, 284, 308, 356, 357, 372 et II-2, 63, 101, 103, 115, 268, 305, 306, 307, 319, 389, 407, 427, 435, 457, 485.

FRANCESCHI, sculpteur statuaire. — Statue la *Pensée*, dans le grand foyer, I-258 et II-314.
FRANCINE, directeur de l'Opéra. — II-257.
FRANCŒUR, directeur de l'Opéra. — II-257, 258, 299, 260, 261.
FRANCONI. — I-362.
FRÈRE DE MONTIZON, architecte. — Le théâtre de Marseille, I-142.
FRÉRON. — I-10.
FREYCINET (de), ministre des travaux publics, II-180.
FRISON, sculpteur statuaire. — Statue la *Prudence*, dans le grand foyer, I-258 et II-316.

GABRIEL, architecte. — Rival de Louis, I-315.
GAILHARD, chanteur. — Son avis sur l'acoustique de la salle, I-189.
GAILLON (Fontaine). — II-238.
GALATÉE. — II - 345.
GAPIAU. — Un nouveau système d'éclairage des salles de théâtre, II-152, 154, 155.
GARDEL, maître de ballets. — II-360.
GARDEL (Mme), danseuse. — Son buste peint au foyer de la danse, II-364.
GARDE-MEUBLE à Paris. — I-11, 15.
GARNAUT, architecte. — Un des lauréats du concours, II-267.
GAUTHIER, sculpteur statuaire. — Statue la *Modération*, dans le grand foyer, I-258 et II-315.
GAUTIER (Théophile). — Son idée de dorure de la coupole, I-310. — Cité, II-269. — Son buste dans les couloirs de la salle, II-340.
GENDRON, peintre artiste. — A propos des peintures du grand escalier, I-351.
GÊNES. — Le grand théâtre, II-78.

DES NOMS PROPRES CITÉS DANS LES DEUX VOLUMES. 399

GENÈVE. — I-406, 420.
GENTIL-BERNARD. — I-370.
GÉRICAULT, peintre. — I-316.
GERMANIE. — I-318. (Voy. Allemagne).
GERMAIN PILON. — Une comparaison, I-299.
GILBERT, architecte. — Membre du jury du concours, II-267.
GINAIN, architecte. — Un des lauréats du concours, II-267.
GIOTTO. — Le campanile, I-17, 27 et II-101.
GIRARD, sculpteur ornemaniste. — Bas-relief : la *Comédie* et le *Drame*, sur les façades latérales, I-473 et II-287.
GIRETTE, architecte. — I-503, 505.
GISORS (De), architecte. — Membre du jury du concours, II-267.
GLUCK, musicien. — Sa statue dans le grand vestibule, I-224 et II-292. — Son buste dans la salle Le Peletier, II-266. — Cité, I-432 et II-322.
GOLCONDE. — I-22.
GOSSEC, directeur de l'Opéra. — II-259.
GOT, artiste dramatique. — I-508.
GOUJON (Jean). — I-316.
GOUSSAINVILLE (Pierre de). — II-80, 82.
GRANDE-BRETAGNE. — II-318. (*Voy.* Angleterre.)
GRÈCE. — I-210, 264, 278, 359, 393 et II-268, 306, 318.
GRELICHE, artiste des Gobelins. — Un des panneaux en tapisserie de la galerie du glacier, II-351.
GRENADE. — I-393.
GRÉTRY, musicien. — Un de ses opéras, II-58. — Son buste sur une des façades latérales, II-287.
GREVEDON. — II-365.
GREVERON. — II-364.
GRIMAUD (Pierre de). — II-81, 107.
GRISI (Carlotta), danseuse. — Son buste peint au foyer de la danse, II-365.

GROS (Baron), peintre artiste. — Une comparaison, I - 269.
GRUER, directeur de l'Opéra. — II - 257.
GRUYÈRE, sculpteur. — Groupes de la *Peinture* et de la *Sculpture* des avant-corps de la façade, II - 280.
GUADET, architecte. — I - 503, 505.
GUERCHY, architecte. — La salle Ventadour, II - 266.
GUICHARC, intendant. — II - 254.
GUIDE (Le), peintre. — Peintures dans les voussures d'un escalier, I - 350.
GUILLAUME, sculpteur statuaire. — Groupe de la *Musique instrumentale,* sur la façade, I - 426, 427, 428, 432 et II - 273.
GUIMARD (La), danseuse. — Son buste peint au foyer de la danse, II - 363.
GUITTON, sculpteur statuaire. — Figures décoratives dans l'avant-foyer : la *Couverture* et la *Marbrerie,* I - 280 et II - 305.
GUMERY, sculpteur statuaire. — Le groupe du couronnement de la façade, I - 34, 303 et II - 281. — Cité, I - 289, 305, 473. — On le charge d'un nouveau groupe pour remplacer les danseuses de Carpeaux, I - 454 et suiv. et II - 276. — Les quatre médaillons des tympans du rez-de-chaussée, II - 278. — Statues d'enfants au-dessus des portes de la loggia, II - 378.
GUYENET, directeur de l'Opéra. — II - 257.

HABENECK, musicien. — Directeur de l'Opéra, II - 265. — Son buste dans les couloirs de la salle, II - 339.
HAENDEL, musicien. — Sa statue dans le grand vestibule, I - 124 et II - 292.
HALANZIER, directeur de l'Opéra. — Il demande la suppression des entrées latérales, I - 156. — Veut une augmentation du nombre des places, I - 157, 158. — Les strapontins dans la salle, I - 159. — Maître absolu, I - 160, 161. — A propos des strapontins, II - 121, 160, 169, 171 et 182. — Cité, II - 265.
HALÉVY, musicien. — Une comparaison, I - 269. — Cité, I - 389.

— Son buste salle Le Peletier, II-264. — Son buste sur la façade, II-279.
HALLE AU BLÉ, à Paris. — I-301, 471.
HAMELINCOURT (D'), ingénieur. — Son projet de chauffage et de ventilation, II-119 et suiv.
HANOVRE (Pavillon de). — I-471.
HARPIGNIES, peintre artiste. — Un paysage dans la galerie du glacier, II-352.
HAUSSMANN, préfet de la Seine. — Abords de l'Opéra, I-102. — Ses plans maintenus, I-107.
HAVAS. — I-237.
HAYDN, musicien. — Son médaillon sur la façade, II-278. — Cité, II-322.
HÉBÉ. — II-345.
HEINEL (Mme), danseuse. — Son buste peint au foyer de la danse, II-363.
HENRAUX. — Carrières de marbre, II-103.
HENRI II. — II-266.
HENRI III. — I-384.
HENRI IV. — I-16.
HÉRAULT. — Carrières de marbre, I-368.
HERCULE. — II-322.
HERMAPHRODITE. — I-440.
HÉRODE. — II-329.
HÉRODIADE. — II-329.
HÉROLD, musicien. — Son buste sur une des façades latérales, II-287. — Cité, II-322.
HERVÉ, architecte. — La salle Ventadour, II-266.
HÉSIODE. — II-323.
HEURTIER, architecte. — La salle Favart et le Théâtre-Italien, II-262.
HIOLLE, sculpteur statuaire. — Figures du tympan de la salle, I-133 et II-343. — Cité, I-280.

HITTORFF, architecte. — La salle Favart et le Théâtre-Italien, II-262. — Membre du jury du concours, II-267.
HOMÈRE. — I-175, 237. — Son buste dans la salle Le Peletier, II-264. — Cité, II-323.
HORACE. — Une citation, I-389.
HOTEL DE VILLE de Paris. — Prix du mètre cube de construction, II-75. — Cité, II-110.
HOUDON, sculpteur. — Le buste de Glück, II-264.
HUGO (Victor). — Une comparaison, I-269.
HUPÉ, artiste des Gobelins. — Un des panneaux en tapisserie de la galerie du glacier, II-352.
HURPIN, sculpteur ornemaniste. — Travaux dans le grand vestibule, I-224.

ICTINUS, architecte. — I-444, 507.
INGRES, peintre. — L'apothéose d'Homère, au Louvre, I-175.
IRIS. — II-345.
ISELIN, sculpteur statuaire. — Statue l'*Élégance,* dans le grand foyer, I-258 et II-315.
ITALIE. — I-18, 28, 39, 42, 178, 184, 264, 272, 278, 350, 393 et II-2, 268, 293, 306, 318.
ITASSE, sculpteur. — Bustes sur les façades latérales, II-285.
IXION. — II-324.

JABLOCHKOFF. — Système d'éclairage électrique, II-150, 171.
JACQUEMART, sculpteur. — Aigles en bronze des colonnes rostrales, I-85 et II-385.
JANSEN, directeur de l'Opéra. — II-260.
JANSON, sculpteur statuaire. — Statue la *Volonté,* dans le grand foyer, I-258 et II-316.
JASON. — II-323.
JEAN GOUJON. — I-316.

DES NOMS PROPRES CITÉS DANS LES DEUX VOLUMES. 403

JOLIVEAU, directeur de l'Opéra. — II - 258, 259.
JOMELLI, musicien. — Son buste sur une des façades latérales, II-287.
JONATHAS. — II-327.
JOURDAIN, architecte inspecteur. — I-464, 502, 507.
JOUFFROY, sculpteur statuaire. — Groupe l'*Harmonie*, sur la façade, I-424, 426, 425, 428 et II-273. — Cité, I-482.
JULIA (Mlle), danseuse. — Son buste peint au foyer de la danse, II-365.
JUNON. — II-305, 325.
JUPITER. — II-325, 326.
JURA (Pierre du). — I-19, 20 et II-107, 272, 279, 283, 293.
JUSSIEU. — I-42.

KAUFFMANN. — II-269.
KLAGMANN, sculpteur statuaire. — Masques en bronze de l'attique, II-281.
KNETT, ornemaniste. — Tympan du vestibule, I-402. — Panneaux du vestibule, II-293.
KREMLIN. — I-310.

LABORDE, financier. — II-262.
LACARRIÈRE, fabricant. — Les candélabres porte-affiches, I-291, 381. — Grand lustre de la salle, II-349.
LAFFEMACI (De). — II-254.
LA FONTAINE. — Son buste dans la salle Le Peletier, II-264.
LA FONTAINE (De), danseur. — Son buste peint au foyer de la danse, II-362.
LAÏS, danseur. — Son portrait à la salle Le Peletier, II-265.
LAMARTINE, poëte. — Une comparaison, I-269.
LANCRET, peintre. — II-363.
LANFRANC, peintre. — Peinture dans la voussure d'un escalier, I-350. — Cité, I-483.

LANGLOIS ET Cie. — I-380. — Dallage de vestibule, I-402.
LARCY (De), ministre. — I-101, 456.
LARRIS. — II-272.
LARRY (Pierre de). — II-80.
LASSALE (Albert de). — II-269.
LAURENS. — I-478.
LAVAL de SAINT-PONT, directeur de l'Opéra. — II-257.
LAVERSINE (Pierre de). — II-82.
LEBAS, architecte. — I-502. — Membre du jury du concours, II-267.
LEBŒUF, directeur de l'Opéra. — II-257.
LEBRUN, peintre. — Plafond de la salle de spectacle des Tuileries, II-257.
LE CAIRE. — I - 505.
LECHESNE, sculpteur ornemaniste. — Ornements de la frise extérieure, I-414.
LECOINTE, architecte. — La salle Favart et le Théâtre-Italien, II-262.
LECOMPTE, directeur de l'Opéra. — II-257.
LECOQ FRÈRES. — Système d'éclairage, II-131. — Rampe à flamme renversée, II - 138, 140, 150, 151.— Lustres du grand foyer, II-338.
LE DESCHAULT, architecte inspecteur. — I-464, 501.
LEFRANC, peintre. — Ses plafonds, I - 110. — Sa conception de la décoration d'un plafond, I -176.
LEFUEL, architecte. — Membre du jury du concours, II -287.
LEMAIRE (Jean), peintre. — Plafond de l'ancienne salle du Palais-Cardinal, II -256.
LEMERCIER, architecte. — La salle de spectacle du Palais-Royal, II - 256.
LENEPVEU, peintre artiste. — Plafond de la salle, I -44, 127, et II - 346. — Voussures de la salle, I-134. — Appréciation de son œuvre; son caractère, son tempérament, I - 163 et suiv.

—Cité, I-351, 356, 484.— Ses peintures à la salle Le Peletier, II-263, 264.

LENOIR, architecte.—La salle du boulevard Saint-Martin, II-259.

LENORMAND, architecte. — Membre du jury du concours, II-267.

LÉONARD, sculpteur. — La statue de Joconde, I-110.

LEPAUTE, horloger.— Les deux pendules du grand foyer, I-260.

LEPÈRE, sculpteur statuaire. — Cariatides des avant-scènes, côté est, I - 134 et II - 341.

LEQUESNE, sculpteur statuaire.— Groupes des pégases du grand pignon de la scène, I-109, 111, 113 et II-282.

LERÉVÉRENT, fabricant. — Les nouveaux robinets pour les tuyaux à gaz, II-133.

LÉROUVILLE (Pierre de). — II-80, 82, 83.

LESUEUR, architecte. — Membre du jury du concours, II-267.

LESUEUR, musicien. — Son buste à la salle Le Peletier, II-264. — Son buste sur une des façades latérales, II - 287. — Son buste dans les couloirs de la salle, II-339.

LETESTU. — Pompes d'épuisement. — II - 220.

LEVASSEUR, directeur de l'Opéra. — II-257.

LEVAU, architecte. — II-257.

LEVEIL, architecte. — I-502.

LEWÈS. — II-365.

LIBAN. — II-349.

LIVRY. — I-442.

LOISON, sculpteur statuaire. — Statue la *Grâce*, dans le grand foyer, I-258 et II-313.

LOMBARDIE. — I-272.

LONDRES. — I-316, 408.

LONGCHAMPS (Palais de), à Marseille. —I-432.

LORGERIL (De). — Ses attaques contre le groupe de Carpeaux, I-101, 456.

LORRAINE. — Ses pierres, II-80, 83.

LOUIS, architecte. — Comment il concevait une salle de spectacle, I-124. — Appréciation de son œuvre, I-125, 126, 128. — La salle de théâtre de Marseille, I-142, 143. — Il devrait avoir son buste à l'Opéra, I-212. — L'escalier du théâtre de Bordeaux, I-314, 315. — Son nom à une voie des abords de l'Opéra, I-316, 317. — La salle de spectacle du square Louvois, II-260, 340.

LOUIS-PHILIPPE. — I-39.

LOUIS XIII. — I-16.

LOUIS XIV. — I-389, 506 et II-257.

LOUIS XV. — I-39, 338 et II-257.

LOUIS XVI. — I-365.

LOUVET, architecte inspecteur. — Étude de l'acoustique des salles de théâtre, I-183. — Membre de la commission d'études de la machinerie théâtrale, II-9. — Cité, I-370, 447, 464, 502, 503 et II-227.

LOUVRE (Palais du). — La colonnade, I-11, 21, 25, 26, 84, 175, 327 et II-56, 110.

LOVELACE. — I-383.

LOZIER. — Les marches du grand escalier. — II-297.

LUBBERT, directeur de l'Opéra, II-265.

LULLI, musicien. — Sa statue dans le grand vestibule, I-224 et II-294. — Obtient le privilége de l'Opéra, II-216, 256. — Son buste, par Caffieri, II-259, 260. — Son buste dans la salle Le Peletier, II-264. — Cité, II-332.

LUXEMBOURG (Palais du). — II-61, 255.

LYON. — I-250, 265.

MADELEINE (Église de la). — I-327. — Prix du mètre cube de construction, II-75. — Cité, II-110.

MADRID. — I-316. — Le théâtre d'Oriente, II-78.

MAILLET, sculpteur ornemaniste. — Médaillons de l'attique de la façade, I-32 et II-280.

MALOT. — Pompe d'épuisement, II - 220.

MALOISEL, artiste des Gobelins. — Un des panneaux en tapisserie de la galerie du glacier, II - 351, 352.

MANIGLIER, sculpteur ornemaniste. — Bas-reliefs de la façade latérale : la *Science* et l'*Art*, I - 473 et II - 288.

MANSART, architecte. — I - 316.

MANTOUE. — II - 322.

MARATHON. — I - 207.

MARCELIN, sculpteur statuaire. — Statue la *Science*, dans le grand foyer, I - 258 et II - 317.

MARCELLO, sculpteur statuaire. — Statue de la pythonisse, sous le grand escalier, I - 340, 343, 344 et II - 294. — Cité, I - 451.

MARCHAL. — I - 495.

MARGOT (Reine). — I - 384.

MARIE, artiste des Gobelins. — Un des panneaux en tapisserie de la galerie du glacier, II - 350.

MARS. — II - 323.

MARSEILLE. — I - 142, 143, 432. — Le Théâtre, II - 78.

MARSIAS. — II - 326.

MARTIN, secrétaire général de l'Opéra. — Membre de la commission d'études de la machinerie théâtrale, II - 9.

MARTROU, fabricant. — Lustre du foyer de la danse, I - 62.

MATHIEU-MEUSNIER. — (Voy. Meusnier.)

MATIFAT. — I - 381.

MAZADE, directeur de l'Opéra. — II - 261.

MAZEROLLE, peintre. — Les huit panneaux de la galerie du glacier, II - 186, 350.

MAZILLIER, maître de ballet. — II - 361.

MAZZIOLI, mosaïste. — Dallage en mosaïque, I - 272, 275.

MÉDICIS (Villa), à Rome. — I - 363, 502, 505.

MÉGÈRE. — II - 264.

MÉGRET, sculpteur statuaire. — Buste de Théophile Gautier, II - 340.

MÉHUL, musicien. — Son buste dans la salle Le Peletier, II-264. — Son buste sur une des façades latérales, II-285. — Cité, II-322.

MELON. — Rampe à flamme renversée, II-138.

MELPOMÈNE. — I-69, 237, 263 et II-321, 322, 329, 347.

MÉRANTE (Annette), danseuse. — Son buste peint au foyer de la danse, II-359.

MERCIER, sculpteur statuaire. — La *Renommée* du tympan sud-ouest de la salle, I-133 et II-344. — Cité, I-280.

MERCURE. — I-80, 237, 255, 318. — Sa statue dans le salon circulaire, II-293. — II-308, 322, 324, 325, 330, 333, 336.

MEUSNIER, sculpteur statuaire. — Statues décoratives de l'avant-foyer : la *Mosaïque*, la *Mécanique*, I-280 et II-304.

MEYERBEER, musicien. — Son buste sur la façade, I-92 et II-279. — Une comparaison. I-269. — Son buste dans la salle Le Peletier, II-264. — Son buste dans les couloirs de la salle, II-340. — Cité, I-389 et II-322.

MICHEL-ANGE. — I-227, 315.

MICHELOT, ingénieur — Ses expériences, I-374, 376.

MICHOL. — II-327.

MIDAS. — I-469.

MILAN. — Théâtre de a Scala, II-78.

MILLET, sculpteur statuaire. — Le groupe d'Apollon : la *Poésie* et la *Musique*, au sommet du pignon de la scène, I-109 et suiv., et II-282. — La statue de Vercingétorix, I-302. — Cité, I-290, 409.

MINERVE. — I-475 et II-256, 290, 300, 323.

MNÉSICLÈS, architecte. — I-315.

MOLIÈRE. — Auteur et acteur, I-251. — L'éclairage au théâtre de son temps, II-131. — Cité, II-255, 256. — Son buste dans la salle Le Peletier, II-264.

MOLLER. — I-113, 114.

MONDUIT, entrepreneur. — Coupole en cuivre de la salle, I-167, 302, 303, 304.

DES NOMS PROPRES CITÉS DANS LES DEUX VOLUMES.

MONNAIS, directeur de l'Opéra. — II-265.
MONSIGNY, musicien. — Son buste sur une des façades latérales, II-287.
MONTANSIER (La). — II-260.
MONTAUBRY (Blanche), danseuse. — Son buste peint au foyer de la danse, II-359.
MONTESSU (Mme), danseuse. — Son buste peint au foyer de la danse, II-364.
MONTEVERDE, musicien. — Son buste sur une des façades latérales, II-287.
MOREAU, architecte. — Il devrait avoir son buste à l'Opéra, I-212. — Construit une salle de spectacle à Paris, II-258, 259.
MOREAU (Mathurin), sculpteur ornemaniste. — Cariatides du pavillon ouest, I-473 et II-284.
MOREL-LEMOYNE, directeur de l'Opéra. — II-261.
MORIN (Général.) — Président de la commission d'études pour le chauffage et la ventilation, II-119, 120, 127.
MOSCOU. — I-310.
MOZART, musicien. — Une comparaison, I-269. — Son buste sur la façade, II-279. — Cité, I-289 et II-322.
MUNICH. — Le Grand-Théâtre, II-78.
MURGEY, sculpteur ornemaniste. — Bases des colonnes de la salle, II-340.
MUSSET (Alfred de). — Quelques vers de lui, I-236.

NANCY. — II-10, 29, 31.
NAPLES. — Le théâtre Saint-Charles, II-78.
NAPOLÉON Ier. — I-86.
NAPOLÉON III. — Son avis sur les abords de l'Opéra, I-107. — Cité, II-56.
NÉNOT, architecte. — I-503, 505.
NEPTUNE. — II-300.
NESLE (De), directeur de l'Opéra. — II-261.

NESSUS. — I-93.

NICOLO, musicien. — Son buste sur une des façades latérales, II-285.

NIEDERMEYER, musicien. — Son buste dans les couloirs de la salle, II-339.

NOBLET (Mlle), danseuse. — Son buste peint au foyer de la danse, II-364.

NOEL. — I-182.

NOEL, conducteur des chantiers. — I-374 et II-503.

NOGUET, architecte. — I-503, 505.

NOLAU, peintre décorateur. — Membre de la commission d'études de la machinerie théâtrale, II-9.

NOTRE-DAME DE PARIS. — I-314.

NOURRIT, chanteur. — I - 495.

NOVERRE, maître de ballets. — II - 269, 360.

NUITTER, archiviste. — Une idée fixe, II-54, 55, 57. — Cité, II-187, 194, 195, 253, 269. — Son mémoire sur les œuvres d'art de l'Opéra, II-253 et suiv.

ODÉON (Théâtre de l'). — Épaisseur des murs, comparée avec le cube des constructions, II-78.

OLIVA, sculpteur statuaire. — Statue la *Foi*, dans le grand foyer, I-258 et II-315.

OPÉRA, de Berlin. — Épaisseur des murs, comparée avec le cube des constructions, II-78.

OPÉRA-COMIQUE. — I-22, 389 et II-266.

OPÉRA, de Vienne. — Épaisseur des murs, comparée avec le cube des constructions, II-78.

ORGIAZZI. — II-269.

ORIENTE (Théâtre), à Madrid. — Épaisseur des murs, comparée avec le cube des constructions, II-78.

ORPHÉE. — I-237, 343 et II-301, 307, 323, 324, 325, 334, 335, 336.

DES NOMS PROPRES CITÉS DANS LES DEUX VOLUMES.

OSMOND (Hôtel d'). — II-266.
OTTIN, sculpteur ornemaniste. — Bas-relief : la *Musique* et la *Danse,* sur la façade latérale, II-285.
OUDRY. — Groupe Lequesne, reproduit par la galvanoplastie, I-112.
OVIDE. — I-258. — Une métamorphose qui l'eût étonné, II-157.

PAER, musicien. — Son buste dans la salle Le Peletier, II-264.
PAËSIELLO, musicien. — Son buste sur une des façades latérales, II-285.
PALAIS-BOURBON, à Paris. — II-57.
PALAIS-ROYAL, à Paris. — II-255, 257, 258.
PALAIS. — Du Conseil d'État, à Paris; prix du mètre cube de construction, II-75. — Grand-Ducal, à Venise, I-41. — De Fontainebleau, I-84. — De Justice, à Paris, I-334. — Pitti, I-41. — De Versailles, II-101.
PALERME. — I-19.
PALLADIO, architecte. — I-507.
PALLAS. — II-325.
PAN. — II-328.
PANDORE. — II-345.
PANDROSIUM. — I-359.
PANSERON, musicien. — I-463.
PANTHÉON, à Paris. — I-27, 91, 327, 431, 478. — Prix du mètre cube de construction, II-75.
PANURGE et ses moutons. — I-9.
PAPE. — I-212.
PARFAIT, écrivain. — II-256, 269.
PARIS, ministre. — I-421.
PARIS. — I-16, 18, 19, 20, 21, 24, 102, 103, 196, 261, 266, 271, 272, 276, 301, 305, 331, 334, 343, 349, 446, 448, 509 et II-61, 268, 302, 325.

PARME. — Le Grand-Théâtre, II-78.
PARNASSE. — II-336, 337.
PARNY, directeur de l'Opéra. — II-261.
PARTHÉNON. — I-280, 313.
PASCAL, architecte. — I-503, 505.
PASCAL, menuisier. — I-391.
PATTE. — I-269.
PATTI (La). — I-509.
PAUNEAU, architecte. — I-503.
PAVIE. — I-21.
PÉGASE. — I-112 et II-320.
PÉKIN. — II-266.
PERCIER, architecte. — Une salle de théâtre, II-258.
PERGOLÈSE, musicien. — Son médaillon sur la façade, II-278.
PERSUIS, directeur de l'Opéra. — II-261.
PERRE. — I-289.
PERRAUD, sculpteur statuaire. — Groupe le *Drame épique,* sur la façade, I-428, 429, 432 et II-276. — Cité, I-473.
PERREAU. — II-363.
PERRIN (Émile). — Membre de la commission d'études de la machinerie théâtrale, II-9. — Directeur de l'Opéra, II-265.
PERRIN (Pierre). — Prend la direction de l'Opéra, II - 254, 255.
PERSE. — II-318.
PETIT, sculpteur statuaire. — Fronton ouest des avant-corps de la façade, II-279. — Le buste de Duport, II-340.
PEYRE, architecte. — Il devrait avoir son buste à l'Opéra, I-212. — La salle Favart et le Théâtre-Italien, II-262. — La salle de la place Louvois, II-262.
PHIDIAS, sculpteur. — L'Illisus, I-111, 112. — Cité, I-281, 444.
PHILIDOR, musicien. — Son buste dans la salle Le Peletier, II-264. — Son buste sur une des façades latérales, II-285.
PHILIPPE. — II-269.

DES NOMS PROPRES CITÉS DANS LES DEUX VOLUMES. 413

PHRYNÉ. — I-294.
PIAZZETTA. — I-21.
PICARD, directeur de l'Opéra. — II-261.
PICCINI, musicien. — Son buste sur une des façades latérales, II-285.
PICOT. — I-284.
PIGANIOL DE LA FORCE, historien. — II-269.
PILLET (Léon), directeur de l'Opéra.— II-265.
PILS, peintre artiste. — Peintures du grand escalier, I-347. — Les quatre grands panneaux de la voûte, I-349 et II-299, 300, 301, 302. — Ses premières études pour cette décoration; critiques et transformation, I-351 et suiv. — Cité, I-484.
PINÇON. — II-365.
PINDARE. — II-323.
PIRON. — I-440.
PIXÉRÉCOURT, dramaturge. — I-362.
PLAINE (Roche de la). — II-88.
PLATON. — II-323.
PLUTON. — II-224.
PLUTUS. — II-237.
POINSOT, sculpteur ornemaniste. — Trophée des voussures de la salle, II-349.
POLLET, sculpteur ornemaniste. — Bas-relief du fronton sud, façade latérale, I-473.
POLYCLÈTE. — II-323.
POLYGNOTE. — II-323.
POLYMNIE. — II-263, 322, 347.
POMONE. — II-345.
POMPADOUR. — I-53
PONGE, architecte. — Le théâtre de Marseille, I-142.
PONT-NEUF, à Paris. — I-285.
PORTE-SAINT-MARTIN (Théâtre de la). — I-22 et II-34, 259, 261.

PORTO-SANTO. — I-369.
PRÉVOT (H.), danseur. — Son buste peint au foyer de la danse, II-363.
PRUDHOMME. — Ses critiques sur l'Opéra, I-9, 507.
PRUSSE. — I-308.
PSYCHÉ. — II-308, 345.
PUGET, sculpteur. — Une comparaison, I-269.
PURGON. — I-389.
PUVIS DE CHAVANNES, peintre. — I-478.
PYRÉNÉES (Marbre des). — I-370.
PYTHIE. — I-343, 344.

QUÉRUEL, ingénieur. — Nouveau système de plancher pour une scène de théâtre, II-33, 34, 36, 37, 38, 39.
QUESTEL, architecte. — Membre du jury du concours, II-267.
QUINAULT, musicien. — Son buste dans la salle Le Peletier, II-264. — Son buste sur la façade, II-279. — Son buste par Caffieri. — II-259.
QUINQUET. — Son procédé d'éclairage. — II-130.

RACINE, poëte. — Son buste dans la salle Le Peletier, II-264. — Cité, I-316.
RAMEAU, musicien. — Son buste, par Caffieri, II-259. — Son buste dans la salle Le Peletier, II-264. — Sa statue dans le grand vestibule, I-224 et II-291. — Cité, II-322.
RAPHAEL, peintre. — I-238, 315, 483.
RAULIN, architecte. — I-503.
RAVIÈRE (Pierre de). — II-80, 82, 272.
RAYMOND, architecte. — La salle de la Porte-Saint-Martin, II-261.
RAYNARD. — Un nouveau système de décoration théâtrale, II-14, 17, 18, 28, 29, 30, 31.
REBEL, directeur de l'Opéra. — II-257, 258, 259.

REBOUT, architecte. — I - 503.
REFFROY (Pierre de). — II - 80.
REGNAULT (Henri), peintre. — Vigueur de son coloris, I - 248.
REGNAULT, de l'Institut. — Président de la commission d'études de la machinerie théâtrale, II - 9.
REMBRANDT, peintre. — Une comparaison, I - 269.
RENOUARD, peintre. — I - 353, 354.
RÉPUBLIQUE. — I - 388, 396.
ROBERT, architecte. — I - 503.
ROBERT (Léopold), peintre. — I - 495.
ROGER, directeur de l'Opéra. — II - 257, 265, 269.
ROHAUT de FLEURY, architecte. — La salle de la rue Le Peletier, I - 42, 44 et II - 263. — Projet pour un Opéra nouveau, II - 65.
ROME. — I - 19, 227, 228, 258, 270, 289, 316, 343, 350, 360, 506, 507, 508, 509 et II - 267, 318.
RONCHI. — Un nouveau système de décoration théâtrale, II - 18.
ROQUEPLAN, directeur de l'Opéra. — II - 265.
ROSATI (Mme), danseuse. — Son buste peint au foyer de la danse, II - 366.
ROSSINI, musicien. — Son buste sur la façade, I - 91, 92 et II - 279. — Sa statue dans la salle Le Peletier, II - 265. — Son buste dans les couloirs de la salle, II - 340. — Cité, II - 322.
ROTHSCHILD (Baron de). — I - 505.
ROUILLARD, sculpteur ornemaniste. — Les aigles en bronze du pavillon ouest, façade latérale, I - 85, 86, 409 et II - 285.
ROUSSEAU, musicien. — Son buste dans la salle Le Peletier, II - 264. — Son buste sur une des façades latérales, II - 285.
RAOUX (Jean). — II - 363.
RUBÉ, peintre décorateur. — Voussures des cintres de la salle, I - 134 et II - 349. — Coupoles des petits salons circulaires, I - 298. — Le rideau d'avant-scène, I - 385, 386.

RUBENS, peintre. — I - 238, 356.
RUDE, sculpteur statuaire. — Une comparaison, I - 269. — Son groupe le *Départ* à l'arc de triomphe de l'Étoile, I - 111, 431. — Cité, I - 429, 458.
RUSSIE. — I - 429.

SABATHIER, ingénieur. — Nettoyage du groupe Carpeaux, I - 442.
SABATHIER, architecte. — I - 503.
SABATTIER. — Un nouveau système de plancher pour une scène de théâtre, II - 33.
SACCHINI, musicien. — Son buste dans la salle Le Peletier, II - 264. — Son buste sur une des façades latérales, II - 287.
SACRÉ, machiniste. — Membre de la commission d'études de la machinerie théâtrale, II - 9. — Nouveau système de plancher pour une scène de théâtre, II - 34, 35, 36, 43.
SACRÉ-CŒUR (Église du). — I - 23.
SAINT-BÉAT (Marbre de). — I - 389 et II - 298.
SAINT-BERNARD. — I - 410.
SAINT-CHARLES (Théâtre), à Naples. — Épaisseur des murs, comparée avec le cube des constructions, II - 78.
SAINT-ÉTIENNE-DU-MONT, à Paris. — I - 336.
SAINT-EUSTACHE, à Paris. — I - 21.
SAINT-GOBAIN. — Ses glaces, I - 260, 279, 318.
SAINT-JEAN-DE-LUZ. — I - 446.
SAINT-LÉON, maître de ballets. — II - 361.
SAINT-MARC, à Venise. — I - 17, 21, 292 et II - 201.
SAINT-PAUL (Église). — I - 270.
SAINT-PÉTERSBOURG. — Le Grand-Théâtre, II - 78.
SAINT-PIERRE, à Rome. — I - 258, 289.
SAINT-SULPICE. — I - 27, 314.
SAINT-VIDAL. — Le buste de Meyerbeer, II - 340.
SAINT-YLIE (Pierre de). — I - 317 et II - 80, 81, 107, 272, 284, 298.

SAINTE-BEUVE, critique. — I-499.
SAINTE-CÉCILE. — II-327.
SAINTE-CHAPELLE, à Paris. — I-84.
SAINTE-MARIE-DES-FLEURS. — I-17 et II-106.
SALETTES. — II-269.
SALLÉ, danseuse. — Son buste peint au foyer de la danse, II-362.
SALMSON, sculpteur statuaire. — Statue de Haendel, I-224 et II-292.
SALOMÉ. — II-328, 329.
SALOMON (Temple de). — I-406.
SALVIATI, mosaïste. — Caissons en mosaïque de la voûte de l'avant-foyer, I-275, 277 et II-307. — Médaillons en mosaïque du plafond de la Loggia, II-339.
SAMPAN (Marbre). — I-19, 31 et II-283.
SAMSON, sculpteur. — Renommée du tympan sud-ouest de la salle, II-345.
SANCHO-PANÇA. — Un de ses proverbes, I-370.
SANDRIË. — II-266.
SANSON, sculpteur statuaire. — Figures décoratives du tympan de la salle, I-133. — Cité, I-280.
SANZEL, sculpteur statuaire. — Statue la *Dignité*, dans le grand foyer, I-258 et II-314.
SANZOVINO, architecte et sculpteur, I-251.
SARANCOLIN (Marbre). — I-369, 370, 376 et II-293.
SAÜL. — I-326, 327.
SCANDINAVIE. — I-184.
SCARRON, poète. — I-12.
SCELLIER, architecte. — I-502, 505.
SCHŒNEWERKE, sculpteur statuaire. — Statue de Lulli, dans le grand vestibule, I-224 et II-291.
SCRIBE, auteur dramatique. — Son buste sur la façade, II-279. — Son buste dans les couloirs de la salle, II-339.
SEINE (La). — II-302.
SERRAVEZZA (Marbre de). — I-391 et II-283, 294.

SERVANDONI, architecte. — Il devrait avoir son buste à l'Opéra. I-212. — Rival de Louis, I-314, 315. — Ses essais de machinerie théâtrale, II - 2. — Cité, II-256, 257.

SÈVRES (Manufacture de). — I-231, 276, 277, 318.

SHAKESPEARE, auteur dramatique. — Auteur et acteur, I-251. — Une comparaison, I-269.

SIBÉRIE. — II- 16.

SICAMBRE. — II-55.

SICILE. — I-20.

SIENNE. — I-361.

SIMON (Jules), ministre. — A propos de strapontins, I-160.

SIXTINE (Chapelle), à Rome. — I-227, 483.

SOBRE, sculpteur ornemaniste. — Bas-relief du fronton nord du pavillon est, I-473 et II-289.

SOCRATE. — I-294.

SOITOUX, sculpteur statuaire. — Statue la *Beauté*, dans le grand foyer, I-258 et II-313.

SOLEIL. — II-346, 347.

SOLEIROL. — II-362.

SOLLIER (Émile). — Médaillons en lave émaillée, dans l'avant-foyer, I-278, 279 et II-306.

SOPHOCLE. — II-346.

SOUFFLOT, architecte. — Une salle pour l'Opéra, II-258.

SOURDÉAC (Marquis de). — Essai de machinerie théâtrale, II - 2, 254, 255.

SPONTINI, musicien. — Son buste dans la salle Le Peletier, II - 264. — Son buste sur la façade, II-279.

STETTLER, architecte. — I-503, 505.

SUBLIGNY (Mme), danseuse. — Son buste peint au foyer de la danse, II-363.

SUÈDE (Marbre vert de). — I-19, 20. 349, 361, 369, 372 et II-272, 283, 293, 294, 297, 342.

SUISSE. — I-211, 264.

DES NOMS PROPRES CITÉS DANS LES DEUX VOLUMES. 419

TAGLIONI (Mlle), danseuse. — I-441. — Son buste peint au foyer de la danse, II-365.

TALUET, sculpteur statuaire. — Statue la *Sagesse*, dans le grand foyer, I-258 et II-316.

TARTUFFE. — I-241.

TAYLOR (Baron). — Perfectionnement dans la machinerie théâtrale, II-2.

TERPSICHORE. — I-53, 237 et II - 263, 322, 330, 347.

THALIE. — I-237 et II - 263, 321, 322, 330, 346.

THÉATRES. — Montparnasse, I-22. — Du Châtelet, I-27. — Français, à Paris, I-313, 314, 389 et II-260. — Nouveau-Théâtre, à Berlin, II-78. — Grand-Théâtre, à Bordeaux, II-278. — Théâtre de Marseille, II-278. — Grand-Théâtre, à Munich, II-78. — Grand-Théâtre, à Parme, II-78. — Grand-Théâtre, à Saint-Pétersbourg, II-78. — Grand-Théâtre, à Turin, II-78.—Théâtre de Versailles,II-78.—Théâtre-Italien, à Paris, II-262, 266. — Théâtre-Lyrique, à Paris, II-266. - Théâtre nautique, à Paris, II - 266.

THÈBES. — II-337.

THÉTIS. — II-345.

THIRION, peintre artiste. — Panneaux *Juillet* et *Août*, dans la galerie du glacier, I-511 et II-356.

THOMAS (Félix), peintre artiste. — Un paysage dans la galerie du glacier, II - 352.

THOMAS (Jules), sculpteur ornemaniste. — Génies dans les corniches du couronnement du grand foyer, I-257 et II-311. — Figures et ornements dans le grand escalier, I-347 et suiv. et II-296, 297. — Cité, I-457.

THUREL, directeur de l'Opéra. — II-257.

TIEPOLO, peintre. — Sa conception pour la décoration d'un plafond, I-176.

TISIPHONE. — II-264.

TISSANDIER, architecte. — I-503.

TOURNOIS, sculpteur statuaire. — Statue la *Philosophie*, dans le grand foyer, I-258 et II-315. — Têtes du couronnement de la salle, I-134.

TRAVAUX, sculpteur ornemaniste. — Bas-relief du fronton nord de la façade latérale, I-473 et II-286.

TRAVENOL. — II-269.

TRÉFONTAINE (De), directeur de l'Opéra. — II-257.

TRESCA, ingénieur civil. — Membre de la commission d'études pour la machinerie théâtrale, II-9. — Un nouveau système de plancher pour la scène d'un théâtre, II-39, 46. — Vice-président de la commission d'études pour le chauffage et la ventilation, II-120.

TRIAL, directeur de l'Opéra. — I-258.

TRIBUNAL DE COMMERCE, à Paris. — I-28.

TROCADÉRO (Palais du). — I-458 et II-61.

TROUVILLE (Pierre de). — II-82.

TRUPHÈME, sculpteur ornemaniste. — Bas-relief du fronton sud du pavillon est, I-473 et II-289.

TUILERIES, à Paris. — I-431 et II-186, 257.

TURCARET. — I-507.

TURQUIE, — I-264.

URADIE. — II-263, 322, 329, 336, 346.

VAILLANT (Maréchal), ministre. — I-323, 324, 441, 446, 450, 452, 454. — Son horreur pour les paratonnerres, II-248.

VALAIS. — I-211, 369.

VALLANGOUJARD (Pierre de), — II-81.

VALTER, sculpteur ornemaniste. — Têtes du couronnement de la salle, I-134.

VAN-DYCK, peintre — I-229.

VARNIER, sculpteur statuaire. — Statue l'*Indépendance*, dans le grand foyer, I-258 et II-314.

VASSÉ, sculpteur du roi. — II-259.
VATICAN, à Rome. — I-270, 271.
VATRINELLE, sculpteur statuaire. — Travaux dans la Loggia, I-334. — Statue le *Chant*, sur la façade, I-430 et II-278.
VAUCORBEIL, directeur de l'Opéra. — II-190, 191, 192.
VAUDEVILLE (Théâtre du). — Établissement d'un plancher mobile pour la scène, II-30.
VAULGANNE (Pierre de). — II-82.
VAZELLE, tapissier. — I-250.
VELASQUEZ, peintre. — I-356.
VENDOME (Colonne). — I-29.
VENDERESSE (Pierre de). — II-81.
VENISE. — I-16, 17, 19, 21, 41, 42, 265, 270, 271, 275, 276 et II-101.
VÉNÉTIE. — I-272.
VENTADOUR (Salle). — II-266.
VÉNUS. — I-174, 287, 352, 440 et II-300, 325, 333, 342, 348, 349.
VÉNUS DE MILO. — I-110.
VERDI, musicien. — Son buste sur la façade, I-91, 92. — Son buste sur une des façades latérales, II-287.
VERCINGÉTORIX. — I-302.
VERGELÉ (Pierre de). — II-78, 88, 89, 90.
VERNE, marbrier. — Dallage du vestibule, I-462.
VÉRON, directeur de l'Opéra. — II-265.
VÉRONÈSE, peintre. — I-382, 483.
VERSAILLES. — I-84, et II-56, 78, 101.
VESTRIS (Mme), danseuse. — Son buste peint dans le foyer de la danse, II-363.
VICENCE. — Portique de la basilique, II-263.
VIENNE (Autriche). — I-505 et II-78.
VIGARONI, architecte. — Salle de spectacle, rue de Vaugirard, II-255, 257.

VIGNERON. — II-364.

VILAIN, sculpteur statuaire. — Statue la *Modestie*, dans le grand foyer, I-258 et II-317.

VILLARET, chanteur. — Son avis sur l'acoustique de la salle, I-189.

VILLEMINOT, sculpteur ornemaniste. — Ornements entourant le médaillon de l'attique, II-281.

VILLERS-LA-FOSSE (Pierre de). — II-82.

VIOTTI, directeur de l'Opéra. — II-261.

VIRGILE. — Une comparaison, I-269 et II-335.

VISCONTI, architecte. — La salle de la rue Le Peletier, II-263.

VITAL DUBRAY. — (Voy. Dubray.)

VITRUVE, architecte. — Un de ses principes, I-183.

VIVIERS (Pierre de). — II-82.

VOLTAIRE. — I-10. — Son buste dans la salle Le Peletier, II-264.

VULCAIN. — II-300.

WADINGTON, ministre. — A propos de strapontins, I-160.

WAGNER, musicien. — Le théâtre de Bayreuth et son acoustique, I-196, 197.

WAILLY, architecte. — Il devrait avoir son buste à l'Opéra, I-212. — La salle Favart et le Théâtre-Italien, II-262.

WALEWSKI, ministre. — Président du jury du concours, II-267.

WALLON, ministre des Beaux-Arts. — A propos de strapontins, I-160.

WALTER, sculpteur ornemaniste. — Buste sur une des façades latérales, II-287. — Têtes du couronnement de la salle, II-345.

WEBER, musicien. — Son buste sur une des façades latérales, II-285.

YRIARTE (Charles), architecte. — I-503.

TABLE DES MATIÈRES

TABLE DES MATIÈRES

DU SECOND VOLUME

	PAGES.
DE LA MACHINERIE THÉATRALE.	1

* * *

DU FUMOIR, DE LA BIBLIOTHÈQUE ET DU SERVICE DU CHEF DE L'ÉTAT.	53

* * *

DES DEVIS ET DES DÉPENSES	59
Rapport au ministre de la maison de l'Empereur et des Beaux-Arts	
I. — Devis et dépenses.	72
II. — Emploi des matériaux.	76
III. — Décoration artistique.	109

* * *

DU CHAUFFAGE ET DE LA VENTILATION.	117

* * *

DE L'ÉCLAIRAGE	129
Rapport au ministre de l'Instruction publique et des Beaux-Arts.	
I. — De l'acoustique.	156
II. — De l'éclairage	168
III. — De la machinerie théâtrale.	177
IV. — Du chauffage et de la ventilation.	181
V. — De diverses modifications ou améliorations	181

* * *

DE LA CONSTRUCTION DE LA SALLE	197

* * *

TABLE DES MATIÈRES.

	PAGES.
Des combles de la scène.	211

☆ ☆ ☆

De la construction de la cuve.	217

☆ ☆ ☆

De bien des choses dont je voulais parler et dont je ne parlerai guère ou ne parlerai pas	229
Des loges des choristes et des comparses	230
Du foyer du chant.	232
Des salles de danse.	233
Des magasins de décors	233
De quelques chiffres statistiques.	237
Du service d'incendie.	239
Des loges d'artistes	242
Des magasins des costumes	242
Des caves.	244
Des conduites d'eau.	247
Des paratonnerres.	247
Des escaliers de l'administration.	248
De l'ascenseur des décors.	251

☆ ☆ ☆

Des œuvres d'art de l'Opéra.	253
Histoire.	254
Bibliographie.	268
Extérieur : Façade principale	272
— Façades latérales.	283
— Façade postérieure.	290
Intérieur : Vestibules	291
— Grand escalier.	294
— Avant-foyer	303
— Grand foyer.	312
— Petits Salons du grand foyer.	337
— Loggia.	338
— Couloirs de la salle.	339

TABLE DES MATIÈRES. 425

PAGES.

Intérieur : Salle. 340
— Salons du glacier 349
— Foyer de la danse. 359
— Foyer du chant. 367

* * *

Adieux aux lecteurs 369

* * *

Liste des entrepreneurs ayant collaboré aux travaux du nouvel Opéra. 379

* * *

Liste par ordre alphabétique de tous les noms propres cités dans les deux volumes 383

C. 978
passé aux Usuels
131 (7)

www.ingramcontent.com/pod-product-compliance
Lightning Source LLC
Chambersburg PA
CBHW050905230426
43666CB00010B/2035